QUELLEN UND DARSTELLUNGEN ZUR HANSISCHEN GESCHICHTE

HERAUSGEGEBEN

VOM

HANSISCHEN GESCHICHTSVEREIN

NEUE FOLGE / BAND XVI

1971

BÖHLAU VERLAG KÖLN WIEN

HANS SAUER

HANSESTÄDTE UND LANDESFÜRSTEN

Die wendischen Hansestädte in der Auseinandersetzung
mit den Fürstenhäusern Oldenburg und Mecklenburg
während der zweiten Hälfte des 15. Jahrhunderts

1971

BÖHLAU VERLAG KÖLN WIEN

INHALT

Zweiter Teil

DIE WENDISCHEN HANSESTÄDTE
UND DIE HERZÖGE VON MECKLENBURG

Dritter Teil

BEZIEHUNGEN ZWISCHEN STÄDTEN UND FÜRSTEN
VERSUCH EINER SYSTEMATISCHEN BETRACHTUNG

VORWORT

Mit einigen der Fragen, die in der folgenden Untersuchung behandelt werden, beschäftigte ich mich bereits während meiner Tätigkeit an der Universität Rostock. Später arbeitete ich ein Teilgebiet zu einer Examensarbeit aus, die von Herrn Prof. Dr. Karl Jordan betreut wurde. Er regte mich dazu an, diese Vorarbeiten zu einer Dissertation zu erweitern und unterstützte meine Bemühungen stets hilfsbereit und mit großem Verständnis. Dafür möchte ich meinem sehr verehrten Lehrer meinen Dank aussprechen.

Für zahlreiche Hinweise und Ratschläge, die meine Arbeit in entscheidender Weise gefördert haben, danke ich besonders Herrn Bibliotheksdirektor Prof. Dr. Klaus Friedland. Herrn Prof. Dr. Koppe verdanke ich einige wesentliche Ergänzungen. Mein Dank gilt auch den Damen und Herren der Bibliotheken, deren Bestände mir zur Verfügung standen, vor allem der Schleswig-Holsteinischen Landesbibliothek, der Universitätsbibliothek Kiel sowie der Stadtbücherei Rendsburg. Aufrichtigen Dank sage ich schließlich dem Vorstand des Hansischen Geschichtsvereins, der diese Arbeit in die Reihe seiner Veröffentlichungen aufzunehmen beschloß sowie Frau Rademacher vom Böhlau Verlag für die Betreuung der Drucklegung.

In Dankbarkeit gedenke ich an dieser Stelle meiner Frau, ohne deren Hilfe diese Untersuchung nicht zum Abschluß gekommen wäre sowie meiner Söhne Jürgen und Mathias, die mir bei der Beschaffung der Literatur und bei den Korrekturen zur Seite standen.

Rendsburg, im Juli 1971

H a n s   S a u e r

EINLEITUNG

Während über Schiffbau, Handel, soziale Entwicklung sowie über die „auswärtigen Beziehungen" der Hansestädte zahlreiche Einzeluntersuchungen oder Darstellungen größerer Teilgebiete vorliegen, fand eine Seite städtischer Politik bisher verhältnismäßig wenig Beachtung: das Verhältnis zu den deutschen Landesfürsten, vor allem am Ausgang des Mittelalters. Abgesehen von den bekannten älteren Arbeiten [1], entstanden in neuerer Zeit mehrere Studien über die Territorialpolitik einzelner Städte [2], bzw. über die Haltung einiger Fürsten zu den Städten ihres Landes [3]. Vor etwa fünfzig Jahren wurde zwar in einer Greifswalder Dissertation der Versuch unternommen, die Beziehungen der wendischen Hansestädte „unter einander, zu den Landesherren, zur Hansa" [4] näher zu bestimmen, doch kann das Ergebnis heute nicht mehr befriedigen, zumal sich inzwischen doch erhebliche Korrekturen z. B. im Verständnis der Hanse ergeben haben.

Zu den wendischen Hansestädten zählten neben Lübeck, Rostock, Wismar und Stralsund auch Hamburg und Lüneburg, obwohl die beiden zuletzt genannten nicht zum ehemals „wendischen" Siedlungsgebiet gehören. Innerhalb der Hanse bildeten diese sechs Städte einen verhältnismäßig stabilen, an der Führung der Städtegemeinschaft stets aktiv beteiligten Kern [5]. Das reichlich vorliegende Quellenmaterial läßt erkennen, daß die wendischen Hansestädte in den vier letzten Jahrzehnten des fünfzehnten Jahrhunderts in steigendem Maße vor die Aufgabe gestellt wurden, sich im niederdeutschen Raum mit der Herausforderung durch das aufstrebende Landesfürstentum auseinanderzusetzen. Dabei traten die Fürsten aus dem Hause Oldenburg sowie

---

[1] Daenell; Ropp, Hanse und Stände; ders., Hanse und Reichskrieg; v. Bippen; Priebatsch.
[2] Reincke, Hamburgische Territorialpolitik; E. Schulze, Sachsen-Lauenburg; Behr; Friedland, Lüneburg.
[3] Harringer; J. Schultze, Brandenburg; Petri.
[4] Westphal.
[5] Friedland, Hanseforschung, in: GWU 14, 1963, S. 485; ders. Lüneburg, S. 31; v. Brandt, Die Hanse und die nordischen Mächte, S. 8; Dollinger, S. 9 f.

die Herzöge von Mecklenburg besonders stark in Erscheinung. Aber auch das Verhalten anderer Landesherren wie der Kurfürsten von Brandenburg, der Herzöge von Braunschweig-Lüneburg, Sachsen-Lauenburg und Pommern veranlaßte die Städte zur Aufmerksamkeit. Es hätte daher nahegelegen, alle diese Territorien in den Bereich der vorliegenden Untersuchung mit einzubeziehen. Doch zwang der Umfang der dazu notwendigen Vorarbeiten, sich auf die Darstellung des Verhältnisses zu den oldenburgischen und mecklenburgischen Landesherren zu beschränken. Immerhin dürfen aber die sehr intensiven Beziehungen der wendischen Städte zu diesen Fürsten als weitgehend symptomatisch für das Gesamtproblem angesehen werden.

Das zeigt schon ein Ereignis wie die Wahl König Christians I. von Dänemark zum Landesherrn Schleswig-Holsteins im Jahre 1460, das den Herrscher über die nordischen Reiche zum territorialen Nachbarn Lübecks und zum Landesherrn Hamburgs werden ließ [6]. War schon die Herrschaft Dänemarks über den Sund von jeher ein neuralgischer Punkt hansischer Politik gewesen, so schien sich jetzt die Möglichkeit einer bedrohlichen Verbindung des Dänenkönigs mit anderen norddeutschen Fürsten abzuzeichnen [7]. Etwa zum gleichen Zeitpunkt begannen auch die Auseinandersetzungen der mecklenburgischen Herzöge mit Wismar und Rostock, die sich bis zum Ende des Jahrhunderts hinzogen [8]. Die zeitliche Begrenzung der Untersuchung (1460-1500) erschien insofern gerechtfertigt, als die Niederlage der Oldenburger Fürsten gegen Dithmarschen im Februar 1500 wie auch der Tod Herzog Magnus II. im Jahre 1503 entscheidende Zäsuren im politischen Geschehen darstellten. Der Sieg der Bauern ermutigte die oppositionellen Kräfte in Schweden, sich gegen die 1497 wiederhergestellte Nordische Union zu erheben und das Land nur wenig später endgültig von Dänemark zu lösen. Für Mecklenburg endete mit der Regierungszeit Magnus II. ein bemerkenswerter Versuch, bereits am Ausgang des Mittelalters Prinzipien des landesfürstlichen Absolutismus durchzusetzen. Beide Ereignisse mußten die wendischen Städte in gleicher Weise berühren.

---

[6] Christian I. war seit 1448 König von Dänemark, seit 1450 auch von Norwegen. Er wurde 1457 noch zum König von Schweden gewählt, konnte die Krone dieses Landes aber niemals unangefochten behaupten und verlor sie endgültig 1471.
[7] v. Brandt, Geist und Politik, S. 110.
[8] s. Teil II dieser Arbeit.

Der chronologisch und regional gegliederten Darstellung in den Teilen I und II folgt ein Versuch, charakteristische Züge der Auseinandersetzungen zwischen Städten und Fürsten herauszuarbeiten und insbesondere das politische Verhalten der Städte zu untersuchen. Der abschließende Exkurs „Die Bündnisse der wendischen Städte 1460-1500" dient der Ergänzung des III. Teils.

ERSTER TEIL

DIE WENDISCHEN HANSESTÄDTE
UND DIE FÜRSTEN DES HAUSES OLDENBURG

VON DER WAHL ZU RIPEN BIS ZUM BEGINN DER SPANNUNGEN ZWISCHEN KÖNIG CHRISTIAN I. VON DÄNEMARK UND SEINEM BRUDER, DEM GRAFEN GERD VON OLDENBURG (1460-1465)

Die Wahl des dänischen Königs Christian I. aus dem Oldenburger Hause zum Herzog von Schleswig und zum Grafen von Holstein und Stormarn im März des Jahres 1460 stand im Widerspruch zu den Absichten der Räte Lübecks und Hamburgs, die sich dafür eingesetzt hatten, daß Graf Otto aus der Pinneberger Seitenlinie der Schauenburger die Nachfolge des 1459 verstorbenen Herzogs Adolf VIII. antreten sollte. Beide Städte waren keineswegs an einem weiteren Machtzuwachs des Königs interessiert. Die Entscheidung lag jedoch in den Händen der holsteinischen Ritterschaft, die wahrscheinlich schon auf dem Rendsburger Tage im Februar 1460 eine grundsätzliche Einigung zugunsten Christians I. erzielt, die Städte sowie den Grafen Otto aber darüber in Unkenntnis gelassen hatte[9]. So ist das oft zitierte Wort des Lübecker Chronisten *aldus worden de Holsten Denen*[10] vor allem als Ausdruck der Erbitterung über das Scheitern eigener Pläne und der Erkenntnis Lübecks zu werten, daß in Ripen eine der wichtigsten Entscheidungen im norddeutschen Raume gefallen war, ohne daß Lübeck gemeinsam mit Hamburg wirksam in das Geschehen eingreifen konnte[11].

[9] LChr. 4, S. 262, 268-269; Reincke, Dokumente, S. 5-7. Die schleswig-holsteinische Ritterschaft hatte über die Wahl des künftigen Landesherrn am 22. Januar 1460 in Neumünster und am 11. Februar in Rendsburg verhandelt. Dort wurden den Rsn. Lübecks und Hamburgs sowie den Grafen von Schauenburg-Pinneberg nach Abschluß der Beratungen lediglich mitgeteilt, man wolle am 2. März d. J. mit König Christian v. Dk. in Ripen verhandeln, dann sollten beide Anwärter am 27. April in Lübeck ihre Ansprüche vertreten, bevor endgültig entschieden werden sollte. Vgl. Scharff, Schleswig-Holstein und Dänemark, S. 157, 159; ders., Wahl von Ripen, S. 22; Hoffmann, S. 22; Hennings, S. 70 f.
[10] LChr. 4, S. 270; vgl. Carstens, Beiträge, S. 48.
[11] Über die Stimmung in Lübeck: HR II, 4, n. 773 1460 April Danzig an Lübeck (Nachschrift).

Beide maßen der Wahl des Königs großes Gewicht bei. Das zeigt sich darin, daß sie schon Mitte März 1460 in Bündnisverhandlungen eintraten [12], die sich unverkennbar gegen eine mögliche Koalition Christians I. mit anderen norddeutschen Fürsten richteten. Andererseits war aber auch nicht zu übersehen, daß die Auffassungen in Lübeck und Hamburg in entscheidenden Fragen auseinandergingen. Davon wird noch in anderem Zusammenhang zu berichten sein [13]. In den überlieferten Bündnisentwürfen erscheint vor allem die Bestimmung wichtig, daß beide übereinkamen, künftig nur gemeinsam mit dem König zu verhandeln [14].

Entscheidend für die Beziehungen Lübecks zum König wie auch der zwei Städte zueinander wurde dann jedoch die Zusammenkunft Christians I. mit Lübecker Ratssendeboten Ende April 1460 in Segeberg. Dort ließ der König die Lübecker durch Bischof Arnold von Lübeck von seiner zu Ripen erfolgten Wahl offiziell informieren und seinem Wunsche Ausdruck geben, daß diese Entscheidung dem Rat von Lübeck *behagede unde to willen were*, zumal Christian die Lübecker wie überhaupt alle Kaufleute beschützen werde, wie es bisher Herzog Adolf gehalten habe. Der König ließ wissen, er sei bereit, alle lübischen Privilegien zu bestätigen, wenn die Stadt *aus guter Nachbarschaft* während seiner Abwesenheit helfen wolle, das Herzogtum Schleswig sowie die beiden Grafschaften gegen etwaige Angriffe zu verteidigen. Ferner wurde Lübeck aufgefordert, an einer Tagfahrt der Räte des Königs mit dem Grafen Otto von Schauenburg am 27. April teilzunehmen.

Man erklärte sich in Lübeck mit den Bedingungen des Königs einverstanden, zumal dieser auch seinerseits der Stadt Hilfe gegen ihre Feinde zugesagt hatte. So erhielt sie bereits am 14. Mai 1460 die Bestätigung ihrer Privilegien in Schleswig-Holstein mit dem ausdrücklichen Bemerken, daß damit zugleich alle Vorrechte Dritter ihre Kraft verlören, sofern sie den Interessen Lübecks zuwiderliefen [15].

---

[12] HUB 8, S. 540, n. 879 1460 März 7 und 13 Hamburg an Lübeck; LUB 9, n. 816, 820; Hennings, S. 80 f.

[13] HUB 8, n. 881 (1460 März 16) Lübecker Entwurf einer Tohopesate; a. a. O., n. 882 (1460 März 16) Hamburger Entwurf. Einzelheiten über die unterschiedlichen Auffassungen beider Städte: vgl. Seite 167 dieser Arbeit u. Exkurs, S. 181 f.

[14] HUB 8, n. 884, § 4.

[15] a. a. O., S. 556 1460 April 22 König Christian an Lübeck; April 25 dessen Geleitbrief; LUB 9, n. 825 1460 April 26 Lübecker Bericht über die Verhandlungen mit König Christian in Segeberg. Da dieser inzwischen in Ripen gewählt worden war, wurde am 27. April in Lübeck ein Vergleich zwischen ihm sowie dem Grafen Otto und seinen Söhnen geschlossen, nach dem diese gegen Zahlung von 43 000 Rh.G.

Während Lübeck überraschend eine so günstige Klärung der Beziehungen zu dem neuen Nachbarn erzielen konnte, ergab sich für Hamburg eine ungleich schwierigere Situation. Es hatte sich der Wahl des Dänenkönigs zum Landesherrn Schleswig-Holsteins nicht zuletzt deswegen widersetzt, weil es seine Unabhängigkeit ernsthaft bedroht sah, die es als holsteinische Stadt seit über 200 Jahren behauptet hatte, und damit rechnen mußte, daß König Christian I. größere Machtmittel zur Verfügung stehen würden als bisher den Schauenburger Grafen. Hamburg beteiligte sich weder an der Huldigung der schleswig-holsteinischen Stände am 4. April 1460 in Kiel, noch folgte es zunächst der Einladung des Königs nach Segeberg. Statt dessen drängte es wiederholt auf ein gemeinsames Vorgehen mit Lübeck [16]. Dazu kam es jedoch nicht, weil diese Stadt inzwischen zu der Auffassung gelangt war, das Angebot des Königs nicht auszuschlagen.

In Hamburg hatte man ursprünglich wohl gehofft, mit Lübecks Hilfe gegen die unumgängliche Anerkennung des neuen Landesherrn wenigstens ein Stapelprivileg für die Getreideausfuhr aus Schleswig-Holstein davonzutragen. Bei den Verhandlungen, die es im Mai 1460 mit dem König in Segeberg aufnahm, zeigte sich dann jedoch eine völlig andere Situation. Christian I. gab nämlich zu verstehen, daß er die bisherigen Privilegien Hamburgs in Schleswig-Holstein nur dann zu bestätigen gedenke, wenn die Stadt die ihm schuldige Huldigung nachgeholt habe. Damit verlagerte sich der Schwerpunkt der weiteren Bemühungen Hamburgs bis zum Ende des Jahres 1460 auf die Frage, wie diese Forderung umgangen werden konnte. Auf jeden Fall mußte die Stadt ihre Getreidehandelspläne vorerst noch zurückstellen, konnte dann aber Mitte Januar 1461 wenigstens einen befriedigenden Kompromiß erzielen, der von nun an zum Muster der Anerkennung aller folgenden holsteinischen Landesherren wurde: statt einer eidlichen Verpflichtung erfolgte die „Annehmung" des Königs als Landesherr. Ein großzügig bemessenes Geschenk, die Gewährung von Krediten sowie die Bezahlung des Quartiers auch für sein Gefolge erleichterten es Christian, auf seine ursprünglichen Forderungen zu verzichten. Am 15. Januar bestätigte er dann auch Hamburgs Privilegien, gestattete den Bürgern

---

auf ihre Erbansprüche verzichteten. LChr. 4, S. 269, 274 ff. — HUB 8, n. 912 1460 Mai 6 Bischof Arnold v. Lübeck an Lübeck, n. 919 1460 Mai 14 Bestätigung der lübischen Privilegien durch König Christian; Hennings, S. 82 f.

[16] HUB 8, S. 556, n. 909-911; vgl. n. 884, § 4, n. 885, § 4; n. 912-913; Lappenberg, Tratzigers Chronica, S. 199-201; Reincke, Dokumente, S. 7; Bolland, Vorwort zu: Reincke, Dokumente, S. X.

der Stadt, in Schleswig-Holstein Korn, Vieh und andere Waren nach
Belieben zu kaufen sowie gegen Erlegung des üblichen Zolls unbe-
hindert auszuführen und verbot, den Hamburger Zoll zu umgehen [17].
Da, entgegen den ursprünglichen Befürchtungen der beiden Städte, von
seiten des Königs keine Gefahr zu drohen schien und Lübeck sich ohnehin schon sehr schnell mit ihm geeinigt hatte, wurden die Bündnisverhandlungen eingestellt, vermutlich schon im Herbst 1460 [18].

Obwohl Christian I. sich zunächst gefällig gezeigt hatte [19], war doch
bald zu erkennen, daß beide Städte seiner nicht sicher sein durften.
Das zeigte sich schon gegen Ende des Jahres 1461, als er den Kaufleuten Amsterdams ein Privileg erteilte, das den holländischen Handel
im Bereich des Herzogtums Schleswig in einer für Lübeck und Hamburg beunruhigenden Form begünstigte. Den Holländern wurde gestattet, gegen einen vereinbarten Zoll den Landweg über Husum nach
Flensburg zu benutzen sowie in Husum, Schleswig und Flensburg
Handel zu treiben [20]. Vermutlich lag hier wohl weniger eine feindselige
Absicht des Königs vor, es darf vielmehr angenommen werden, daß
dieser nur eine willkommene Gelegenheit zur Ergänzung seiner finanziellen Mittel gesucht hatte. Mit unübersehbarem Mißtrauen begegnete
Lübeck jedoch Christian I. im Frühjahr 1462, als er seine Reise zu
einem Fürstentag in Wilsnack mit einem kurzen Aufenthalt in der
Travestadt unterbrechen wollte. Der Rat beschränkte das Geleit für
das königliche Gefolge unnachgiebig auf eine begrenzte Zahl von
Reitern und traf eine Reihe von Vorkehrungen zur Sicherung der
Stadt, wie sie bei ähnlichen Anlässen sonst nicht üblich waren: Be-
waffnete wurden in Bereitschaft gehalten und wichtige Punkte der
Stadtbefestigung unter den Befehl von Ratsmitgliedern gestellt. Als
der König auf dem Heimwege wiederum in Lübeck weilte, folgten der
Einladung in sein Quartier nur einige Bürgermeister und Ratsherren.
Anscheinend rechnete man mit der Möglichkeit eines Handstreiches

---

[17] HUB 8, n. 918, S. 558, A. 3; LChr. 4, S. 288; HUB 8, n. 992 1461 Januar 15
Handelsprivileg Christian I. f. Hamburg; Reincke, Dokumente, S. 7-17; Koppmann, KR 2, S. 103; Reincke, Hamburgische Territorialpolitik, S. 32. Erst im
August 1480, als König Christian die Hilfe Hamburgs und Lübecks gegen die
schleswig-holsteinische Ritterschaft benötigte, gelang es Hamburg, das Getreide-
stapelprivileg zu erlangen: Hille, Registrum, n. 171, S. 105 f. — HUB 10, S. 601,
A. 4; vgl. Seite 58 f. dieser Arbeit.
[18] HUB 8, n. 882 (Stückbeschreibung).
[19] LChr. 4, S. 288, 289, A. 1; HR II, 5, S. 20, A. 1; HUB 8, n. 951 1460 August 1
Privileg f. Rostock; Reg. dipl. hist. Dan. I, 1, n. 4147.
[20] HUB 8, n. 1093-1094.

gegen die Stadt [21]. Obwohl die Wilsnacker Verhandlungen vom März 1462 keineswegs gegen die Städte gerichtet waren, so ist doch die Haltung Lübecks charakteristisch für den Argwohn, mit dem fast alle Unternehmungen der Fürsten beobachtet wurden. Unter Umständen hatte im Falle des Dänenkönigs dazu auch seine Parteinahme für Herzog Heinrich IV. von Mecklenburg beigetragen, der zu dieser Zeit in Auseinandersetzungen mit Wismar stand [22].

Christian I. jedoch war zu dieser Zeit durchaus daran interessiert, seine Beziehungen zu den wendischen Städten, insbesondere aber zu Lübeck und Hamburg, möglichst frei von Spannungen zu erhalten, weil er wegen ständiger Kämpfe um die Erhaltung bzw. Rückgewinnung der Herrschaft über Schweden sowie wegen der finanziellen Auseinandersetzungen mit seinen Brüdern, den Grafen Gerd und Moritz von Oldenburg, sehr auf Kredite und andere Hilfeleistungen angewiesen war. Beide Grafen hatten 1460 zugunsten Christians I. auf ihre Ansprüche an Schleswig-Holsteins verzichtet. Dafür hatte dieser ihnen seinen Anteil an den Grafschaften Oldenburg und Delmenhorst übertragen und versprochen, jedem 40 000 Rh.G. als Entschädigung zu zahlen [23]. Mit den 43 000 Rh.G., die an die Schauenburger zu entrichten waren, hatte der König somit sehr hohe Zahlungsverpflichtungen auf sich genommen, die nicht ohne Einfluß auf seine politische Handlungsfreiheit bleiben konnten. Er war nicht nur an die schleswig-holsteinische Ritterschaft und Mannschaft verschuldet, sondern mußte ebenfalls in Lübeck und Hamburg ständig um neue Anleihen nachsuchen [24].

Zur besonderen Problematik der Situation Christians I. trug ferner der Umstand bei, daß das Treiben seines Bruders Gerd ihn zwang, zeitweilig die an sich ungetrübten Beziehungen zu den genannten Städten aufs Spiel zu setzen. Graf Gerd von Oldenburg hatte bereits seit der Mitte der fünfziger Jahre die Kaufleute der norddeutschen Hansestädte ständig durch zahlreiche Straßenräubereien geschädigt.

---

[21] LUB 10, n. 155 1462 (nach März 24) Bericht über die vom Lübecker Rate bei der Anwesenheit König Christians I. getroffenen Maßnahmen; LChr. 4, S. 301; Hagedorn, Johann Arndes Berichte, S. 283 ff. Über den Anlaß des Fürstentages: Bachmann, Briefe und Acten, n. 358, 369; Niitemaa, Der Kaiser und die Nordische Union, S. 238 f.

[22] Vgl. Seite 75 ff. dieser Arbeit.

[23] Hille, Registrum, n. 1-4; Reg. dipl. hist. Dan., I, 1, n. 4085-4087, 4106; Hennings, S. 82 f.

[24] Carstens, Die Wahl König Christian I., S. 257; Hennings, S. 72 ff. — Hille, Registrum, n. 87, 89, 91-94; LUB 10, n. 102, 156.

Im Juni 1461 hatten die Grafen Gerd und Moritz Schiffe auf der Elbe beschlagnahmt, so daß Lübeck und Hamburg gezwungen waren, energische Vorkehrungen zur Sicherung ihrer Schiffahrt zu treffen [25]. Im folgenden Jahre war es dann zwischen beiden Brüdern zu einer Entzweiung gekommen, in deren Verlauf Graf Moritz sich mit Bremen verbündete [26], während König Christian den Grafen Gerd unterstützte [27]. Abgesehen von einer kurzen Unterbrechung im Januar 1463 [28], erstreckten sich diese Kämpfe bis zum Beginn des Jahres 1465. Lübeck und Hamburg wurden insofern in Mitleidenschaft gezogen, als Bremen ihnen wiederholt Repressalien androhte, falls sie Handelsverkehr mit Untertanen des Königs von Dänemark treiben [29] oder Bremens Forderungen nicht mit dem notwendigen Nachdruck unterstützen sollten [30].

Graf Gerd war nach dem Tode seines Bruders Moritz im August 1464 in den Gesamtbesitz der Grafschaften Oldenburg und Delmenhorst gelangt. Er setzte seine Feindseligkeiten gegen die Städte bis zum Beginn des folgenden Jahres fort [31]. Im Februar 1465 verbündete sich Bremen mit Bischof Heinrich von Münster, dem Administrator des Erzstifts Bremen, der im Namen der bremischen Kirche Anspruch auf Delmenhorst erhob [32]. Angesichts dieser Übermacht, sah sich endlich der Graf zum Friedensschluß genötigt und beendete den Kampf mit seinen bisherigen Gegnern. Da er sich nunmehr anschickte, seinem Bruder Christian die Herrschaft über Schleswig-Holstein streitig zu machen, begann damit zugleich auch ein neuer Abschnitt in den Beziehungen der wendischen Städte zum Hause Oldenburg.

Rückblickend auf die fünf ersten Jahre der Landesherrschaft Christians I. in Schleswig-Holstein kann festgestellt werden, daß sich die Besorgnisse Lübecks und Hamburgs vorerst nicht bewahrheitet hatten. So erwies sich ein Bündnis als überflüssig, zumal einer der beiden Partner schon nach kurzer Zeit eine Einigung mit dem neuen Nachbarn erzielen konnte. Lübeck sah sich nicht an die Abmachung gebunden, keine Verhandlungen ohne Hamburg zu führen, das als holsteinische

---

[25] HR II, 5, n. 121 1461 Juni 15 Rezeß zu Lübeck, § 15; a. a. O., n. 129-130.
[26] LUB 10, n. 166.
[27] Koppmann, Beziehungen Hamburgs, S. 222; HR II, 5, S. 198 f.
[28] LUB 10, n. 265 1462 Dezember 6 Bremen an Lübeck; Waitz, Streitigkeiten, S. 1.
[29] LUB 10, n. 452, 459.
[30] Koppmann, a. a. O., S. 223; LUB 10, n. 474, 477, 479, 483.
[31] LUB 10, n. 535, 547; Rüthning, Oldenburgische Geschichte, S. 159.
[32] LUB 10, n. 550-551, 558.

Stadt gegenüber dem König in einer wesentlich ungünstigeren Situation war als die Reichsstadt Lübeck. Für Hamburg bedurfte es längerer, geduldiger Verhandlungen und einiger finanzieller Aufwendungen, um eine für beide Seiten tragbare Form der Anerkennung des neuen Landesherrn zu finden. Nicht nur die unterschiedliche staatsrechtliche Stellung beider Städte erwies sich als Hindernis für ein gemeinsames Vorgehen gegenüber König Christian, sondern auch die wirtschaftlichen Sonderinteressen, die insbesondere bei den Bündnisverhandlungen hervortraten. Hier wäre vor allem die hamburgische Getreidehandelspolitik zu nennen, die häufige Spannungen zu Dithmarschen zur Folge hatte, während Lübeck in den Bauern die potentiellen Verbündeten gegen die Oldenburger Fürsten zu sehen meinte. Das sollte sich sehr bald noch deutlicher zeigen. Für die Haltung des Dänenkönigs war der Umstand ausschlaggebend, daß er wegen seiner schwedischen Interessen und seiner finanziellen Situation auf möglichst ungestörte Beziehungen zu Lübeck und Hamburg bedacht sein mußte. Daß es nicht immer leicht für ihn war, diese verschiedenen Gesichtspunkte zu koordinieren, war auf die Dauer nicht zu übersehen.

Kapitel 2

DIE POLITIK LÜBECKS UND HAMBURGS WÄHREND DER AUSEINANDERSETZUNGEN UM SCHLESWIG-HOLSTEIN (1465-1472)

Die finanziellen Verpflichtungen, die König Christian anläßlich seiner Wahl zu Ripen auf sich genommen hatte, sollten sich schon bald als eine schwere Bürde erweisen und seine Handlungsfreiheit in mehr als einer Richtung beträchtlich einengen. Während die Schauenburger Grafen die ihnen zugesagte Entschädigung von 43 000 Rh.G. im September 1463 quittieren konnten [33], waren an die Brüder Christians I. zum gleichen Zeitpunkt erst etwa 22 000 Rh.G. gezahlt worden [34]. Diese umfangreichen Aufwendungen waren aber nur möglich geworden, weil der Adel des Landes dem König große Summen vorgestreckt bzw. sich für den Rest der Zahlungen verbürgt hatte. Allmählich aber begann diese Geldquelle zu viersiegen; die Folge war, daß Graf Gerd von Oldenburg schließlich ungeduldig wurde und zu Beginn des Jahres 1465 in Holstein erschien. Er forderte von den Rittern, die sich s. Zt. für den König verbürgt hatten, ihm und den Kindern seines verstorbenen Bruders Moritz die noch ausstehenden rund 60 000 Rh.G. unverzüglich auszuzahlen. Andernfalls werde er sich als rechtmäßiger Erbe betrachten und das Land in Besitz nehmen. Graf Gerd versuchte außerdem, unter den Adligen des Landes Anhänger zu gewinnen, indem er ihnen Vergünstigungen in Aussicht stellte, falls er die Landesherrschaft übernähme [35].

Den König versetzte das Erscheinen seines Bruders in nicht geringe Verlegenheit, da er gerade vollauf mit dem Kampf um die schwedische Krone beschäftigt und durchaus nicht in der Lage war, die Forderungen des Grafen zu erfüllen [36]. Die bedrängten Bürgen ersuchten nun Christian I., sie aus der Bürgschaft zu entlassen und Gerd von Oldenburg

---

[33] Waitz, Geschichte, S. 17.
[34] Rüthning, a. a. O., S. 159.
[35] LChr. 4, S. 370 f.
[36] HR II, 6, S. 13.

zufriedenzustellen. Dieser zögerte nicht lange, seine Ankündigung in die Tat umzusetzen und berief zum 8. Mai 1465 die Stände des Landes an die Levensau, um vor ihnen seine Ansprüche geltend zu machen. Der König sah jetzt keine andere Möglichkeit, als dem Bruder zuvorzukommen: er entbot die Stände zum 6. Mai nach Kiel [37] und richtete die dringlich gehaltene Bitte an Lübeck und Hamburg, diese Ständeversammlung doch auf jeden Fall zu beschicken, um ihm gegen den Grafen beizustehen [38]. Die Mehrheit der in Kiel Zusammengekommenen, darunter vor allem die Gläubiger und Bürgen des Königs sowie die Ratssendeboten der beiden Städte, wandte sich gegen die Absicht des Grafen, der nur einen geringen Teil des Adels hinter sich zu scharen vermochte. Gerd von Oldenburg mußte sich daher mit der Zusicherung begnügen, daß er sein Geld zu einem späteren Zeitpunkt erhalten werde. Zur Erleichterung des Königs verließ er dann bald wieder das Land [39].

Christian I. hatte nun erkannt, welches Gewicht die Unterstützung durch Lübeck und Hamburg für ihn gewinnen könnte und entschied sich dafür, die Beziehungen zu beiden Städten möglichst eng zu gestalten. Er schloß im Mai 1465 Frieden mit Bremen [40] und legte einen Monat später den Entwurf eines Vertrages mit Lübeck, Hamburg und Lüneburg vor, einander bei Streitigkeiten mit Dritten als Rechtsvermittler zur Seite zu stehen [41] und dabei keine Entscheidungen gegeneinander zu treffen [42]. Das Abkommen sollte die Städte jedoch nur zur Beschickung von Tagfahrten in Schleswig-Holstein verpflichten, nicht aber in den drei nordischen Reichen. Es richtete sich also vor allem gegen den Grafen von Oldenburg. Obwohl sich die Städte am Zustandekommen des Vertrages interessiert zeigten [43], führten die Verhandlungen jedoch nicht zu einem Abschluß. Offenbar waren einflußreiche Kreise der Ritterschaft Schleswig-Holsteins Gegner dieses Vertrages, vermutlich im Bemühen, Lübeck und Hamburg von den inneren Angelegenheiten des Landes fernzuhalten und damit zugleich auch eine Stärkung der Stellung des Landesherrn zu verhindern [44].

---

[37] LChr. 4, S. 371.
[38] Koppmann, a. a. O., S. 225; LUB 10, n. 585.
[39] LChr. 4, S. 371; Oncken, S. 34.
[40] HUB 9, n. 168 1465 Mai 22; LUB 10, n. 609.
[41] HR II, 5, S. 456, A. 1; HUB 9, n. 205 1465 Oktober 13, § 2; s. a. Exkurs, S. 195 f.
[42] HUB 9, n. 205, §§ 3-4.
[43] a. a. O., n. 208, 217, 227, 232, 265.
[44] a. a. O., n. 232; vgl. Daenell, S. 213.

Gegen den Grafen von Oldenburg richtete sich augenscheinlich auch der Entwurf der Tohopesate, über die die genannten Städte etwa zur gleichen Zeit untereinander verhandelten. Ihr Bündnis sollte der Abwehr widerrechtlicher Gewalt sowie dem Schutze städtischer Privilegien gegen *Fürsten, Herren, Ritter und andere* dienen und sah nach dem Scheitern gütlicher Verhandlungen [45] bewaffnete Hilfe zu Wasser und zu Lande vor [46]. Lüneburgs Bedenken wegen zu hoher finanzieller Lasten durch kriegerische Unternehmungen zur See [47] und seines zu großen Kontingents an Bewaffneten [48] verhinderten schließlich den Beitritt dieser Stadt, so daß sich im Februar 1466 nur Lübeck und Hamburg verbündeten [49]. Die Tohopesate war zugleich auch eine Warnung an Herzog Heinrich IV. von Mecklenburg, der wegen der Auseinandersetzungen um den Wismarer Bürgermeister Peter Langejohann in einem gespannten Verhältnis zu Lübeck stand [50]. In dieser Frage konnte Lübeck durchaus auf die Unterstützung König Christians zählen, der dem Herzog gelegentlich sogar mit Entschiedenheit und Schärfe entgegentrat [51].

Es lag unbedingt im Interesse des Königs, den Wünschen Lübecks und Hamburgs so weit wie möglich entgegenzukommen, denn die Kontroversen mit seinem Bruder waren nur aufgeschoben, außerdem befand er sich in Geldnot. So räumte er beiden Städten die Pfandherrschaft über einige wichtige Plätze des Landes ein, da für größere Kredite auch entsprechende Sicherheiten gefordert wurden: Lübeck erhielt im November 1465 für vier Jahre die Verfügung über den Hafen Neustadt [52] sowie die Zusicherung, daß die Bewohner Fehmarns für die Dauer der lübischen Pfandherrschaft über Schloß und Insel der Stadt die Pfandhuldigung leisten sollten [53]. Hamburg wurde etwa zur gleichen Zeit das Amt Steinburg mit den Städten Wilster und Krempe verpfändet [54]. Außerdem sah sich Christian I. häufig gezwungen, Zu-

---

[45] HUB 9, n. 207 1465 (vor Oktober 18), § 1; s. a. Exkurs, S. 184 ff.

[46] HUB 9, n. 207, §§ 2-3.

[47] a. a. O., n. 185.

[48] a. a. O., n. 219, §§ 1-3; n. 215, 217, 221.

[49] a. a. O., n. 237 1466 Januar 13; n. 235; s. a. Exkurs, S. 184 f.; Verlängerung: 1472 = HUB 10, n. 110; Beitritt Lüneburgs: 1474 = HUB 10, n. 343; weitere Verlängerungen: 1480 und 1490 = HUB 10, n. 843, HUB 11, n. 402.

[50] Vgl. Seite 75 ff. dieser Arbeit.

[51] Ebenda.

[52] Hille, Registrum, n. 50 1465 November 1; Schröder, S. 185 ff.

[53] Hille, Registrum, n. 51 1465 November 1; n. 100 1465 Dezember 10.

[54] a. a. O., n. 99 1465 November 11 (Pfandsumme 10 000 Mk.lüb.). — Vgl. a. n. 104, 108, 166, 170 (Umbauten am Schloß Steinburg).

flucht zu kleineren Anleihen zu nehmen und königliche Kleinodien oder gar den Schmuck seiner Gemahlin zu verpfänden[55]. Seinem Bruder vermochte er nicht mit Entschiedenheit zu begegnen, da er seine Schuld nicht begleichen konnte. Das zeigte sich immer deutlicher. Im Sommer 1466 erschien Graf Gerd wieder in Holstein und besetzte unter einem nichtigen Vorwand die Stadt und das Schloß Rendsburg, die der Witwe des 1459 verstorbenen Herzogs Adolf VIII. als Leibgedinge übertragen worden waren[56]. Der König, außerstande zu zahlen, räumte dem Bruder eine Reihe von Rechten ein, die diesem beträchtlichen Einfluß im Lande sichern mußten: ihm wurde das Erbrecht zuerkannt, er durfte einige vom König verpfändete Schlösser einlösen sowie über die geistlichen und weltlichen Lehen des Landes verfügen. Schließlich ernannte ihn Christian zu seinem Statthalter mit umfangreichen Vollmachten für die Zeit seiner Abwesenheit[57]. Graf Gerd begann sofort, von den neu eröffneten Möglichkeiten in seiner Weise Gebrauch zu machen. Er besetzte die ihm zugewiesenen Schlösser und vertrieb kurzerhand die derzeitigen Pfandinhaber. Die Nachricht vom Treiben des Grafen verbreitete sich mit Windeseile im Lande und veranlaßte die Ritterschaft, nach Verbündeten Ausschau zu halten. In ihrer Notlage führten die Betroffenen jetzt Klage in Lübeck und Hamburg und erbaten dort Hilfe und Unterstützung[58]. So wirkte sich das Vorgehen des Grafen auch positiv für die Städte aus, da der Adel nunmehr seine bisherige Haltung gegenüber Lübeck und Hamburg zu revidieren begann.

Dithmarschen zeigte sich ebenfalls besorgt über die Entwicklung im Lande und nahm Verbindung mit Lübeck auf. Schon im November 1468 schlossen beide für die Dauer von 10 Jahren ein Bündnis, dessen

---

[55] Wehrmann, Verpfändung Kiels, S. 38 ff. — LChr. 5, 1, S. 18.

[56] LChr. 5, 1, S. 12 f. — Waitz, König Christian, in: Nordalb. Stud. 5, 1, S. 64, 68 f., 70.

[57] Christensen, Rep. dipl. reg. Dan. II, 1, n. 2170, 2180 1466 November 1 u. Dezember 2; Reg. dipl. hist. Dan. I, 1, n. 4295 1466 Dezember 18 König Christian überträgt dem Grafen Gerd Schleswig sowie Holstein und Stormarn als Statthalter mit weitgehenden Vollmachten; Waitz, König Christian, S. 67 1467 Mai 1: König Christian erteilt seinem Bruder Vollmacht, alle geistlichen Lehen zu vergeben und über alle weltlichen Lehen zu verfügen; ferner: Christensen, Rep. dipl. reg. Dan. II, 2, n. 2326-2328; Oncken, S. 35.

[58] LChr. 5, 1, S. 30; Waitz, König Christian, S. 68; vgl. Haltung der Ritterschaft 1460 und 1465, Seiten 7 und 15 dieser Arbeit. Als eine erste Vorsichtsmaßregel d. schl.-holst. Adels darf gewiß auch der am 20. Mai 1466 in Kolding zwischen schl.-holst. und dänischen Räten geschlossene Unionsvertrag angesehen werden. Dazu: Scharff, Die Wahl von Ripen, S. 61; ders., Ripen 1460, S. 25 f.

Wortlaut in vielen Punkten den Tohopesaten der Hansestädte entsprach. In zusätzlichen Erklärungen wurde der Umfang der Verpflichtungen genauer umrissen: Lübeck und Dithmarschen halfen einander im Falle eines Konflikts mit dem König von Dänemark und seinem Bruder, dem derzeitigen Regenten Schleswig-Holsteins. Bei weiteren Auseinandersetzungen sollte eine Hilfe nur dann erfolgen, wenn die Oldenburger Fürsten mit den betreffenden Gegnern verbündet wären. Dithmarschen war nicht verpflichtet, Unternehmungen Lübecks zur See zu unterstützen [59]. So traf Lübeck umfangreiche Vorkehrungen für seine Sicherheit. Wie das Bündnis mit Dithmarschen erkennen läßt, betrachtete man in der Travestadt die Zugeständnisse des Königs an seinen Bruder als Alarmzeichen und war auf eine grundsätzliche Wendung seiner Haltung gefaßt. Gleichzeitig wurden in Lübeck die Verhandlungen mit der Ritterschaft weitergeführt.

Die Lage König Christians erwies sich am Ausgang der sechziger Jahre als recht verwickelt: die Rücksicht auf den Bruder hatte ihn zu Konzessionen gezwungen, die nicht nur seine Stellung als Landesherr in mehrfacher Hinsicht gefährdeten, sondern auch Lübeck und Dithmarschen zu einem gegen ihn selbst gerichteten Bündnis veranlaßten. Darüber hinaus war er zu dieser Zeit noch in zwei weiteren Richtungen stärker gebunden: gegenüber England und Schweden. Da in diesen Fällen auch die Handelsinteressen der wendischen Städte berührt wurden, müssen beide Konflikte wenigstens gestreift werden. Entgegen dem Friedensvertrag zwischen England und Dänemark vom 3. Oktober 1465 waren im Sommer 1467 englische Fischer aus Lynn nach Island gesegelt und hatten dort schwere Gewalttaten und Plünderungen verübt. Unter anderem war der Vogt des dänischen Königs erschlagen worden. Christians Forderung nach Genugtuung blieb ohne Antwort, daher wurden auf seinen Befehl vier große englische Schiffe, die sich auf dem Wege nach Preußen befanden, im Sund aufgebracht [60]. Die geschädigten Engländer hatten nun behauptet, daß ihnen Danziger Auslieger, unterstützt von Schiffen der wendischen Städte Schiff und Ladung genommen hätten und daß dieser Übergriff auf Anstiften der deutschen Kaufleute in England erfolgt sei. Darauf hatte der englische König schwere Repressalien gegen die Hanseniederlassungen in seinem

---

[59] Über die Beziehungen Dithmarschens zu König Christian: s. Teil I dieser Arbeit, Seite 39 f. 1462 Mai 23 hatte sich Dithmarschen bereits wegen drohender Rüstungen d. Königs an Lübeck gewandt = LUB 10, n. 174. Über das Bündnis von 1468: LChr. 5, 1, S. 51; LUB 11, n. 387, 388 1468 November 23.
[60] HR II, 6, S. VI u. 69; LChr. 5, 1, S. 40; Daenell, S. 43 erwähnt sechs engl. Schiffe.

Lande angewandt. Die deutschen Kaufleute wurden gefangengesetzt und ihr Besitz beschlagnahmt. Binnen zwei Monaten sollten sie entweder ihre Unschuld nachweisen oder aber den auf 20 000 Pfund geschätzten Schaden ersetzen [61]. Die Auseinandersetzungen mit England zogen sich über annähernd sechs Jahre hin und beschäftigten die Städte besonders auch im Hinblick auf den damit verbundenen Konflikt mit Köln. Diese Stadt hatte sich schon seit der Mitte des Jahrhunderts gegen die Zahlungen zugunsten des Kontors in Brügge gewandt. Während des hansisch-englischen Krieges ging Köln vollends eigene Wege. Es beteiligte sich nicht an den Aktionen der Städte gegen England, sondern sicherte sich eigene Privilegien in diesem Lande und klagte schließlich sogar vor dem Hofgericht Herzog Karls des Kühnen von Burgund gegen das Brügger Kontor. Im April 1471 wurde Köln daher aus der Hanse ausgeschlossen und konnte erst fünf Jahre später unter beträchtlichen Schwierigkeiten seine Wiederaufnahme erlangen [62].

Die Kämpfe König Christians um die schwedische Krone berührten die Handelsinteressen der wendischen Städte ebenfalls unmittelbar. Nachdem er 1448 König von Dänemark geworden war, wurde Christian I. 1450 zum König von Norwegen und 1457, nach dem Sturz Karl Knutsons, auch zum König von Schweden gewählt [63]. 1464 hatte der nach Danzig geflüchtete Karl Knutson sein Exil verlassen, um den schwedischen Thron ein zweites Mal zu besteigen. Er wurde im Januar 1465 wieder vertrieben, dann schließlich im September 1467 abermals zur Rückkehr nach Schweden aufgefordert [64].Das bedeutete für König Christian, daß er in der erwähnten Zeit nicht nur erhebliche Geldmittel für diese Kämpfe aufwenden mußte, sondern auch gezwungen war, häufig außerhalb Schleswig-Holsteins zu weilen. Für die Städte brachten diese jahrelangen Wirren Unsicherheit zu Wasser und zu Lande und damit Störungen des Handels mit sich. Die Verhandlungen mit den um Schweden kämpfenden Parteien erforderten großes diplomatisches Geschick und umfangreiche Aufwendungen für Gesandtschaftsreisen, die zuweilen mit beträchtlichen Gefahren verbunden sein konnten [65].

---

[61] HR II, 6, S. 69.

[62] HR II, 5, S. V f., VII; n. 779, 800; Dollinger, S. 394 ff.

[63] Rüthning, Oldenburgische Geschichte, S. 147.

[64] HR II, 6, S. 13; n. 24, 75.

[65] a. a. O., n. 26, 76, 78, S. 52, 60, n. 85, S. 97 f., 103, 105; Reg. dipl. hist. Dan. I, 1, n. 4309 1467 August 1 König Christian an Rostock: bittet dafür zu sorgen, daß Rostocker Kaufleute sobald wie möglich Öl, Malz, Hafer, Mehl und andere Waren nach Dänemark liefern; a. a. O., n. 4333, 4347; Daenell, S. 216 f.

Graf Gerd von Oldenburg benutzte nun die Abwesenheit des Bruders, um seine eigene Stellung in Schleswig-Holstein zu festigen. Er gab vor, die Bauern gegen ihre Grundherren, die Ritter und Prälaten, unterstützen zu wollen und verbreitete öffentlich vertrauliche Einzelheiten über die finanziellen Hintergründe und Transaktionen der Wahl von Ripen im Jahre 1460, um nicht nur die beteiligten Angehörigen des Adels, sondern auch seinen Bruder zu diskreditieren [66]. Im März 1469 sandte die holsteinische Ritterschaft acht ihrer Mitglieder nach Lübeck, um abermals über die Belastungen durch den Statthalter des Landesherrn zu klagen und gegen ihn um Hilfe zu bitten. Der Lübecker Rat hielt sich indessen zurück, solange die Haltung des Adels nicht eindeutig zu erkennen war [67]. Die Lage verschärfte sich im folgenden Monat, als Christian I. die Vollmachten des Grafen noch erweiterte und ihm das Herzogtum Schleswig sowie die Grafschaften Holstein und Stormarn verpfändete [68]. Jetzt schritt die Ritterschaft zu nachdrücklichen Gegenmaßnahmen. Am 2. Mai 1469 verbanden sich 140 ihrer Mitglieder zur Abwehr von Unrecht und Gewalt *gegen jeden, wer es auch sei* [69]. Nachdem sich der Adel des Landes offen für den Kampf, notfalls auch gegen den Landesherrn selbst, entschieden hatte, gab Lübeck seine Reserve auf und vermittelte ein Bündnis der Ritterschaft mit Dithmarschen für die Dauer von drei Jahren. Beide verpflichteten sich zu gegenseitiger Hilfe. Der Lübecker Rat sollte im Falle eines Angriffs gegen die Verbündeten Art und Maß der Hilfeleistung festsetzen sowie bei etwaigen Differenzen zwischen ihnen oberster Schiedsrichter sein [70]. Zur gleichen Zeit war Lübeck ferner bemüht, auch das Erzstift Bremen als Verbündeten gegen den Grafen von Oldenburg zu gewinnen [71]. Dieser mußte jetzt erkennen, daß sich offener Widerstand gegen ihn vorbereitete. Nun suchte er Hilfe bei König Christian und bat ihn dringend, ins Land zu kommen und den Adel zum Gehorsam zu veranlassen. Da der König zur Zeit nicht in der Lage war, Schweden den Rücken zu wenden, entsandte er seine Gemahlin mit einigen Reichsräten nach Holstein. Die Königin lud den Grafen, Vertreter der Ritterschaft und Mannschaft sowie Rats-

---

[66] LChr. 5, 1, S. 48; Carstens, Die Wahl König Christians I., S. 244.
[67] LChr. 5, 1, S. 52; LUB 11, n. 414.
[68] Hille, Registrum, n. 101 1469 April 24; Wegener, Diplomatarium, n. 149.
[69] LChr. 5, 1, S. 58; Hille, Registrum, n. 193.
[70] LChr. 5, 1, S. 55; LUB 11, n. 465 1469 Juli 8; Stoob, Geschichte Dithmarschens, S. 59; LUB 11, S. 507 (Anmerkung).
[71] LUB 11, n. 483-484.

sendeboten Lübecks und Hamburgs zum 22. Juli nach Segeberg [72]. Alle
Vergleichsverhandlungen blieben jedoch ohne Ergebnis, da die Ritterschaft bedingungslos die Entfernung des Statthalters aus dem Lande
forderte. Die Vertreter der beiden Städte äußerten sich nicht so entschieden, sondern gaben nur dem Wunsche Ausdruck, recht bald in
Schleswig-Holstein wieder Frieden und Eintracht herzustellen, denn
die Einwohner Holsteins seien — wie auch die Lübecker und Hamburger — aufeinander angewiesen [73]. Man einigte sich schließlich darauf,
im August des gleichen Jahres in Kopenhagen mit König Christian
zusammenzutreffen [74]. Diesem mußte nun deutlich geworden sein, daß
seine Stellung als Landesherr auf dem Spiel stand, wenn er den Grafen
weiterhin frei gewähren ließ. Die Bündnisse der Ritterschaft und
Mannschaft untereinander sowie mit Dithmarschen ließen keinen
Zweifel über den Ernst der Lage. Auch die beiden Städte konnten aus
ihrer bisher beobachteten Zurückhaltung heraustreten, wenn sie ihre
Interessen bedroht sahen.

Graf Gerd versuchte in der Zeit bis zur Tagfahrt in Kopenhagen,
Mißtrauen und Zwist in die Reihen seiner Gegner zu tragen. So ver-
sandte er Schreiben an den Rat, die Älterleute des Kaufmanns und die
Gemeinde zu Lübeck, an den Rat, die vier Kirchspiele und die Gemeinde zu Hamburg sowie an die holsteinischen Prälaten, Städte und
Bauern. Bei Lübeck und Hamburg wie auch bei der Ritterschaft stieß
er allerdings auf eine geschlossene Abwehrfront [75]. Alle früheren Differenzen schienen jetzt vergessen. Mit Genugtuung nahm Claus Rant-
zow, als Wortführer der Ritterschaft, die geharnischte Antwort Lübecks an den Grafen zur Kenntnis und gab seiner Überzeugung Ausdruck, daß dieser seine Bemühungen nun wohl einstellen werde. Rant-
zow teilte mit, daß der Bischof Heinrich von Münster mit Dithmarschen und der Ritterschaft bereitstünde [76].

In Kopenhagen erschienen außer den Ratssendeboten Lübecks und
Hamburgs auch Ratsmitglieder Rostocks, Wismars und Stralsunds,
ferner der Graf von Oldenburg, die Bischöfe von Schleswig und Lü-
beck, Vertreter der Ritterschaft sowie dänische Räte des Königs. Außer
Fragen, die die Stellung der hansischen Kaufleute in den nordischen
Reichen betrafen, bedurften vor allem folgende Probleme der Klärung:

---

[72] LChr. 5, 1, S. 56; Waitz, König Christian, S. 74; Waitz, Streitigkeiten, S. 2.
[73] LChr. 5, 1, S. 57.
[74] a. a. O., S. 58.
[75] Ebenda; LUB 11, n. 483-484; Koppmann, Beziehungen Hamburgs, S. 225.
[76] LUB 11, n. 483 1469 August 12.

die künftige Haltung der Städte zu den Kämpfen in Schweden, die Lage in Schleswig-Holstein, Regulierung bestimmter Ansprüche Lübecks an König Christian. Wie der Bericht der Rostocker Ratssendeboten erkennen läßt, entschied sich der König dafür, vor allem Lübeck und Hamburg zufriedenzustellen. So wurde am 31. August zum Verdruß der Abgesandten Rostocks, Wismars und Stralsunds in ihrer Abwesenheit zwischen dem König, seinen Räten, den Ratssendeboten Lübecks und Hamburgs sowie den Vertretern der Ritterschaft gesondert verhandelt [77]. Am folgenden Tage wurde den Vertretern der drei Städte nur mitgeteilt: man habe über die Situation in Schleswig-Holstein beraten und sich dahingehend geeinigt, die zu klärenden Fragen zu einem späteren Zeitpunkt an Ort und Stelle zu verhandeln und werde dazu vielleicht auch Ratsmitglieder der anderen Städte einladen [78]. Gewiß traf das zu, nur wurde nicht berichtet, daß Lübeck außerdem einen seiner bedeutendsten territorialpolitischen Erfolge erzielt hatte: Christian I. hatte sich nämlich verpflichtet, Forderungen Lübecks in Höhe von 17 635 Mk.Lüb., die die Stadt wegen der Beschlagnahme einiger Schiffe geltend machte, anzuerkennen und als Sicherheit, zugleich auch für andere Schulden, die Stadt und das Schloß Kiel an Lübeck zu verpfänden [79]. Als Gegenleistung hatte Lübeck dem König versprochen, gemeinsam mit den anderen wendischen Städten zur Beilegung des Konflikts zwischen Dänemark und Schweden beizutragen [80]. Auch Hamburg konnte in Kopenhagen einen Erfolg verzeichnen: es erhielt die Bestätigung seiner Zollprivilegien für Schleswig-Holstein mit einem entsprechenden Gebot an die Amtleute und Untertanen des Königs [81]. Die Vertreter der Ritterschaft kehrten heim mit der schriftlichen Versicherung des Königs, daß er sobald wie möglich ins Land kommen, seine Gläubiger und Bürgen *von Schulden und Schaden* befreien sowie seinen Bruder aus dem Lande entfernen und selbst wieder die Regierung übernehmen werde [82].

Im Oktober 1469 kam der König nach Lübeck, wo unter Vermittlung der wendischen Städte Verhandlungen zwischen Schweden und

---

[77] HR II, 6, n. 249 1469 August 24 Rostocker Bericht über die Verhandlungen zu Kopenhagen, § 8.
[78] a. a. O., § 9.
[79] LUB 11, n. 489, 501; Wehrmann, Verpfändung Kiels, S. 46 f.
[80] LUB 11, n. 489 1469 August 31.
[81] HUB 9, n. 646 1469 September 5. Am gleichen Tage bestätigte der König auch die Privilegien Rostocks für dessen Handel in Norwegen (a. a. O., n. 647).
[82] Hille, Registrum, n. 184 1469 August 31; LUB 11, n. 488.

Dänemark stattfinden sollten. Bei dieser Gelegenheit erfüllte Christian I. auch seine Zusage [83] und verpfändete Schloß und Stadt Kiel an Lübeck für insgesamt 26 685 Mk.Lüb. mit der Bestimmung, daß bei einer Wiedereinlösung der Gesamtbetrag zu erlegen sei [84]. Auch in hansischen Angelegenheiten zeigte sich der König sehr entgegenkommend: so wurde der Zwist mit Norwegen (wegen der Übergriffe von Mitgliedern des Bergener Kontors im Jahre 1455) beigelegt und der Handel der Holländer und anderer Nichthansen eingeschränkt [85]. Am

---

[83] Die Abtretung Kiels erfolgte noch vor dem Beginn der dänisch-schwedischen Verhandlungen (16.-24. Oktober 1469), die jedoch ergebnislos blieben. (HR II, 6, n. 270-276). Vgl. LChr. 5, 1, S. 62 ff. — Wehrmann, a. a. O., S. 46 f.

[84] Die Urkunden über die Verpfändung Kiels: LUB 11, n. 501 1469 Oktober 2, n. 502 1469 Oktober 5, n. 508 1469 Oktober 11, n. 513 1469 Oktober 8 (nicht Oktober 13); Hille, Registrum, n. 103 1469 Oktober 14; LChr. 5, 1, S. 62 ff. Wetzel, Lübecker Briefe, S. XVI f., n. 46, 49, 53, 60, 72. — Die politischen Hintergründe der Abtretung Kiels an Lübeck bedürfen sicherlich noch weiterer Klärung. Daneben zeigt der Wortlaut der aus diesem Anlaß ausgefertigten Urkunden einige Besonderheiten, die vor allem bei einem Vergleich mit den Urkunden hervortreten, die Christian I. 1465 bei der Verpfändung des Amtes Steinburg an Hamburg ausgestellt hatte. Dort heißt es (Hille, Registrum, n. 99): *hebbe wii ... vorpandet unde vorsettet*, ähnlich Wegener, Diplomatarium, n. 223, 228. Auch hinsichtlich der Verpfändung Fehmarns (Hille, Registrum, n. 100): *van uns in pande hebben*. In den Urkunden, welche die Übergabe Kiels 1469 betreffen, werden derartige Formulierungen nicht verwendet. So versichert der König am 31. August 1469 (LUB 11, n. 489): *wij willen unde scholen ... unnse stat unde slot tom Kijle mit eren tobehoringen, alse Hans Rantzouwen dat van uns hefft in pandeswise, setten ... vor eren unde erer borger schaden...* Auch bei der Fixierung der lübischen Forderungen (a. a. O., n. 501) wird nur davon gesprochen, der König wolle Kiel an Lübeck *overantworden*. Bei der eigentlichen Bekräftigung des Rechtsaktes am 8. Oktober 1469 (Wegener, Diplomatarium, n. 155) heißt es dann, Christian I. habe Stadt und Schloß Kiel *vorkofft uppegelaten unde vorlaten*. Ferner werden die Kieler an den Rat von Lübeck verwiesen *alle de wile de van Lubeke den Kyll kopeswise hebben* und die daher Stadt und Schloß *kopeswise bruken unde neten mogen unde scholen na ereme willen*. Noch deutlicher dann LUB 11, n. 513: *stadt unde slot Kyl uppe eynen wedderkop vorkofft unde vorsegelt hebben*. — Das anscheinend Ungewöhnliche dieses Verfahrens, das die zuletzt zitierte Urkunde am deutlichsten umreißt, hatte bereits Albert Krantz, Daniae chronica, VIII, 35 zu folgender Bemerkung veranlaßt: *Pignus vocant et pignoratitium contractum. Ego ex intentione contrahentium, veram arbitror emptionem, cum pacto tamen redemptionis: quod fas et iura sinunt. Alioqui in sortem computaretur, si pignus esset, quicquid eo nomine proveniret. Nunc autem contrahentium ea mens est, ut fructibus accipiens utatur pro suis, sorte manente integra: quod est pactum emptionis. Vulgatus error multos decepit. Tum venere qui in oppido memorato rem gererent: et praesente rege, Lubecensi concilio sacramenta dedere. Id tum ea mente gerebatur in oppidi illius portu, ut Lubecenses ex suo commodo uterentur.*

[85] Über die Vorgänge in Bergen 1455: HR II, 4, n. 349-350; LUB 11, n. 514-515 1469 Oktober 15. Über die Vermittlung der Städte in den dänisch-schwedischen Streitigkeiten: HR II, 6, S. 240-241, n. 270-276.

7. November schließlich versprachen der König und sein Bruder dem Hamburger Rat, die an der Steinburg aufgewandten Baukosten zu ersetzen [86]. Nur die Ritterschaft mußte sich jetzt weiter vertrösten lassen: die Entscheidung ihres Streits mit dem Grafen Gerd wurde wegen einer dringenden Reise des Königs vertagt, sollte aber binnen eines Jahres gefällt werden [87].

Rückblickend auf die Ereignisse des Jahres 1469, läßt sich feststellen, daß Christian I. die unangenehme Auseinandersetzung mit dem Bruder abermals aufgeschoben hatte. Es war ihm dadurch möglich geworden, daß er den Forderungen der beiden Seestädte weitgehend nachgegeben und dadurch — wenigstens im Augenblick — die auch gegen ihn selbst gerichtete Front aufgelockert hatte. Christians Politik konnte allerdings zu keiner dauerhaften Lösung führen, zumal er dem Grafen Gerd am 13. November 1469 die schriftliche Zusicherung gab, ihn solange als Statthalter in Schleswig-Holstein zu belassen, bis alle seine Forderungen erfüllt seien [88]. Der Ritterschaft hatte der König bekanntlich völlig entgegengesetzte Zusagen gemacht. Für Lübeck und Hamburg hatten sich beachtliche Erfolge ergeben. Insbesondere Lübeck konnte sich nicht nur eine ausreichende Sicherheit für seine Forderungen an Christian I., sondern auch weitgehenden Einfluß in Holstein verschaffen. Andererseits waren beide Städte jetzt aber auch gezwungen, bei weiteren Auseinandersetzungen mit dem Grafen Gerd, die nach Lage der Dinge nicht ausbleiben konnten, aktiv in das Geschehen einzugreifen. Auch der Vermittlertätigkeit in Schweden mußten sich Lübeck und Hamburg künftig zuwenden.

Schon der Beginn des folgenden Jahres brachte neue beunruhigende Nachrichten aus Holstein: Graf Gerd forderte von den Eiderfriesen, der Ritterschaft und Mannschaft sowie von den Einwohnern des Landes, ihm den Treueid zu leisten. Während ein Teil der Friesen und der Kremper Bauern dem Ersuchen folgte, widersetzte sich die Ritterschaft nachdrücklich. Ihre Sprecher erbaten Hilfe von Lübeck und Hamburg und forderten den König auf, umgehend ins Land zu kommen [89]. Der Versuch der Königin, den Frieden wiederherzustellen, blieb diesmal ohne Erfolg. Daher mußte der König selbst nach Segeberg eilen, wo

---

[86] Hille, Registrum, n. 104 1469 November 7; Koppmann, KR 2, S. 403 f., 422.
[87] Hille, Registrum, n. 185 1469 November 8; vgl. Carstens, Christian I. und Henning Poggwisch, S. 148 f.
[88] Waitz, König Christian, S. 77 f. — Christensen, Rep. dipl. reg. Dan. II, 2, n. 2660-2661 1469 November 13.
[89] LChr. 5, 1, S. 69; Koppmann, KR 2, S. 440.

er Mitte Juni 1470 mit Vertretern der Ritterschaft, dem Bischof von Lübeck sowie mit Ratssendeboten der beiden Seestädte zusammentraf. Angesichts der Haltung des Adels [90] war die Entfernung des Bruders aus dem Lande nun nicht länger hinauszuschieben. Zuvor aber versicherte sich Christian I. vor allem der Hilfe Lübecks und Hamburgs, deren Ratssendeboten ihn in den nächsten Wochen fast ständig begleiteten [91]. Einige Versuche des Königs, mit dem Grafen Gerd in Güte zu verhandeln, blieben ohne jedes Ergebnis. Dann setzte er den Bruder Mitte Juli 1470 in Segeberg gefangen [92]. Nach drei Wochen Haft erklärte dieser sich endlich bereit, allen Forderungen Christians nachzukommen: er verzichtete auf die Pfandherrschaft, legte das Amt des Statthalters nieder und versprach, für die Zeit seiner Regentschaft Rechenschaft zu legen. Dafür wurde ihm die Begleichung seiner Ansprüche zugesichert. Er wurde entlassen, nachdem er Urfehde geschworen [93] und versprochen hatte, ein beschlagnahmtes Lübecker Schiff unverzüglich herauszugeben [94].

Nach diesen Erfahrungen zögerte Christian I. nicht länger, sich mit den Städten in aller Form zu verbünden, zumal jetzt auch der Adel diesen Schritt billigen würde. Am 9. Oktober 1470 beurkundete er, als Herzog von Schleswig und Graf von Holstein-Stormarn mit Lübeck und Hamburg zu gegenseitigem Beistand gegen Gewalt und Überfall ein Bündnis geschlossen zu haben, das ihn nicht verpflichtete, gegen England, Schottland oder Burgund zu ziehen sowie Tagfahrten der Städte in diesen Ländern zu beenden. Andererseits waren die Städte nicht gezwungen, ihm nach Dänemark, Schweden oder Norwegen zu folgen, bzw. Gesandtschaften dorthin zu richten [95]. Wichtig erscheint hier, daß Lübeck und Hamburg sich gegen jede Einmischung in innerskandinavische Angelegenheiten ausgesprochen hatten, daß sich das

---

[90] Christensen, Rep. dipl. reg. Dan., II, 2, n. 2884 o. D. — LChr. 5, 1, S. 69; Waitz, König Christian, S. 81 f.

[91] LChr. 5, 1, S. 70; Koppmann, KR 2, S. 441; Nirrnheim, Sieben Schriftstücke, S. 362; LUB 11, n. 595 1470 Juli 5 Lübeck an Kiel.

[92] Nirrnheim, a. a. O., S. 363; Einzelheiten über die Auseinandersetzungen zwischen den Brüdern: Waitz, König Christian, S. 81 f. LChr. 5, 1, S. 71, 73; Koppmann, Beziehungen Hamburgs, S. 226; HR II, 6, n. 354 1470 Juli 17 König Christian an Lüneburg.

[93] Hille, Registrum, n. 6, 402, 454, 7, 462, 475, 463, 8, 464, 455; Reg. dipl. hist. Dan. I, 1, n. 4376, 4380, 4382-4384; Nirrnheim, Sieben Schriftstücke, S. 365; Waitz, König Christian, S. 84-88; Oncken, S. 37.

[94] HR II, 6, n. 395 1470 September 7 Graf Gerd an die Gräfin von Oldenburg, n. 396-399, 401.

[95] Hille, Registrum, n. 194 1470 Oktober 9; HR II, 6, n. 400.

Bündnis nur auf Schleswig-Holstein bezog. Am folgenden Tage übergab Christian I. Stadt und Schloß Flensburg an die beiden Städte als Sicherheit für 56 500 Mk.Lüb., die er noch seinen Gläubigern und Bürgen schuldig war. Das Pfand sollte am 6. Januar 1472 an die betreffenden Angehörigen der Ritterschaft ausgehändigt werden, falls bis dahin die genannte Summe nicht bezahlt wäre [96].

Mit dieser Verpfändung waren anscheinend die letzten Hindernisse beseitigt, die einer Beteiligung der Stände Schleswig-Holsteins an einem Bündnis mit dem König und den beiden Seestädten bisher noch im Wege standen. Der Vertrag vom 11. Oktober 1470 verpflichtete Lübeck und Hamburg, dem König bei der Wahrung seiner Rechte als Landesherr Hilfe zu leisten und sicherte ihnen die Erhaltung ihrer Privilegien und Freiheiten zu. Hervorgehoben werden muß die Bestimmung, die den Bauern, Bürgern und sonstigen Einwohnern Schleswig-Holsteins untersagte, sich gegen die Verbündeten zu verschwören und zu erheben. Diese versprachen, einander gegen derartige Bewegungen beizustehen und sie zu bestrafen [97]. So war der Vertrag nicht nur gegen den Grafen von Oldenburg gerichtet, sondern auch gegen die von ihm geschürten Unruhen, die z. T. noch unter der Bauernschaft herrschten und in der Kremper Marsch zu offenem Aufruhr gegen den König und die Hamburger Pfandherrschaft geführt hatten. Die Bauern traten für das Verbleiben des Grafen ein, weil sie von ihm eine Verbesserung ihrer Lage erhofften [98].

Als Christian I. wenige Tage nach dem Abschluß der genannten Verträge das Land verlassen wollte [99], erreichte ihn die Nachricht, daß der Aufstand in den Elbmarschen bedrohliche Formen anzunehmen begann. Auf seine dringliche Bitte entsandten Lübeck und Hamburg Bewaffnete, die in wenigen Tagen Herr der Lage wurden [100]. Der Lü-

---

[96] Koppmann, Beziehungen Hamburgs, S. 226 1470 Oktober 10. Der bei Hille, Registrum, n. 186 abgedruckte Rezeß o. D. zwischen dem König und der Ritterschaft, der die Ansprüche der einzelnen Gläubiger fixiert, muß dieser Verschreibung vorausgegangen sein. Die Durchrechnung ergibt 56 500 Mk.lüb.

[97] Hille, Registrum, n. 195 1470 Oktober 11. Beteiligt waren die Bischöfe von Schleswig und Lübeck, die Ritterschaft und Mannschaft des Herzogtums Schleswig und der Grafschaften Holstein und Stormarn, die Städte Hamburg und Lübeck sowie *wii gemenen stede wickbelde unde stallere der vorscreven lande.. —* S. hierzu: Carstens, Christian I. und Henning Poggwisch, S. 149.

[98] Vgl. Anm. 66.

[99] Waitz, König Christian, S. 91: 1470 Oktober 16 Lübeck an Kiel.

[100] Nirrnheim, Sieben Schriftstücke, S. 367; Lappenberg, Hamburgische Chroniken, S. 40, 410. — In dieser Situation war Christian I. bereit, den Dithmarschern alle Privilegien zu bestätigen (Reg. dipl. hist. Dan. I, 1, n. 4393 1470 Oktober 20) und

becker Chronist beschloß seinen Bericht über diese Vorgänge mit der Bemerkung, daß der König, aber auch der Adel Lübeck und Hamburg eigentlich zu Dank verpflichtet gewesen wären: *men der woldad ward dana gedacht, alße de struß denkt syner eyer* [101]. Es gibt Anzeichen dafür, daß der Lübecker Rat schon im Oktober 1470 das Verhältnis zu Christian I. sehr nüchtern einschätzte und keine übertriebenen Erwartungen auf seine Zuverlässigkeit als Bundesgenosse setzte. Am 16. Oktober schrieb Lübeck an Kiel: soweit bekannt sei, werde der dänische König in Kürze nach Kiel kommen, um sich dort einzuschiffen. Man solle ihn mit allen Ehren empfangen und die Stadt gut bewachen [102]. Als Christian I. dann nach Bekanntwerden des Aufstands in den Marschgebieten auch Kiel um Waffenhilfe ersucht hatte, erhielt es die Weisung aus Lübeck: angesichts der von dort entsandten Söldner könne der König auf einen Beitrag Kiels verzichten [103]. In Lübeck wußte man vermutlich sehr genau, daß nur die Bedrängnis des Königs die Ursache seiner derzeitigen Nachgiebigkeit gewesen war und jede Veränderung der Gesamtsituation plötzliche Wendungen in seiner Haltung zur Folge haben konnte. Doch dazu kam es vorläufig noch nicht.

Graf Gerd hatte bald nach seiner Freilassung seine eidliche Versicherung vergessen und die Feindseligkeiten gegen den Bruder und die mit ihm verbündeten Städte weiter fortgesetzt. Er verweigerte die Herausgabe des festgehaltenen Lübecker Schiffes, bereitete neue Raubzüge zu Wasser und zu Lande vor und erhob schwere Beschuldigungen gegen Christian I. sowie Lübeck und Hamburg [104]. Am 28. November 1470 schrieb er unter Umgehung des Rates an *die Kirchgeschworenen, Ämter und erbeingesessenen Bürger von Hamburg:* sie sollten ihren Rat veranlassen, sich von seiner Schuldlosigkeit zu überzeugen und auch selbst Bevollmächtigte zu Verhandlungen entsenden [105]. Der Versuch, Mißtrauen zwischen Rat und Bürgerschaft zu säen, schlug jedoch fehl. Sie hätten, schrieben die Hamburger, in ihrer Stadt einen ehrlichen und

---

ihr Bündnis mit der Ritterschaft anzuerkennen (LUB 11, n. 465 1469 Juli 8); Reg. dipl. hist. Dan. I, 1, n. 4394 1470 Oktober 20; Ausgaben Hamburgs für diese Strafexpedition: 446 Mk.lüb. 16 ß 9 d; Ausgaben Lübecks: 88 Mk.lüb. 6 ß = Koppmann, KR 2, S. 462; LChr. 5, 1, S. 74 u. ebenda A. 3.
[101] LChr. 5, 1, S. 75.
[102] Vgl. Anm. 99; Wetzel, Lübecker Briefe, n. 77 1472 April 18 Lübeck an Kiel.
[103] LChr. 5, 1, S. 74, A. 3.
[104] a. a. O., S. 76; HR II, 6, n. 402-405, 408 (1470 Oktober-Dezember).
[105] HR II, 6, n. 406.

vollmächtigen Rat, an den sowohl König Christian wie auch andere Könige, Fürsten, Prälaten, Grafen und Ritter ihre Botschaften zu richten pflegten. Das sei dem Grafen bekannt, und er habe es selbst wiederholt getan. Es sei nicht üblich und gebräuchlich, derartige Botschaften an sie als Bürger zu richten oder von ihnen zu fordern, irgendwelche Tagfahrten zu beschicken [106].

Verhandlungen der Städte mit dem Grafen blieben ohne Ergebnis[107]. Als bekannt wurde, daß er sich mit den Westfriesen verbündet hatte, um Handelsschiffe kapern zu lassen, und die schleswig-holsteinischen Küsten zu plündern begann, kamen Lübeck und Hamburg am 10. März 1471 mit Christian I. überein, gemeinsam zwei Schiffe mit Bewaffneten auszurüsten. Die Kosten sollten geteilt, das auf den König entfallende Drittel von den Städten verauslagt und ihnen im November des gleichen Jahres zurückgezahlt werden [108].

Der König überließ die weiteren Auseinandersetzungen mit seinem Bruder zunächst Lübeck und Hamburg allein und bereitete den Entscheidungskampf um Schweden vor. Die wendischen Städte hatten in diesem nun schon seit 15 Jahren andauernden Ringen grundsätzlich Neutralität gewahrt, weil die Parteinahme für eine der beiden Seiten unübersehbare Risiken mit sich bringen konnte. Eine Änderung in dieser Haltung vollzog sich nun im März 1471. König Christian erreichte durch Verhandlungen mit Lübeck und Lüneburg, daß beide sich bereiterklärten, seinen Feldzug gegen Schweden zu unterstützen. In Lübeck wurden mehrere Schiffe ausgerüstet und etwa 200 Kriegsknechte angeworben [109]. Lüneburg stellte Kriegsmaterial zur Verfügung, und es darf angenommen werden, daß stillschweigend Lübecks Handel mit Schweden eingestellt wurde [110].

Die Gegenleistung des Königs bestand vermutlich in zwei bald darauf erlassenen Verboten. Am 27. März 1471 schränkte er den Handel nichthansischer Kaufleute und Schiffer, besonders der Holländer, in Norwegen ein und verbot ihnen unter Strafandrohung, andere Häfen außer Bergen anzulaufen. Zugleich wurden alle zuwiderlaufenden Privilegien für kraftlos erklärt [111]. Ohne Zweifel versuchte Lübeck,

---

[106] a. a. O., n. 407 1470 Dezember 12.
[107] a. a. O., S. 381 f., n. 411, 427-428.
[108] a. a. O., n. 429 1471 März 10.
[109] a. a. O., n. 430, S. 402, A. 1; LChr. 5, 1, S. 81 f. Über die Situation in Schweden: Niitemaa, Der Kaiser und die Nordische Union, S. 242 f.
[110] HR II, 6, n. 430, S. 402, A. 1.
[111] a. a. O., n. 432.

auf diese Weise gegen den holländischen Handel in Skandinavien vorzugehen, der die wendischen Städte seit dem Beginn des 15. Jahrhunderts in steigendem Maße beunruhigte [112]. Da Christian I. zu dieser
Zeit sehr auf die Unterstützung Lübecks angewiesen war, konnte es
nicht schwer fallen, ihn zu dieser Verkehrsbeschränkung zu veranlassen.

Am 21. April verbot der König zugunsten der an der Lüneburger
Saline Beteiligten die Durchfuhr von Baiensalz und anderem Salz
fremder Herkunft durch seine Gewässer und Länder für die Dauer von
sechs Jahren. Er erhielt dafür von Lüneburg am 29. September 1471
3 000 Rh.G. Die gleiche Summe wurde ihm bei unverbrüchlicher Einhaltung des Vertrages nach Ablauf der genannten Frist zugesagt [113].
Die zuletzt erwähnte Bestimmung stellte praktisch eine Konventional-
strafe dar, die anzudrohen, der Lüneburger Rat für notwendig erach-
tete. Trotz der Gebotsbriefe an die wendischen und alle anderen Ostseestädte [114] hatte Lüneburg jedoch Schwierigkeiten, die Einfuhr von
Baiensalz wirksam zu unterbinden, da lübische Kaufleute und Schiffer
offenbar nicht gesonnen waren, auf den damit verbundenen Gewinn
zu verzichten. Noch im September 1471 bemühte sich Lüneburg —
freilich ohne sehr großen Erfolg — die Einhaltung des Verbots wirklich durchzusetzen [115]. Einige Städte, wie z. B. Thorn, wandten sich
entschieden gegen die Begünstigung lüneburgischen Salzes, das wesentlich teurer war als das aus Westeuropa importierte [116]. So zeigte sich
auch bei dieser Gelegenheit, daß der Zusammenhalt der Städte dort
seine Grenze erreicht hatte, wo ihre wirtschaftlichen Interessen auseinandergingen.

Die wendischen Städte hatten im April 1471 — vermutlich auf
grund von Abmachungen mit König Christian — Ratssendeboten nach
Schweden gesandt, um eine Tagfahrt zwischen den Streitenden vorzubereiten. Die städtischen Gesandten wurden jedoch vor der schwedischen Küste von Einwohnern Kalmars überfallen und ausgeplündert.
Eine Genugtuung wurde ihnen verweigert, weil Lübeck Christian I.
unterstützt hatte. Sie mußten heimkehren, ohne ihren Auftrag erfüllen
zu können, denn in der Zwischenzeit hatten bereits Verhandlungen
zwischen Schweden und Dänemark stattgefunden. Die Städte zogen

---

[112] Dollinger, S. 255, 287; HUB 10, S. XII; Daenell, S. 223.
[113] HR II, 6, n. 389; HUB 10, S. XII, n. 18 1471 April 21.
[114] HUB 10, n. 20 1471 April 24.
[115] a. a. O., n. 55, 59, S. 27, A. 2.
[116] HR II, 6, n. 445 1471 Mai 18 Thorn an Danzig.

daraus die Lehre, sich fürs erste auch jeder Vermittlungstätigkeit zu enthalten [117]. Nach dem Scheitern dieser Verhandlungen versuchte Christian I. dann im Sommer 1471, unter Einsatz beträchtlicher Mittel eine Entscheidung zu seinen Gunsten mit Waffengewalt zu erzwingen. Trotz seiner Siegeszuversicht [118] endeten die Kämpfe im Oktober dieses Jahres jedoch mit einer empfindlichen Niederlage in der Schlacht am Brunkeberge. Damit war der Versuch, Schweden zu unterwerfen, gescheitert. Dieses Ergebnis erwies sich in der Folgezeit auch für die Stellung der Hansekaufleute und des deutschen Bevölkerungselements in Schweden als sehr entscheidend. Das Stadtrecht dieses Landes erfuhr schon am 14. Oktober des gleichen Jahres eine bedeutsame Veränderung, die den Einfluß der Deutschen beseitigte [119]. Die Machthaber in Schweden begannen außerdem, den holländischen Handel in ihrem Lande merklich zu begünstigen [120]. So zeigte sich, daß die Städte ihre Parteinahme für Christian I. teuer zu bezahlen hatten. Schweden begann, sich aus der wirtschaftlichen Abhängigkeit von der Hanse zu lösen. Obwohl der König schon Anfang 1472 einen neuen Feldzug vorbereitete, blieben alle weiteren Bemühungen ohne Erfolg. Schweden war bis zum Ende des Jahrhunderts für die Nordische Union verloren [121].

Währenddessen hatten die Auseinandersetzungen der Städte mit dem Grafen von Oldenburg ihren Fortgang genommen [122]. Im Juli 1471 hatte auch Bischof Heinrich von Münster den Kampf gegen ihn eröffnet und das Schloß Delmenhorst belagert. Seinem Vorschlag, sich gegen den Grafen zu verbünden, standen die Städte zunächst noch abwartend gegenüber [123]. Neue Rüstungen des Gegners im Frühjahr 1472 gaben König Christian wiederum zur Sorge um Schleswig-Holstein Anlaß. Während er in Schweden weilte, verhandelte seine Gemahlin mit Lübeck und Hamburg. Am 24. März wurde das Abkommen des vorhergehenden Jahres erneuert. In Lübeck wie auch in Dith-

---

[117] a. a. O., n. 450, S. 424, n. 451-452.
[118] a. a. O., n. 453 1471 Juni 28 König Christian an Rostock; Niitemaa, Der Kaiser und die Nordische Union, S. 250 ff.
[119] HUB 10, n. 62 1471 Oktober 14 Der Erzbischof von Upsala und vier weitere Bischöfe bekunden, daß künftig nur Schweden Bürgermeister, Ratsherren oder Inhaber wichtiger Ämter sein sollen. Vgl. v. Brandt, Geist und Politik, S. 111; Daenell, S. 224.
[120] v. Brandt, a. a. O.
[121] Waitz, Correspondenz, S. 18; HR II, 6, n. 501-502, S. 465 ff., 529 f.
[122] HR II, 6, n. 431, 503.
[123] LChr. 5, 1, S. 85 f.; Oncken, S. 39.

marschen rechnete man mit der Möglichkeit eines Angriffs [124]. In der Tat unternahm Gerd von Oldenburg im September 1472 einen neuen Versuch, sich im Lande festzusetzen [125]. Er landete mit über 100 Mann und umfangreichem Kriegsmaterial bei Husum und verschanzte sich dort in der Hoffnung, mit Hilfe der Friesen und anderer Teile der Bevölkerung Schleswig-Holstein zu erobern. Der König erhielt auf sein Hilfeersuchen sofort eine Zusage von Hamburg, das sich umgehend auch an Lübeck wandte und es aufforderte, gleichfalls militärische Hilfe zu leisten. In Lübeck gewann man den Eindruck, daß die Hilfsbereitschaft Hamburgs wohl besondere Ursachen haben müsse: man habe gehört, schrieb der Lübecker Chronist, Hamburg habe sich beim König beklagt, daß *dat wicbelde Husem der stat Hamborch were to grotem vorfange, unde begerden van em, dat he wolde dat wicbelde breken* [126]. Man vermutete wohl mit Recht, daß Hamburg wegen seiner Bestrebungen, möglichst die gesamte Kornausfuhr Schleswig-Holsteins an sich zu ziehen, an einer Beseitigung des Husumer Hafens außerordentlich interessiert war [127]. Da außer Lübeck auch Herzog Heinrich von Mecklenburg [128] dem König auf seine Bitten Truppen zur Unterstützung sandte, endete das Unternehmen des Grafen von Oldenburg wenig erfolgreich. Die Friesen wurden unterworfen, und er selbst mußte heimlich aus dem Lande entfliehen. *Alse en vorvlogene guß*, bemerkte schadenfroh der Chronist in Lübeck [129]. Mit dieser Niederlage des Grafen von Oldenburg fand zugleich auch ein Abschnitt in den Beziehungen der wendischen Städte zu König Christian I. seinen Abschluß. Dessen Haltung in den Jahren 1465-1472 war vor allem durch zwei Ziele bestimmt gewesen: die Kalmarer Union wiederherzustellen und seine Herrschaft in Schleswig-Holstein zu erhalten. Dadurch war er gezwungen, ständig Anlehnung an Lübeck und Hamburg zu suchen [130]. Der Mißerfolg des Königs in Schweden hatte aber auch eine erhebliche Erschütterung der hansischen Position in diesem Lande zur Folge. Obwohl die Städte nach dem Wortlaut des Bündnisses vom

[124] HR II, 6, S. 465 f., n. 503; HUB 10, n. 108 1472 März 24; Koppmann, Beziehungen Hamburgs, S. 229, 231.
[125] Koppmann, a. a. O., S. 232.
[126] LChr. 5, 1, S. 106; HR II, 6, n. 616-617. Lübeck bestand gegenüber Kiels Weigerung darauf, daß es die vom König geforderten 50 Bewaffneten stellen müsse. Wetzel, Lübecker Briefe, S. XX, n. 80-81.
[127] Vgl. Exkurs, S. 197 f.
[128] LChr. 5, 1, S. 105, A. 4.
[129] a. a. O., S. 106.
[130] Vgl. Arup, S. 359, 370.

9. Oktober 1470 nicht verpflichtet gewesen wären, Christians Schwe-
denpolitik zu unterstützen — sie hatten sich mit ihm nur in seiner
Eigenschaft als Landesherr Schleswig-Holsteins verbunden [131] — hatte
Lübeck die Anwerbung von Kriegsknechten sowie die Lieferung von
Ausrüstungsgegenständen für den Feldzug gestattet. Lübecks Entschei-
dung war möglicherweise durch den Wunsch bestimmt gewesen, mit
dänischer Hilfe dem holländischen Handel den Weg zu verlegen. Diese
Erwartung erfüllte sich nicht. Ähnlich erging es Lüneburg, das 3 000
Rh.G. zur Belebung seines Salzhandels vergeblich investiert hatte [132].

Die Auseinandersetzung um Schleswig-Holstein war dagegen zugunsten des Königs entschieden worden. In ihrem Verlauf war es Lübeck und Hamburg gelungen, eine Anzahl wichtiger Punkte des Landes in ihren Besitz zu bringen und damit erheblichen Einfluß auf dessen
innere Verhältnisse zu gewinnen. Es war nun die Frage, wie sich die
künftigen Beziehungen Christians I. zu seinen bisherigen Verbündeten
gestalten würden, wenn er ihre Hilfe weder in Schweden noch in
Schleswig-Holstein benötigte. Falls sich der König für eine Intensivie-
rung seiner Landespolitik entscheiden sollte, mußte es fraglich sein,
ob Lübeck und Hamburg ihre bisherige Stellung unangefochten halten
konnten. Ein Bündnis des Königs mit dem Bischof von Münster im
November 1472 mochte der erste Schritt sein, um sich aus der Abhängigkeit von den Städten zu lösen [133].

---

[131] Vgl. Seite 25 dieser Arbeit.
[132] Vgl. Seite 29 dieser Arbeit.
[133] Waitz, Streitigkeiten, S. 9 1472 November 11.

Kapitel 3

KÖNIG CHRISTIANS BEMÜHUNGEN
UM EINEN FÜRSTENBUND IN NORDDEUTSCHLAND
(1472-1475)

a) Städte und Fürsten während des Lüneburger Zollstreits

Wichtiger als die Beziehungen zu König Christian I. erschien Lübeck und Hamburg allerdings zunächst eine andere Frage, die das Verhältnis der wendischen Städte zueinander eine Zeitlang stark belastete. Lüneburg hatte schon zu Beginn des Jahres 1471 den Kurfürsten Albrecht von Brandenburg gebeten, ein kaiserliches Privileg zu vermitteln, um von allen Waren, die die Stadt passierten, künftig einen Zoll erheben zu dürfen [134]. Die Einnahmen daraus sollten sicherlich zur Begleichung der Schulden dienen, die Lüneburg als Folge des sog. „Prälatenkrieges" zu tragen hatte [135]. Wie bereit erwähnt, hatte sich die Stadt auch bemüht, das Verbot des Baiensalzes in den Ländern und Gewässern durchzusetzen, die der Herrschaft des Dänenkönigs unterstanden, um den Absatz lüneburgischen Salzes zu steigern [136]. Durch Vermittlung des Kurfürsten Albrecht wurde das gewünschte Privileg im Juli 1471 erteilt, zur gleichen Zeit, da auch die mecklenburgischen Herzöge das Recht erlangt hatten, bei Ribnitz und Grevesmühlen neue Zollstellen zu errichten [137].

Bald nach seinem Bekanntwerden wurde der Lüneburger Zoll zum Gegenstand heftiger Kritik. Die sächsischen wie die wendischen Städte

[134] LChr. 5, 1, S. 97, 108; Abdruck des Privilegs: Chmel, Regesta Friderici, n. 6285 1471 Juli 15; HUB 10 n. 43 1471 Juli 26(!); Riedel, Codex III, 2, n. 59 1472 Januar 20: Lüneburg bestätigt den Empfang einiger kaiserlicher Urkunden, darunter das Zollprivileg sowie die Genehmigung, *dat wy und unse nakomelinge twee efte dree doctores moghen hebben, de in unser stad lesen, resumeren und promoveren . . .*; HR II, 6, S. 466, A. 3, 567; Reinecke, S. 277.
[135] PC I, n. 115, 119, 120, 122, 156; Riedel, Codex III, 1, n. 390, III, 2, n. 59.
[136] Vgl. Seite 29 dieser Arbeit.
[137] Vgl. Teil II dieser Arbeit, Seite 83 ff.

forderten unverzüglich, von dieser Abgabe befreit zu werden. Da Lüneburg aber auf seinem Recht bestand, kam es während der Jahre 1472/73 deswegen zu einer harten Kontroverse [138]. Besonders verstimmt über die neuen Zollerhebungen zeigte sich Lübeck. Dort war man der Auffassung, daß die Lüneburger den Herzögen von Mecklenburg mit einem schlechten Beispiel vorangegangen seien [139]. Lübeck beteiligte sich zwar an den Verhandlungen der anderen Städte mit Lüneburg, gab dann aber im Juli 1472 seinem Geschäftsträger am Kaiserhofe, Dr. Günter Milwitz, den Auftrag, die Befreiung Lübecks von den Zöllen in Lüneburg und Mecklenburg zu erwirken und in Erfahrung zu bringen, wie teuer ein Exemtionsprivileg sein würde, um Lübeck künftig von allen Zöllen in einem bestimmten Umkreis um die Stadt zu befreien. Milwitz wurde aufgefordert, sehr behutsam vorzugehen und eine Kopie des Lüneburger Privilegs sowie einen ausführlichen Bericht über die Verleihung der mecklenburgischen Zölle nach Lübeck zu senden [140]. Erwähnenswert erscheint in diesem Zusammenhang auch die Haltung Lübecks und Hamburgs auf dem Fürstentag zu Wilsnack im Dezember 1472, über den noch in anderem Zusammenhang ausführlicher zu berichten sein wird [141]. Die Ratssendeboten beider Städte wandten sich dort mit der Bitte an den Kurfürsten von Brandenburg, ihnen gegen Lüneburg beizustehen. Dieser erklärte jedoch, dazu nicht in der Lage zu sein, da er ja von Lüneburg 5000 Rh.G. für die Beschaffung des umstrittenen Privilegs erhalten werde.

Nachdem dieser Versuch, Hilfe von fürstlicher Seite zu erlangen, gescheitert war, gelang es Lübeck und Hamburg dann jedoch, sich der Unterstützung des Königs Christian zu versichern. Sie erwirkten von ihm im März 1473 das Verbot lüneburgischen Salzes in seinem Machtbereich und erließen selbst entsprechende Anordnungen für den Handel ihrer Kaufleute und Schiffer [142]. Durch diese drastische Maßnahme wurde Lüneburg empfindlich getroffen: in Mölln stauten sich die Schiffe und Wagen, die der dortige Lübecker Vogt an der Weiterfahrt hinderte. Jeder Versuch, die üblichen Handelswege zu umgehen, wurde

[138] HR II, 6, n. 505, 514, 609, 614, § 15, S. 562, 567; HUB 10, n. 98, 105, 116, 136, 139-140, 143, 170, 196, 207.
[139] LChr. 5, 1, S. 97, 101 u. A. 2.
[140] HUB 10, n. 127 1472 Juli 8, n. 147 1472 September 10.
[141] LChr. 5, 1, S. 108; s. a. Beginn des folgenden Abschnitts.
[142] Die Spannungen zwischen Lüneburg und den beiden Seestädten waren durch die Senkung gewisser Zinssätze von 5 auf 4 % seitens Lüneburgs erheblich verschärft worden. = LChr. 5, 1, S. 109; HR II, 6, n. 658-659; HUB 10, n. 198.

empfindlich bestraft[143]. Vergeblich versuchte Lüneburg, Albrecht von Brandenburg zum Einschreiten zu veranlassen, indem es erklärte, die restlichen 4 000 Rh.G. für das Privileg erst dann bezahlen zu können, wenn es nach Aufhebung der Handelssperre über die genannte Summe verfüge[144]. Die Zwangsmaßnahme wurde erst aufgehoben, nachdem sich die Stadt bereiterklärt hatte, die Untertanen König Christians wie auch Lübeck und Hamburg von dem neuen Zoll zu befreien und auch anderen Forderungen beider Städte nachzukommen[145].

Daß am 14. April 1473 nur eine Befreiung Lübecks und Hamburgs erfolgt war, ohne Rücksicht auf alle anderen, ebenfalls betroffenen Städte, gab dort Anlaß zu mancherlei bitteren Äußerungen, vor allem gegenüber Lübeck[146]. Obwohl diese Stadt von dem Lüneburger Zoll frei war, betrieb sie ihre Bemühungen um ein Exemtionsprivileg weiter, zumal die Herzöge von Mecklenburg nicht bereit waren, Lübeck die neuen Zölle zu erlassen. Im Mai 1473 wurde die erwünschte kaiserliche Urkunde ausgestellt[147]. Der Lüneburger Zollstreit belastete zwar nicht die Beziehungen zwischen Fürsten und Städten, denn die Auseinandersetzungen wurden ausschließlich zwischen den letzteren ausgetragen. Er zeigte aber sehr deutlich, wie stark dort der Zusammenhalt gefährdet war, wenn die wirtschaftlichen Interessen einzelner Städte erheblich differierten. König Christian hatte in gewohnter Weise Lübeck und Hamburg unterstützt, während Albrecht von Brandenburg als Vermittler des Privilegs und Sachwalter anderer Angelegenheiten Lüneburgs[148] jegliche Einmischung abgelehnt hatte. So mußte diese Stadt sich den Forderungen Lübecks und Hamburgs schließlich fügen. Sie trat dann später deren Bündnis von 1466 bei, als sich im Laufe des Jahres 1474 im Zusammenhang mit dem Vordringen Burgunds auch ein deutlicher Kurswechsel in der Politik König Christians abzuzeichnen begann[149].

---

[143] LChr. 5, 1, S. 110; HUB 10, n. 199 Hamburg: König Christian an Hamburg.
[144] PC I, n. 550 1473 April 7 Albert Klitzing an Kurfürst Albrecht v. Brandenburg; a. a. O., n. 557, 608, 652, 674, 688; Riedel, Codex III, 2, n. 90 (S. 105).
[145] HUB 10, n. 201 1473 April 14, n. 202; LChr. 5, 1, S. 111; HR II, 6, n. 662.
[146] HUB 10, n. 207, 222. Zu einer Einigung mit den sächsischen Städten kam es erst am 15. Mai 1476 = HR II, 7, n. 321; s. a. Teil II dieser Arbeit, Seite 36.
[147] HUB 10, n. 198 1473 Anfang April Lübeck an Dr. Milwitz, a. a. O., S. 124, A. 2, 1473 Mai 26 Lübeck an dens. — Chmel, Regesta Friderici, n. 6705-6706; HUB 10, n. 211.
[148] LChr. 5, 1, S. 108.
[149] Vgl. den nächsten und übernächsten Abschnitt dieser Arbeit; HUB 10, n. 343 1474 September 27 tritt Lüneburg dem Bündnis Lübecks und Hamburgs bei (HUB 9, n. 237).

b) Die Annäherung König Christians an den Kurfürsten Albrecht von Brandenburg

Für die weiteren Beziehungen zwischen König Christian und den wendischen Städten gewann der bereits erwähnte Fürstentag zu Wilsnack im Dezember 1472 besondere Bedeutung. Dort trafen der Kurfürst von Brandenburg, Christian I. sowie Herzog Johann von Sachsen-Lauenburg mit Ratssendeboten Lübecks und Hamburgs zusammen und verhandelten über Probleme recht unterschiedlicher Art. Fürsten und Städte waren in gleicher Weise daran interessiert, Maßnahmen gegen die zahlreichen Raubüberfälle, besonders auf den Straßen der Mark, zu treffen. Albrecht von Brandenburg vereinbarte mit Lübeck, zu Beginn des nächsten Jahres gemeinsam mit dem Herzog von Mecklenburg eine weitere Tagfahrt durchzuführen, um Maßnahmen zur Sicherung der Straßen zu beschließen [150]. Auf anderen Gebieten traten dann die Gegensätze zwischen Städten und Fürsten um so deutlicher hervor. Der Versuch des Kurfürsten, im Auftrage des Herzogs von Sachsen-Lauenburg die Zustimmung Lübecks zur Wiedereinlösung von Mölln und Krummesse zu erreichen, stieß bei der Travestadt auf entschiedene Ablehnung. So wurde diese Frage vertagt [151]. Wie erinnerlich, widersetzte sich der Kurfürst dem Versuch Lübecks und Hamburgs, ihn zum Eingreifen in den Lüneburger Zollstreit zu bewegen [152]. Eine von Lübeck vorgebrachte Klage betraf ihn dann selbst. Es handelte sich um ältere Forderungen des Bürgermeisters Hinrich Castorp und anderer Kaufleute, die während des Stettiner Erbfolgestreits durch Beschlagnahme von Waren in der Mark geschädigt worden waren. König Christian trat dafür ein, den Lübeckern ihren Schaden zu vergüten [153].

Die wichtigsten Verhandlungen dieser Tagfahrt fanden jedoch zwischen dem Kurfürsten und dem Dänenkönig im Geheimen statt. Neben

---

[150] LChr. 5, 1, S. 108; Schultze, Brandenburg, S. 127; HR II, 6, S. 540 f., n. 587-588, 653-655; PC I, n. 513, S. 473, n. 560; Riedel, Codex, II, 5, n. 1940 (S. 208 f.). Über den Wilsnacker Landfrieden, der ohne Beteiligung der Städte erzielt worden war: Riedel, Codex, II, 5, n. 2013, 2017; Hamann, Das staatliche Werden, S. 29.
[151] LChr. 5, 1, S. 105, A. 4, S. 108, 111-112, S. 112, A. 1 u. 3; Schulze, Sachsen-Lauenburg, S. 149.
[152] LChr. 5, 1, S. 108.
[153] PC I, S. 43, n. 543 1473 März 17.

gewissen Erbansprüchen der Königin Dorothea [154] betrafen sie vor allem Christians I. weitere Pläne. Wenn auch Einzelheiten dieser Wilsnacker Gespräche nicht überliefert sind, so kann ihr Inhalt aus dem nachfolgenden Schriftwechsel erschlossen werden. Das wichtigste Ergebnis war jedenfalls die politische Annäherung des Königs an den Kurfürsten von Brandenburg. Die Verbindung zwischen beiden wurde in der folgenden Zeit durch den Sekretär Albrechts, Magister Albert Klitzing, aufrechterhalten, dessen Berichte an seinen Herrn wesentliche Einblicke in die Absichten beider Verhandlungspartner gestatten.

Es muß angenommen werden, daß Christian I. in Wilsnack den Wunsch geäußert hatte, vom Kaiser eine Reihe von Privilegien zu erwerben, und der Kurfürst seine Vermittlung von der Zahlung einer bestimmten Summe abhängig gemacht hatte. Am 13. Januar 1473 berichtete Klitzing an Albrecht von Brandenburg, daß er in Kopenhagen Verschreibungen in Höhe von 1 000 Rh.G. erhalten habe [155]. Nach einer zweiten Reise informierte er den Kurfürsten ausführlich über die Wünsche und Absichten des Unionskönigs. Dieser erbat ein kaiserliches Mandat an die Stände und alle Einwohner Schwedens, ihm als ihrem rechtmäßigen Herrn Gehorsam zu leisten. Der Kaiser sollte außerdem den wendischen Städten den Handel mit diesem Lande verbieten [156]. Ferner wünschte Christian I., Dithmarschen seiner Herrschaft einzuverleiben. Er begründete seinen Rechtsanspruch mit der Behauptung, daß dieses Gebiet schon immer zu Holstein gehört, sich aber eigenmächtig abgewandt habe. Der König versäumte nicht, darauf hinzuweisen, daß der Kaiser aus diesem *Ländchen* mit einem *Städtchen* und 28 Dörfern keine Einnahmen erwarten dürfe [157]. Bemerkenswert muß aber auch erscheinen, daß Christian I. Wünsche seines Bruders, des Grafen Gerd von Oldenburg, an den Kurfürsten übermittelte: der Kaiser solle dem Grafen Butjadingen und einige andere, namentlich bezeichnete Gebiete als Lehen übertragen [158]. So hatte also in aller Stille — vermutlich im Februar oder März 1473 — zwischen beiden

---

[154] a. a. O., S. 43; Niitemaa, Der Kaiser und die Nordische Union, S. 265.
[155] Riedel, Codex, III, 2, n. 67.
[156] a. a. O., n. 90 1473 April 7 (Beilage 1, S. 108).
[157] Ebenda.
[158] a. a. O., S. 110. Das bei Waitz, Streitigkeiten, S. 2-8 abgedruckte Schreiben König Christian I. an andere Fürsten sowie auch an Lüneburg vom 17. Januar 1473 zeugt davon, daß zu diesem Zeitpunkt der Gegensatz zwischen beiden Brüdern noch nicht beigelegt war.

Brüdern eine Versöhnung stattgefunden, deren Preis sicherlich die Verwendung des Königs beim Kaiser gewesen war [159].

Als wichtigsten Punkt hatte Christian I. schließlich dem märkischen Unterhändler aufgetragen, dem Kurfürsten den Plan eines umfassenden Bündnisses norddeutscher Fürsten zu übermitteln. Diesem sollten außer dem König selbst der Kurfürst, die Herzöge von Braunschweig-Lüneburg, Herzog Johann von Sachsen-Lauenburg, die Herzöge von Mecklenburg sowie andere geistliche und weltliche Herren angehören [160]. Die Notwendigkeit eines derartigen Vertrages wurde damit begründet, daß Lübeck mit der Ritterschaft und den Städten Schleswig-Holsteins verbündet sei und die Genannten sich mit Dithmarschen vereint hätten. Der König ließ durchblicken, daß die mecklenburgischen, braunschweig-lüneburgischen und andere Städte sowie Angehörige des Adels dieser Länder, aber auch Untertanen des Kurfürsten und Bischöfe in Christians eigenen Landen, dieser Verbindung angehörten. Eines ihrer Mitglieder habe dem König mitgeteilt, daß Städte und Ritterschaft erblich zu behalten gedächten, was sie an Städten und Schlössern als Pfänder besäßen. Christian selbst sei ratlos: wenn er gegen einzelne Mitglieder des Bündnisses vorginge, müsse er mit der Gegnerschaft aller rechnen. Albrecht von Brandenburg möge daher seine Antwort auf keinen Fall schriftlich übermitteln [161]. Klitzing war dem Bündnisangebot — offensichtlich auf Weisung seines Herrn — beharrlich ausgewichen und hatte geantwortet, daß der Kurfürst zu Braunschweig-Lüneburg und Mecklenburg bereits sehr gute Beziehungen unterhalte und daß es gegenüber König Christian doch keiner vertraglichen Bindung bedürfe [162].

Zahlreiche Einzelzüge der Verhandlungen zwischen Dezember 1472 und April 1473 müssen gewiß noch genauer erklärt werden. Doch darf dieses als gesichert gelten: Kurfürst Albrecht von Brandenburg kam nach Wilsnack mit der Absicht, sich mit Christian von Dänemark zu verbünden [163]. Andererseits aber zeigte er sich, wie Klitzings Bericht erkennen läßt, an den Bündnisplänen des Dänenkönigs uninteressiert [164]. Dieser scheinbare Widerspruch erhellt sich indessen, wenn man

---

[159] Riedel, Codex, III, 2, S. 110.
[160] a. a. O., S. 106.
[161] a. a. O., S. 109 f.
[162] a. a. O., S. 106; PC I, S. 495; Riedel, Codex, III, 2, n. 95 1473 April 23 Kurfürst Albrecht an Albert Klitzing.
[163] PC I, n. 503, 509.
[164] a. a. O., S. 495; Riedel, Codex, III, 2, n. 90 (S. 106).

die unterschiedlichen politischen Ziele beider Fürsten berücksichtigt. Der Kurfürst unterstützte bereits seit Jahren Kaiser Friedrich III. und war gerade zur Zeit der Wilsnacker Verhandlungen darauf bedacht, dem Vordringen des Herzogs Karl von Burgund in den Norden und Nordwesten des Reiches entgegenzuwirken [165]. Daher versuchte er, Christian I. als Verbündeten des Kaisers zu gewinnen.

Die Absichten des Königs wiesen dagegen in eine völlig andere Richtung. Er wollte Schweden zurückgewinnen und seine Herrschaft in Schleswig-Holstein ausbauen. Daher wünschte er, als Graf von Holstein und Stormarn, diese Lehen nicht mehr, wie es bisher üblich war, vom Bischof von Lübeck, sondern unmittelbar vom Kaiser zu empfangen [166]. Vor allem aber sollte Dithmarschen seine Selbständigkeit verlieren und Holstein eingegliedert werden [167]. Damit nahm Christian I. Bestrebungen wieder auf, die von den Schauenburger Grafen begonnen und von Herzog Adolf VIII. fortgesetzt worden waren [168]. Die Auseinandersetzungen mit Dithmarschen hatten im April 1456 einen vorläufigen Abschluß durch einen Vergleich gefunden, den als Zeuge auch König Christian besiegelt hatte [169]. Einen Rechtsanspruch hatte Adolf VIII. damals nicht nachweisen können [170]. Die Bewohner Dithmarschens behaupteten vielmehr, wie schon seit 1227, ihre Selbständigkeit und waren allenfalls bereit, dem Erzstift Bremen eine nominelle Oberherrschaft zuzugestehen [171].

Bereits unmittelbar nach Christians I. Wahl zu Ripen hatten sich die Bauern aufs neue um ihre Freiheit besorgt gezeigt und Unterstützung bei Lübeck gesucht, zu dem sie fast immer freundschaftliche Beziehungen unterhalten hatten [172]. Als wenig später zwei Beamte des Königs von Dithmarschern erschlagen worden waren, schienen ernsthafte Auseinandersetzungen bereits unvermeidlich [173]. Die Kämpfe um Schweden sowie vor allem der Konflikt mit dem Bruder hatten Christian daran gehindert, schon damals gegen Dithmarschen vorzugehen. Wie erwähnt, hatten sich die Bauern 1468 für die Dauer von

---

[165] Niitemaa, Der Kaiser und die Nordische Union, S. 264.
[166] Riedel, Codex, III, 2, S. 109.
[167] a. a. O., S. 108.
[168] Stoob, Geschichte Dithmarschens, S. 21 ff., 38.
[169] a. a. O., S. 38 f.
[170] Ebenda und A. 89.
[171] a. a. O., S. 21, 23 ff.
[172] a. a. O., S. 26 f., 30, 56, A. 54.
[173] LUB 10, n. 174 1462 Mai 23 Dithmarschen an Lübeck; Stoob, a. a. O., S. 58 f.

10 Jahren mit Lübeck verbündet[174] und im darauffolgenden Jahre unter Vermittlung dieser Stadt auch mit der Ritterschaft und Mannschaft Holsteins[175]. Der König selbst hatte sich schließlich genötigt gesehen, den Verbindungen, die sich gegen seinen Bruder gebildet hatten, im Oktober 1470 beizutreten und den Dithmarschern ihre Privilegien in aller Form zu bestätigen[176].

Aus diesen Bindungen und Verpflichtungen trachtete Christian, sich nun zu lösen und die Hilfe des Kaisers und anderer Fürsten gegen Dithmarschen und Schweden zu gewinnen. Wenn er — entgegen den Tatsachen — die s. Zt. gegen den Grafen von Oldenburg geschlossenen Bündnisse als einen allgemeinen Bund der Städte und der Ritterschaft norddeutscher Territorien gegen die Fürsten bezeichnete[177], so stand dahinter vor allem die propagandistische Absicht, das Fürstenbündnis, das er anstrebte, auch für die Landesherren dieser Gebiete als unbedingt notwendig erscheinen zu lassen. Kurfürst Albrecht durchschaute vermutlich diese Pläne sehr schnell und wich Christians Bündnisangebot daher aus.

Es scheint nicht ausgeschlossen, daß der König darüber hinaus auch beabsichtigte, sich der umfangreichen Zahlungsverpflichtungen an seine Gläubiger dadurch zu entledigen, daß er behauptete, die derzeitigen Pfandinhaber seien nicht bereit, einer Wiedereinlösung verpfändeter Objekte zuzustimmen[178]. Wenn die Behauptung sicherlich auch als Motivierung des Vorgehens gegen die Städte gedacht war, so waren diese doch bestimmt wenig geneigt, ihre Pfänder aus der Hand zu geben, wie sich gerade bei den Verhandlungen wegen Mölln und Krummesse gezeigt hatte[179].

Seit dem Winter 1472/73 bereitete Christian I. eindeutig eine Änderung seiner Politik vor. Die Annäherung an den Kurfürsten von Brandenburg, der Plan eines umfassenden Fürstenbündnisses, die Versöh-

---

[174] Vgl. Seite 17 f. dieser Arbeit; Stoob, a. a. O., S. 59.
[175] Stoob, ebenda.
[176] Vgl. Anm. 100 und dazugehöriger Text. Stoob, Geschichte Dithmarschens, S. 60.
[177] Riedel, Codex III, 2, S. 106.
[178] Eine eingehende Untersuchung verdienten in diesem Zusammenhange sicherlich auch die Differenzen zwischen Christian I. und der schleswig-holsteinischen Ritterschaft in den Jahren 1472/73, die aus den bei Waitz, Landtage, S. 32 ff. angeführten Aktenstücken hervorgehen. Dort (S. 34) heißt es in dem Schreiben Bischof Alberts v. Lübeck an Lübeck vom 31. Dezember 1472: *Wi verhopen uns, unse gnedige here de koning unde syne manshop, wen desser lande legenheid better werde, nicht undangknamich werden synde Juwer lewen* ... — Riedel Codex, III, 2, S. 109.
[179] Vgl. Beginn dieses Abschnitts: Verhandlungen v. Wilsnack.

nung mit dem Grafen von Oldenburg, die Anknüpfung freundschaftlicher Beziehungen zu Burgund [180] wie auch ein Vertrag mit König Ludwig XI. von Frankreich lassen das Bestreben erkennen, sich eine möglichst große außenpolitische Bewegungsfreiheit zu sichern [181]. Obwohl er sich damit gegen die wendischen Städte, seine bisherigen Verbündeten, wandte, vermied Christian I. jedoch einen offenen Bruch mit ihnen, bevor er nicht der Hilfe anderer Fürsten sicher war. Er trieb vermutlich ein doppeltes Spiel. So unterstützte er — wie erwähnt — im Dezember 1472 Lübecks Forderungen an den Kurfürsten von Brandenburg [182], ging im Frühjahr des folgenden Jahres gemeinsam mit Lübeck und Hamburg gegen Lüneburg vor [183] und versprach den Städten, seinen Beitrag zu den Kosten zu begleichen, die der Kampf gegen den Grafen von Oldenburg verursacht hatte [184].

Eine ähnliche Taktik wandte der König auch gegenüber Dithmarschen an, indem er den Bauern noch im März 1473 zwei bedeutende Privilegien gewährte und mit ihnen sogar für die Dauer von drei Jahren ein Schutz- und Trutzbündnis abschloß [185]. Es geschah zur gleichen Zeit, da er sich um die kaiserliche Belehnung mit Dithmarschen bemühte. Obwohl er die Urkunden mit den dazugehörigen Gebotsbriefen schon im Mai 1473 erhalten hatte [186], verzichtete er auf ihre Publizierung: wohl weniger, weil er um sein Ansehen fürchtete [187], als vielmehr deshalb, weil er durch persönliche Verhandlungen mit dem Kaiser weitergesteckte Ziele zu erreichen hoffte. So blieb — wenigstens nach außen hin — während des gesamten Jahres 1473 das bisherige Verhältnis König Christians zu Dithmarschen, Lübeck und Hamburg erhalten.

---

[180] Niitemaa, Der Kaiser und die Nordische Union, S. 267.
[181] Hasse, S. 94; Niitemaa, a. a. O., S. 263.
[182] Riedel, Codex, III, 2, n. 97; PC I, n. 543.
[183] HR II, 6, n. 658-659, 662; HUB 10, n. 199, 201-202.
[184] HR II, 6, n. 660 1473 April 7.
[185] Stoob, Geschichte Dithmarschens, S. 60 f. — v. Westphalen, Monumenta inedita III, S. 1755.
[186] Waitz, Uebersicht, S. 22; Riedel, Codex, III, 2, n. 97-99; PC I, n. 575, 586.
[187] Stoob, a. a. O., S. 63.

c) Die Dithmarschenkrise des Jahres 1474

Die veränderte Einstellung des Königs zu den wendischen Städten trat erst dann offen zu Tage, als er sich zu Beginn des Jahres 1474 anschickte, in die Auseinandersetzungen der europäischen Mächte einzugreifen, um mit deren Hilfe seine Stellung in Norddeutschland und in Nordeuropa zu festigen. Eines der wichtigsten Probleme dieser Zeit bildete das Verhältnis zwischen dem Hause Habsburg und den Herzögen von Burgund. Karl der Kühne (1465-1477) wollte ein zusammenhängendes burgundisches Staatsgebiet schaffen, das sich von der Nordseeküste bis zum Mittelmeer erstrecken sollte[188]. Entscheidende Etappen auf dem Wege, die Lücke zwischen den Niederlanden und Burgund zu schließen, waren der Vertrag von St. Omer (9. Mai 1469), die Verlobung der Tochter Herzog Karls mit dem Herzog von Lothringen (13. Juni 1472) und schließlich die Erwerbung des Herzogtums Geldern (7. Dezember 1472)[189]. Kaiser Friedrich III. suchte der wachsenden Bedrohung im Nordwesten und Westen des Reiches dadurch zu begegnen, daß er eine Ehe seines Sohnes Maximilian mit Maria von Burgund zustandezubringen suchte[190]. Die Verhandlungen, die aus diesem Grunde im Herbst 1473 in Trier geführt wurden, verliefen jedoch ergebnislos[191]. Danach verschärften sich die Spannungen zwischen Herzog Karl und dem Kaiser von neuem, und beide begannen, sich um Verbündete zu bemühen[192].

Christian I. hatte diese Entwicklung schon seit geraumer Zeit verfolgt und für seine Zwecke zu nutzen gesucht, indem er die Unterstützung des Kaisers von der Erfüllung seiner eigenen Wünsche abhängig zu machen trachtete. Er brach im Januar 1474 gemeinsam mit Herzog Johann von Sachsen-Lauenburg und einem Gefolge von etwa 120 Reitern zu einer Pilgerfahrt nach Rom auf. Diese von den Zeitgenossen sehr aufmerksam verfolgte Reise diente aber vorwiegend politischen Zwecken. Sie wurde mit Unterstützung des Kurfürsten von Brandenburg vorbereitet und durchgeführt, der sich darum bemühte, den Dänenkönig als Bundesgenossen des Kaisers gegen Burgund zu gewinnen.

---

[188] Baethgen, S. 575.
[189] Ebenda.
[190] Petri, S. 80; Niitemaa, Der Kaiser und die Nordische Union, S. 265 f.
[191] Heimpel, Karl der Kühne, S. 14 f. — Niitemaa, a. a. O., S. 268 f. — Baethgen, S. 576 f.
[192] Einzelheiten bei Niitemaa, a. a. O., S. 268 f.

Im Februar 1474 verhandelte Christian I. in Rothenburg mit Friedrich III. und übernahm eine Reihe von diplomatischen Aufträgen an italienische Fürsten [193]. Als Gegenleistung erfüllte der Kaiser sofort einige der dringlichsten Wünsche seines Gastes [194]. Die Grafschaften Holstein und Stormarn wurden unter Inkorporation Dithmarschens zum Herzogtum Holstein erhoben, das der Kaiser an Christian I. verlieh [195]. Weiter wurden die Zölle zu Rendsburg, Oldesloe und Plön erhöht [196] und erklärt, daß der König, seine Erben sowie deren Untertanen nicht mehr an Zollprivilegien und andere Freiheiten gebunden seien, die der Kaiser Dritten gewähren werde [197]. An Lübeck, Wismar und Hamburg wie auch an Lüneburg erging das Gebot, wegen angeblicher Münzverschlechterung den Gulden entsprechend seinem Werte schlagen zu lassen [198]. Auch wurde ihnen jeglicher Handel mit den *ungehorsamen Untertanen* Christians I. untersagt. Entsprechende Gebote richtete der Kaiser auch an den König von Polen und den Ordensmeister für die Städte Danzig, Riga, Reval und Dorpat [199].

Die feierliche Belehnung mit dem neuen Herzogtum Holstein fand bereits am 15. Februar 1474 statt. Jetzt wurde ersichtlich, warum der König 1473 auf die Anwendung der damals erlangten Urkunden zur Einverleibung Dithmarschens verzichtet hatte: er hoffte unter günstigeren Bedingungen und durch persönliche Verhandlungen mit dem Kaiser die Erhebung Holsteins zum reichsunmittelbaren Herzogtum zu erreichen. Das nächste Ziel seiner Reise war Augsburg. Von dort richtete er am 20. Februar an den Kurfürsten von Brandenburg die Bitte, ein kaiserliches Gebot an Dithmarschen zu erwirken. Die Einwohner des Landes sollten in schärfster Form aufgefordert werden, Christian I. als ihren Herrn anzuerkennen und sich ihm zu unterwerfen. Mit diesem Mandat solle — so schrieb der König — der brandenburgische Marschall Busso von Alvensleben mit einem Mitglied des Lübecker Rates nach Dithmarschen reiten, um es zu publizieren. So werde man zugleich auch erfahren, wie sich Lübeck verhalten werde [200]. Albrecht

---

[193] Erste Hinweise auf die Reisepläne des Königs: Bachmann, Urkundliche Nachträge, S. 238. Über den Verlauf der Reise: LChr. 5, 1, S. 124; PC I, n. 774-775, 781.
[194] Höfler, Fränkische Studien, n. 87; Hasse, S. 97 f.
[195] Höfler, a. a. O. — Wegener, Diplomatarium, n. 196 1474 Februar 14.
[196] Wegener, a. a. O., n. 194.
[197] HUB 10, n. 272.
[198] Christensen, Rep. dipl. reg. Dan. II, 2, n. 3408.
[199] Höfler, a. a. O., S. 100.
[200] PC I, n. 788; Höfler, a. a. O., n. 65, 88 (Zettel 1).

von Brandenburg übernahm diesen Auftrag offensichtlich mit Unbehagen. Er ahnte, welche Schwierigkeiten in Lübeck und welche Gefahren in Dithmarschen die Ausführung mit sich bringen konnte. So empfahl er von Alvensleben, vorher gemeinsam mit den holsteinischen Räten zu überlegen, ob mit der Übergabe der kaiserlichen Urkunden nicht besser bis zur Rückkehr des Königs gewartet werde. Für den Fall, daß Lübeck sich nicht an der Gesandtschaft nach Dithmarschen beteiligen wolle, wurde dem Marschall vorsorglich eine zweite, entsprechend geänderte Fassung des Gebotsbriefs übersandt [201].

Bevor sich aber von Alvensleben nach Holstein begeben hatte, erfuhr Dr. Milwitz, der lübische Geschäftsträger am Kaiserhofe, durch einen bestochenen Angehörigen der Kanzlei von den dort vorbereiteten Urkunden und Mandaten und benachrichtigte sofort in aller Eile den Lübecker Rat [202]. Dieser setzte sich umgehend mit den holsteinischen Räten in Verbindung und erfuhr, daß Christian I. sich vor einiger Zeit mit dem Grafen von Oldenburg verbündet habe und die Städte künftig nicht mehr mit einer Unterstützung gegen den letzteren rechnen könnten. Die kaiserlichen Urkunden lagen den Räten bereits vor und versetzten sie in nicht geringe Verlegenheit: die Übergabe in Dithmarschen bedeutete Lebensgefahr, die Verweigerung des Auftrags dagegen die Ungnade des Königs. Die Lübecker Herren empfahlen, daß es wohl das Beste sei, die Rückkehr Christians I. abzuwarten [203]. Wenig später traf in Lübeck ein ergänzender Bericht des Geschäftsträgers ein und bereitete den Rat insbesondere auf die ihm zugedachte Mission vor, sich an der Übergabe des Mandats an Dithmarschen zu beteiligen. Milwitz wies darauf hin, daß Kurfürst Albrecht nicht ernsthaft mit Lübecks Bereitschaft rechne, und empfahl, seinen Informanten *mit einer guthen mittelmeißigen Mardern korßen* zu honorieren [204].

Tatsächlich waren diese Nachrichten für Lübeck sehr wichtig, da es seine nächsten Schritte jetzt in Ruhe vorbereiten konnte. Das Bündnis mit Dithmarschen stand vor einer Belastungsprobe, und die übrigen Privilegien und Gebote, die Christian I. erlangt hatte, ließen erkennen, daß auch Konflikte mit dem König zu erwarten waren. Als von Alvensleben im April 1474 in Lübeck den Gebotsbrief des Kaisers über-

---

[201] Waitz, Uebersicht, S. 24; PC I, n. 802.
[202] Dahlmann, Neocorus, S. 485; Höfler, a. a. O., n. 63.
[203] HR II, 7, n. 177 (1474 März 27).
[204] Dahlmann, Neocorus, S. 485 f. (1474 April 4), S. 487 Antwort des Lübecker Rates.

reichte, erklärte sich der Rat bereit, den Dithmarschern die Entscheidung des Reichsoberhaupts gemeinsam mit dem Marschall s c h r i f t - l i c h mitzuteilen und zum 28. April zu einer Tagfahrt nach Neumünster einzuladen [205]. Dort erschien jedoch nur ein Bevollmächtigter der Bauern und erklärte, daß diese erst die Meinung ihres Landesherrn, des Bischofs von Münster und Administrators des Erzstifts Bremen, erfahren müßten, bevor sie zu antworten in der Lage seien [206]. Da von Alvensleben nach eindringlichen Vorstellungen des Lübecker Rats schließlich die Absicht aufgab, a l l e i n nach Dithmarschen zu reiten, unterblieben weitere Bemühungen, den Willen des Königs zu erfüllen bis zu dessen Rückkehr nach Deutschland [207].

Graf Gerd von Oldenburg hatte während der Abwesenheit des Bruders neue Händel mit Lübeck und Hamburg sowie anderen Nachbarn begonnen. Es lag nahe, daß seine Gegner auf gemeinsame Maßnahmen sannen, um dem alten Störenfried das Handwerk zu legen [208]. Jetzt wirkte sich für ihn der Umstand ungünstig aus, daß die Versöhnung mit seinem Bruder diesen zu einem doppelten Bündnisbruch gezwungen hatte: der König hatte sich nicht nur von Lübeck und Hamburg, sondern auch von dem Bischof Heinrich von Münster getrennt[209]. Während es 1471 noch nicht zu einem Bündnis der beiden Städte mit dem Bischof gekommen war, führten nunmehr die Verhandlungen rasch zu einer Übereinkunft; bestehende Differenzen wurden ohne große Schwierigkeiten beigelegt [210]. Lübeck und Hamburg erklärten sich bereit, gemeinsam mit dem Bischof dem Grafen die Fehde anzusagen und 400 Kriegsknechte nach Stade zu entsenden. Der Bischof verpflichtete sich dagegen, den Städten als Vermittler zur Seite zu stehen, wenn es wegen dieser Fehde zu Konflikten mit Dritten käme und ihnen notfalls mit der gleichen Zahl von Söldnern zur Hilfe zu kommen [211]. An dem nun folgenden Kriegszug beteiligte sich auch ein Teil der Friesen, sodaß Graf Gerd bald in harte Bedrängnis geriet. Sein Bruder, der im Juni 1474 aus Italien zurückgekehrt war, versuchte

---

[205] Waitz, Uebersicht, S. 25.
[206] LChr. 5, 1, S. 132, A. 3; Waitz, a. a. O., S. 25; Höfler, Fränkische Studien, S. 89.
[207] Waitz, Uebersicht, S. 25; Höfler, a. a. O., S. 91, 93 f. — PC I, n. 838-839; Höfler, a. a. O., n. 64; LChr. 5, 1, S. 124; Hasse, S. 94 f., 103; Niitemaa, Der Kaiser und die Nordische Union, S. 270-293.
[208] HR II, 7, n. 177; Riedel Codex III, 2, n. 90 (S. 110).
[209] Vgl. Seiten 25 f. u. 32 dieser Arbeit.
[210] HR II, 7, n. 191; HUB 10, n. 312-313 1474 Mai 22 u. 28; LChr. 5, 1, S. 114.
[211] HR II, 7, n. 191, 192 1474 Mai 28.

vergeblich, den Kaiser und eine Reihe von Fürsten zur Intervention zu bewegen [212]. Christian I. begann dann sofort mit großer Energie, die Inbesitznahme Dithmarschens vorzubereiten. Auf weiteres Entgegenkommen des Kaisers durfte er um so mehr rechnen, als Herzog Karl von Burgund im Sommer 1474 in die inneren Angelegenheiten des Kurfürstentums Köln eingegriffen hatte und somit den Westen des Reiches ernsthaft bedrohte. In dieser Situation erschien der Dänenkönig ein willkommener Bundesgenosse [213].

Dr. Milwitz wußte inzwischen aus Augsburg zu berichten: nach Informationen des Protonotars der kaiserlichen Kanzlei Waldner sowie des kurmainzischen Kanzlers Dr. Pfeffer habe der König verschärfte Mandate an Dithmarschen erwirkt und eine Reihe von Fürsten und Städten zu Exekutoren der kaiserlichen Entscheidung ernennen lassen [214]. An 17 geistliche und weltliche Fürsten sowie 11 Städte seien Gebote ergangen, Christian I. bei der Durchsetzung seiner Ansprüche zu unterstützen [215]. Auch Lübecks Rat und Bürgerschaft erhielten eine derartige Aufforderung, bei der Unterwerfung der Dithmarscher Hilfe zu leisten und jeden Verkehr mit ihnen zu meiden [216].

Der politische Druck, dem sich Dithmarschen in diesen Wochen ausgesetzt sah, wurde schließlich auch noch durch den Herzog von Burgund verstärkt. Er drohte den Bauern mit der Anwendung militärischer Gewalt, falls sie ihrem Landesherrn, dem König von Dänemark, nicht den gebührlichen Gehorsam entgegenbringen würden [217]. Im Juli 1474 mußte eine Intervention von dieser Seite um so mehr überraschen, als Christian I. doch erst kurz zuvor mit dem Kaiser einen Vertrag geschlossen hatte, der sich offenkundig vor allem gegen Burgund richtete. Mochte dieses Eingreifen Karls des Kühnen die Antwort auf einen entsprechenden Wunsch des Königs gewesen sein oder nicht, auf jeden Fall konnte es für den Herzog ein geeignetes Mittel sein, um die Front zu sprengen, die sich gegen ihn zu bilden begonnen hatte. Nach diesen Vorbereitungen schien dem König die Zeit reif zu sein, den Vorstoß gegen Dithmarschen zu eröffnen [218]. In seinem Auftrage

---

[212] a. a. O., n. 195, 198, S. 402, A. 2, n. 204-207; LChr. 5, 1, S. 128 f.; PC I, S. 679, 688.
[213] Niitemaa, Der Kaiser und die Nordische Union, S. 294 ff.
[214] PC II, S. 670 1474 Juni 24.
[215] PC I, n. 860, S. 679, A. 1; Waitz, Uebersicht, S. 25; Dahlmann, Neocorus, S. 489.
[216] Waitz, Dahlmann, a. a. O.
[217] Waitz, Uebersicht, S. 27; Reg. dipl. hist. Dan. I, 1, n. 4511 1474 Juli 25.
[218] PC I, n. 870, 882; Kruse, Johann Petersens Chronic, S. 94.

forderte der Bischof von Lübeck die Dithmarscher im August 1474 abermals auf, sich zu unterwerfen [219]. Er erhielt die Antwort: ihr Landesherr sei bekanntlich der Bischof von Münster, und der Kaiser könne sie keinem weltlichen Herrn übergeben, zumal er bei seiner Krönung geschworen habe, die heilige Kirche, ihre Freiheit und ihre Güter zu schützen [220]. Nun suchte Christian I., die holsteinische Ritterschaft gegen Dithmarschen zu mobilisieren. Den Hinweis auf ihre Lehnspflicht beantworteten die Sprecher des Adels mit dem vielsagenden Hinweis: dem König sei doch sicherlich bekannt, daß die Bauern keine Gefangenen machten. Aber wenn er auf seiner Absicht beharre, wollten sie ihr Leben mit ihm wagen [221].

Bevor Christian I. in der Lage war, ernsthafte Maßnahmen in die Wege zu leiten, hatten die Dithmarscher ihrerseits diplomatische Aktivität entwickelt. Ihre 48 Ratgeber wandten sich mit der Bitte um Hilfe an Lübeck, übersandten eine Kopie der Drohung Karls des Kühnen und betonten ihre Entschlossenheit, die Freiheit ihres Landes mit allen zur Verfügung stehenden Mitteln zu verteidigen [222]. Lübeck beantwortete diese Berufung auf das gemeinsame Bündnis vom Jahre 1468 mit einem Schreiben an den Kaiser und wies ihn auf die Konsequenzen hin, die sich aus dessen Entscheidung ergeben könnten. Die Bauern würden sich — so schrieb der Lübecker Rat — *mit Recht und Macht* zur Wehr setzen. Dem Reich sowie der Stadt Lübeck könne aus allem nur Schaden, Unheil und Krieg erwachsen. Man habe den Eindruck, daß der Kaiser nicht ausreichend über die wirklich bestehenden Rechtsverhältnisse unterrichtet gewesen sei, als er die Belehnung mit Dithmarschen verfügt habe [223].

Auch Bischof Heinrich von Münster griff auf Ersuchen der Dithmarscher im September 1474 in den Streit ein. Er forderte König Christian wie auch die Bauern zu Verhandlungen im Oktober in Hamburg auf [224]. Dort sollte zu gleicher Zeit auch über einen Waffenstillstand zwischen dem Bischof und seinen Verbündeten sowie dem Grafen von Oldenburg entschieden werden, der angesichts seiner bedrängten Lage den Herzog von Burgund wie auch die Herzöge von Braunschweig-

---

[219] LChr. 5, 1, S. 131 f.
[220] Reg. dipl. hist. Dan. I, 1, n. 4519.
[221] LChr. 5, 1, S. 133.
[222] LUB 11, n. 387-388; Waitz, Uebersicht, S. 27.
[223] Dahlmann, Neocorus, S. 493; HR II, 7, n. 250 1474 August 31 Rezeß zu Lübeck, § 16, S. 433, A. 2.
[224] Waitz, Uebersicht, S. 27.

Lüneburg um Vermittlung gebeten hatte [225]. Am 9. Oktober 1474 schlossen Bischof Heinrich von Münster, Lübeck und Hamburg mit dem Grafen Gerd ein Abkommen, bis zum Osterfest des kommenden Jahres alle Feindseligkeiten gegeneinander einzustellen [226]. Zwei Tage später wurde zwischen den Räten König Christians, dem genannten Bischof und Gesandten Dithmarschens in Anwesenheit von Ratssendeboten Lübecks und Hamburgs ein Übereinkommen erzielt, den Streit um Dithmarschen bis zum 1. Mai 1475 ruhen zu lassen [227].

Unter den zahlreichen Stillstandsvereinbarungen dieser Jahre verdienen die Hamburger Verträge vom 9. und 11. Oktober 1474 besondere Beachtung. Denn mit ihnen hatte vor allem die lübisch-hamburgische Politik einen bemerkenswerten Erfolg erringen können. Das Bündnis der Städte mit dem Bischof von Münster erwies sich in der Auseinandersetzung mit dem Hause Oldenburg als sehr wirksam. Den Räubereien des Grafen von Oldenburg war energisch Einhalt geboten worden, und der Versuch Christians I., Dithmarschen zu unterwerfen, war gescheitert.

Dieses Ergebnis der politischen Bemühungen des Königs in den zwei vorausgegangenen Jahren steht in einem beträchtlichen Mißverhältnis zu dem damit verbundenen Aufwand. Die Reise Christians I. im Frühjahr 1474 hatte vor allem der Verwirklichung seiner Bündnispläne gegen Schweden, Dithmarschen und die wendischen Städte gedient. Wenn es ihm verhältnismäßig leichtgefallen war, vom Kaiser die Erhebung Holsteins zum Herzogtum, die Einverleibung Dithmarschens und andere Zugeständnisse zu erlangen, dann war es vor allem dem Umstand zu verdanken, daß er mit dem König von Schottland verwandt war, zum französischen König freundschaftliche Beziehungen unterhielt und schließlich dem Kaiser ein wertvoller Bundesgenosse gegen Burgund zu sein schien [228]. Auf eine wirksame Hilfe zur Verwirklichung seiner eigenen Pläne konnte er dagegen nicht rechnen. Die kaiserlichen Urkunden und Gebotsbriefe allein erwiesen sich in der Praxis als wertlos. Christian hatte sich getäuscht, wenn er gehofft hatte, den Gegensatz zwischen Habsburg und Burgund für seine Zwecke nutzbar zu machen. In Wirklichkeit wurde er selbst von beiden Seiten

---

[225] HR II, 7, S. 403, A. 2; vgl. Seite 46 dieser Arbeit und Anm. 212.
[226] HR II, 7, a. a. O.
[227] LChr. 5, 1, S. 133, A. 4 1474 Oktober 11.
[228] Reg. dipl. hist. Dan. I, 1, n. 4250, 4257, 4268, 4461, 4582, 4600, 4627; Hasse, S. 94; Niitemaa, Der Kaiser und die Nordische Union, S. 231, 263, 273.

ausgenutzt. Dazu trug seine geringe Erfahrung gegenüber den Gepflogenheiten höfischer Diplomatie nicht wenig bei. So schenkte er zum Beispiel dem Herzog von Burgund Glauben, als dieser ihm eine Ehe der burgundischen Erbin mit seinem Sohn Johann in Aussicht stellte. Auch suchte er dann gerade in dieser Angelegenheit den Rat des Kurfürsten von Brandenburg, der bekanntlich die Politik des Kaisers sehr entschieden unterstützte [229]. Da ferner der Kaiser selbst nach wie vor das Ziel einer verwandtschaftlichen Verbindung mit Burgund verfolgte, mußte der Dänenkönig früher oder später zwischen beide Parteien geraten.

Auch seinen Bündnisplänen war kein Erfolg beschieden. Weder der Kurfürst von Brandenburg noch andere norddeutsche Fürsten zeigten sich merklich interessiert. In diesem Zusammenhang kann ein Schriftstück erwähnt werden, das vermutlich kurz nach dem Tode Christians I. (1481) von Enwald Sövenbroder, einem Mitglied der königlichen Kanzlei, in Dänemark verfaßt und an einen bisher nicht bekanntgewordenen Empfänger in Schweden gerichtet worden war [230]. Dort heißt es: der König habe sich im Jahre 1474 in Italien aufgehalten, um mit dem Papst sowie mit den Herzögen von Mailand und Mantua Verträge zu schließen. Ferner habe er sich um ein Bündnis mit dem Großfürsten von Moskau bemüht. Er sei mit den Königen von Polen und Schottland verbündet gewesen wie auch mit den Herzögen von Burgund, Pommern, Mecklenburg, Braunschweig und anderen Fürsten, um Städte und Länder, die sich von ihren Herren gelöst hätten, zum Gehorsam zurückzuführen. Weitere Einzelheiten lassen erkennen, daß diese Bestrebungen zwar vor allem gegen Schweden, aber auch gegen aufsässige Landstände gerichtet waren. Besonderes Interesse verdient die Bemerkung, der König habe beabsichtigt, die Macht der Bischöfe und Prälaten zu brechen und alles Kirchengut in die Hände der Landesherren zu bringen. Trotz mancher Übertreibungen lassen sich hier Tendenzen erkennen, wie sie in der schleswig-holsteinischen Landespolitik Christians I. besonders während seiner letzten Lebensjahre tatsächlich zum Ausdruck kamen. So z. B. sein Bemühen, sich wenigstens als Landesherr gegen die Ritterschaft durchzusetzen. Davon wird noch an anderer Stelle die Rede sein [231]. Wenn bisher auch kein

---

[229] PC I, 916, 964; Niitemaa, a. a. O., S. 310 f.
[230] Grautoff, S. 708-712; bei Hasse, S. 106 ff. Näheres über die Umstände der Abfassung sowie den mutmaßlichen Schreiber.
[231] Vgl. Seite 57 ff. dieser Arbeit.

ausdrücklicher Vertrag Christians I. mit Herzog Karl von Burgund nachgewiesen werden konnte, erscheint doch nicht ausgeschlossen, daß Verhandlungen in dieser Richtung stattgefunden haben. Wenn die bereits erwähnte Drohung Karls des Kühnen an die Adresse Dithmarschens wahrscheinlich auch vor allem von propagandistischen Überlegungen diktiert war, so legt ihr Wortlaut doch die geäußerte Vermutung nahe. Falls der König — so heißt es dort — gezwungen sein sollte, den Kampf gegen die Bauern aufzunehmen, dann werde der Herzog *propter ligas et confoederationes, quas cum rege fecisset,* diesen mit Hilfstruppen unterstützen [232].

In allen Bemühungen waren Christian I. entscheidende Erfolge versagt geblieben. Eine Ausnahme bildete die Erhebung Holsteins zum Herzogtum. Lübeck und Hamburg hatten dagegen ihre Positionen erheblich festigen können.

d) Christian I. und die wendischen Städte während des Reichskrieges gegen Herzog Karl von Burgund

Die Mißerfolge des Königs waren vermutlich ausschlaggebend dafür, daß er sich entschloß, im Oktober 1474 eine weitere diplomatische Reise anzutreten, die diesmal als Pilgerfahrt zum Schrein der Heiligen Drei Könige zu Köln bezeichnet wurde. Außer seinem Bruder begleiteten ihn die Herzöge Friedrich von Braunschweig-Lüneburg, Magnus von Mecklenburg, Johann von Sachsen-Lauenburg sowie der Graf von Ruppin [233]. Dem Kurfürsten Albrecht von Brandenburg teilte Christian I. mit, daß er sich als Vermittler in dem Konflikt zwischen dem Kaiser und dem Herzog von Burgund betätigen wolle. Denn das Eingreifen Herzog Karls in die Kölner Stiftsfehde hatte inzwischen den Reichskrieg gegen Burgund ausgelöst [234]. Da mehrere der Begleiter des Königs gerade zu dieser Zeit mit einigen Hansestädten in Auseinandersetzungen standen [235], wurde besonders dort seine Reise mit Aufmerk-

---

[232] Reg. dipl. hist. Dan. I, 1, n. 4511 1474 Juli 25.
[233] LChr. 5, 1, S. 135.
[234] PC I, n. 964 1474 November 6; v. d. Ropp, Hanse und Reichskrieg, S. 43 ff.; Heimpel, Karl der Kühne, S. 35 ff.; Petri, S. 93 f.
[235] Herzog v. Mecklenburg: vgl. Seite 83 ff. dieser Arbeit, Herzog v. Sachsen-Lauenburg: Schulze, Sachsen-Lauenburg, S. 150 f.

samkeit und Mißtrauen verfolgt. Man rechnete in einigen Städten ernsthaft mit der Möglichkeit, daß die genannten Fürsten sich mit dem Gegner des Kaisers verbünden und dann gegen die Städte ziehen könnten[236].

Die Absichten, die Christian I. während der Monate der Belagerung von Neuß verfolgte, waren in der Tat schwer zu durchschauen. Als dem Kurfürsten von Brandenburg bekannt geworden war, daß der König Hoffnungen an eine dynastische Verbindung mit Burgund knüpfte, vermutete er sofort, daß Herzog Karl den Dänenkönig veranlassen wollte, sich von der Seite des Kaisers zu lösen. Der Kurfürst schrieb ihm, es handle sich offensichtlich nur um ein Täuschungsmanöver der burgundischen Politik und ermahnte ihn, sich so zu verhalten, wie man es von einem Fürsten des Reiches erwarten müsse[237]. Vielleicht erhoffte Christian I. von Herzog Karl Hilfe für den weiteren Kampf gegen Schweden, Dithmarschen sowie seine sonstigen Gegner in Norddeutschland[238]. Doch zwang ihn seine Stellung als Reichsfürst zu einer gewissen Zurückhaltung. So beschränkte er sich, vom Kaiser mißtrauisch beobachtet, auf undurchsichtige Verhandlungen mit Karl dem Kühnen und soll von diesem wiederholt erhebliche Geldzahlungen angenommen haben[239].

Graf Gerd von Oldenburg sah sich dagegen nicht zu irgendwelchen Rücksichten genötigt und schloß am 29. November 1474 mit dem Burgunderherzog ein förmliches Bündnis. Er verpflichtete sich, ihm treu zur Seite zu stehen und auf Ersuchen mit 600 Mann Fußvolk zur Hilfe zu kommen. Für den Fall, daß Karl der Kühne *seine Heimat Friesland* zurückerobern und zum *schuldigen Gehorsam* führen wolle, sollte der Graf seinem Verbündeten wenigstens 600 Reiter, 4 000 Mann zu Fuß und möglichst viele Freunde und Nachbarn zuführen. Für die Unterwerfung Westfrieslands waren 2 000 Mann Fußvolk bereitzuhalten. Als Gegenleistungen sah der Vertrag vor: solange der Herzog nicht gegen Friesland zöge, sollte der Graf ein burgundisches

---

[236] Bruns, Bergenfahrer, S. 393; LChr. 5, 1, S. 135 f. — Kruse, Joh. Petersens Chronic, S. 96 ff.; Lappenberg, Chronik der nordelbischen Sassen, S. 165; Petri, S. 94 f.
[237] PC I, n. 916 1474 September 19; Niitemaa, Der Kaiser und die Nordische Union, S. 306.
[238] Vgl. Seite 40 f. dieser Arbeit.
[239] Niitemaa, a. a. O., S. 314, 333; Kruse, Johann Petersens Chronic, S. 96; Bachmann, Urkundliche Nachträge, n. 303, 322-323, 362-363; Riedel, Codex III, 2, n. 126; Christensen, Rep. dipl. hist. Dan. II, 2, n. 3608, 3610-3611.

Hilfskorps von 600 Mann erhalten. Der Herzog versprach, zwischen Gerd von Oldenburg und dem Bischof von Münster zu vermitteln. Ferner sicherte Karl der Kühne dem Grafen für die Zukunft die Zahlung einer jährlichen Pension von 2 000 Rh.G. zu sowie nach der Eroberung Frieslands die Statthalterschaft auf Lebenszeit und die Übertragung bestimmter friesischer Distrikte unter burgundischer Lehnshoheit. Vor allem versprach der Herzog dem Grafen, woran ihm am meisten gelegen war: Hilfe gegen seine Feinde — den Bischof von Münster, Bremen und die anderen Städte [240].

Dieses Bündnis konnte für den Bischof und seine Verbündeten bedrohlich werden, falls es dem Herzog gelang, einen Sieg über das kaiserliche Heer vor Neuß davonzutragen. Sein nächster Stoß würde sich dann mit Sicherheit gegen den Nordwesten des Reiches richten. Daher fand das Ersuchen des Kaisers, seinen Kampf vor Neuß zu unterstützen, in diesem Teil Deutschlands einen besonders starken Widerhall [241]. Ungewöhnlich schnell reagierte Lübeck. Seiner Zusage an den Kaiser folgte unmittelbar die Ausrüstung eines verhältnismäßig starken Aufgebots von 600 Mann und 27 Wagen. Diese Haltung überraschte die Zeitgenossen und verdient auch insofern Beachtung, weil sie in den hier betrachteten, an kritischen Situationen reichen Jahrzehnten einmalig zu nennen ist. Lübeck hatte sich sonst allen Hilfsersuchen des Reichsoberhaupts zu entziehen gewußt und in den zahlreichen, z. T. sogar recht ernsten Kontroversen mit benachbarten Landesfürsten fast immer damit begnügt, seine diplomatischen oder finanziellen Mittel einzusetzen. Wenn die Stadt jetzt ein bewaffnetes Kontingent von solcher Stärke entsandte, kann dies nur als Ausdruck dafür angesehen werden, daß Lübeck einen burgundischen Sieg unter allen Umständen zu verhindern suchte, weil damit zugleich eine Stärkung des norddeutschen Territorialfürstentums verbunden gewesen wäre. Von den anderen wendischen Städten beteiligte sich nur Lüneburg an dem Reichsaufgebot. Hamburg entsandte keine Truppen, da Christian I. dem Rat mitgeteilt hatte, er habe vom Kaiser eine Befreiung für die Stadt erwirkt. Später allerdings stellte sich heraus, daß dies nicht den Tatsachen entsprach. Hamburgs Rat erwies sich trotzdem dankbar und zahlte dem König eine nicht unbeträchtliche Summe [242].

[240] OUB II, n. 1006 1474 November 29.
[241] Wetzel, Lübecker Briefe, n. 96-97; LChr. 5, 1, S. 141; Bruns, Bergenfahrer, S. 365; v. d. Ropp, Hanse und Reichskrieg, S. 53; Heimpel, Karl der Kühne, S. 39 f.; v. Brandt, Geist und Politik, S. 153.
[242] LChr. 5, 1, S. 147 u. A. 5-7; Nirrnheim, Hinrich Murmester, S. 51.

Das norddeutsche Aufgebot unter der Führung des Bischofs von
Münster mit etwa 16 000 Mann wurde vorwiegend von den Stiften
Münster und Bremen sowie den Städten gestellt[243]. Es soll der Hälfte
der kaiserlichen Streitmacht entsprochen haben. Die meisten norddeutschen Fürsten folgten dem Aufgebot nicht und warteten anscheinend den Ausgang des Kampfes ab. Dieser fand dann am 30. Mai 1475
einen überraschenden Abschluß durch die Einigung zwischen Kaiser
Friedrich III. und dem Herzog Karl von Burgund[244]. König Christian
hatte schon vorher die Heimreise angetreten, da ihm die mißtrauisch-
ablehnende Haltung des Kaisers keine Vermittlung mehr gestattete[245].

Beide Brüder aus dem Hause Oldenburg sahen sich nunmehr voll-
ständig isoliert. Christian I. hatte sich sowohl von Lübeck und Hamburg gelöst als auch durch seine unklare Haltung während der Belagerung von Neuß das Vertrauen des Kaisers wie auch des Kurfürsten
von Brandenburg eingebüßt. Die Verständigung des Kaisers mit Burgund hatte außerdem alle Hoffnungen auf Hilfe von dieser Seite
zunichtegemacht. Auch Graf Gerd, jedes politischen Haltes beraubt,
sah sich in seinen Hoffnungen getäuscht. Ähnlich erging es den Fürsten,
die dem König an den Rhein gefolgt waren. Nach mehrmonatigem,
recht kostspieligem Aufenthalt am Rhein kehrten sie wieder heim, von
der Lübecker Chronik mit ironischen Bemerkungen bedacht: *... do
togen se to huß, etleke to perden, etlike to wagenen; men greve Gerd
... toch tovorne hemelken van Kolne unde led syne perde stan vor de
kost in der herberge ... dar war nyn grod priß vorworven ...*[246]

Karl von Burgund wandte sich nun dem Süden seines Staates zu,
um Lothringen und die Eidgenossen zu unterwerfen. Bis zu seinem
Tode im Jahre 1477 bildete er keine Gefahr mehr für die niederdeutschen Städte[247].

---

[243] LChr. 5, 1, S. 143; PC II, n. 96, 101 u. S. 132, A. 2; Niitemaa, Der Kaiser und
die Nordische Union, S. 324.
[244] Heimpel, Karl der Kühne, S. 40; Niitemaa, a. a. O., S. 328 f.
[245] Niitemaa, a. a. O.
[246] LChr. 5, 1, S. 136 f.
[247] Baethgen, S. 578.

Kapitel 4

DIE STÄDTE UND DIE OLDENBURGER FÜRSTEN BIS ZUM ENDE DES JAHRHUNDERTS

a) Die letzten Regierungsjahre Christian I.

Nach den Ereignissen der Jahre 1474/75 nahm Christian I. an den Geschehnissen der europäischen Politik kaum noch aktiven Anteil. Er nahm zwar seine bisherigen Bestrebungen von neuem auf, doch blieben ihm Erfolge auch weiterhin versagt. In Schweden hatte er seit 1472 auf jede unmittelbare Einwirkung verzichtet und statt dessen versucht, Verbündete unter den Fürsten zu gewinnen bzw. durch kaiserliche Gebotsbriefe oder durch Handelssperren seine Anerkennung als König zu erzwingen. Da sich alle diese Bemühungen als fruchtlos erwiesen hatten, sah er sich genötigt, die Entscheidung der eigentlichen Streitfrage durch den Abschluß einer Reihe von Stillstandsabkommen zu vertagen. Schließlich erreichte er 1476, wenigstens formal als Unionskönig anerkannt zu werden, allerdings mit der Maßgabe, daß Sten Sture als Reichsverweser die tatsächliche Macht im Lande behielt [248]. Schweden blieb ihm auch weiterhin verschlossen.

Ähnlich erging es dem König auch gegenüber Dithmarschen. Nach Ablauf des Hamburger Stillstands vom Oktober 1474 [249] hatte er versucht, seine Ansprüche, die sich auf den Lehnsbrief des Kaisers gründeten, endlich zu realisieren [250]. Die Dithmarscher hatten inzwischen mit Unterstützung des Bischofs von Münster vor der päpstlichen Kurie gegen die kaiserliche Entscheidung Klage erhoben [251] und erreicht, daß der Papst schon 1476 die Autonomie Dithmarschens bestätigte [252]. Lübeck hatte nach seiner Stellungnahme zugunsten Dith-

---

[248] Niitemaa, a. a. O., S. 334.
[249] Vgl. Seite 47 f. dieser Arbeit.
[250] Niitemaa, a. a. O., S. 332.
[251] LChr. 5, 1, S. 133, A. 1; Stoob, Geschichte Dithmarschens, S. 69 ff.; Niitemaa, a. a. O., S. 331.
[252] Dahlmann, Neocorus, S. 374.

marschens und der Teilnahme an den Stillstandsverhandlungen jede
Einmischung vermieden und gemeinsam mit Hamburg zwischen beiden
Parteien zu vermitteln gesucht. So wurden schließlich nur weitere Verlängerungen des Stillstands von 1474 vereinbart, die letzte im März
1480 [253]. Auf Betreiben des Bischofs von Münster forderte Kaiser
Friedrich III. Christian I. am 30. Juni 1481 auf, seinen Anspruch auf
Dithmarschen vor dem Hofgericht zu beweisen, da dieser von seiten
des Erzstifts Bremen glaubhaft angefochten worden sei [254]. Der König
war aber bereits am 22. Mai 1481 verstorben.

Nach dem Scheitern der Politik gegenüber Dithmarschen und Schweden ging der König dazu über, sich in seinen letzten Lebensjahren
gegen die Stellung des deutschen Kaufmanns in Dänemark und Norwegen zu wenden. Außer geringfügigen Differenzen wie etwa wegen
der 1474 verliehenen Zölle von Rendsburg, Plön und Oldesloe [255]
ergab sich ein ernsthafterer Konflikt noch einmal wegen einiger han-
delspolitischer Maßnahmen des Königs. Hier ist vor allem seine Verordnung vom 30. September 1475 zu nennen, die den Handel deutscher
Kaufleute in Dänemark beträchtlich einschränkte, die deutsche Kauf-
mannskompanie aufhob, fremden Kaufleuten die Winterlage verbot
und deutsches Bier mit einer besonderen Abgabe belastete [256]. Diese
Bestimmungen wurden 1477 erneuert, als von dänischer und norwegischer Seite, aber auch von den Städten zahlreiche Klagen erhoben
worden waren. Sie betrafen vor allem die Rechte der hansischen Kaufleute auf Schonen, wo es wegen der Zölle und Abgaben sowie wegen
der Beschlagnahme von Strandgut zu Übergriffen und Gewalttätigkeiten gekommen war [257]. Es darf sicherlich nicht als Zufall angesehen
werden, daß zur gleichen Zeit aus Norwegen Klagen gegen das Kontor
zu Bergen laut wurden und Axel Olafson Sühne für die schweren
Gewalttaten forderte, denen 1455 sein Vater, einige seiner Verwandten
und andere zum Opfer gefallen waren [258]. 1455 hatte Christian I. nicht

---

[253] LChr. 5, 1, S. 227, A. 3; Hille Registrum, n. 187; Kruse, Johann Petersens Chronic, S. 100 f.; Lappenberg, Tratzigers Chronica, S. 216 f. — Stoob, Geschichte Dithmarschens, S. 78 ff.
[254] LChr. 5, 1, S. 228, A. 1; Reg. dipl. hist. Dan. I, 1, n. 4695 1481 Juni 30 Wien;
Niitemaa, Der Kaiser und die Nordische Union, S. 331 f.
[255] Michelsen, S. 72; HR III, 1, S. 206, n. 258.
[256] HUB 10, n. 450.
[257] a. a. O., n. 585 1477 August 27; HR III, 1, n. 55 (1477 um Juli 25) Beschwerden
der Städte gegen die Dänen, n. 56 Beschwerden des Königs gegen die Städte,
n. 57-59.
[258] HR III, 1, n. 61.

in diese Auseinandersetzungen eingegriffen, möglicherweise weil ihm damals die Beseitigung des Hauptmanns Olaf Nielson nicht unwillkommen gewesen war[259]. 1469, zur Zeit der Streitigkeiten mit seinem Bruder Gerd und der Kämpfe um Schweden, als der König auf die Hilfe der Städte angewiesen war, hatte er ausdrücklich erklärt, in anbetracht der Dienste, die ihm der Kaufmann zu Bergen geleistet habe, auf jegliche Strafverfolgung zu verzichten[260]. Wenn diese 22 Jahre zurückliegenden Geschehnisse nun 1477 wieder unter den Beschwerden auftauchten, dann geschah es sicherlich nur zu dem Zweck, vor allem die Stellung der wendischen Städte in den nordischen Reichen zu schwächen.

Die Reaktion der Städte bestätigt diesen Eindruck. Während seit 1460 selten alle Mitglieder der Städtegruppe zu Verhandlungen mit dem dänischen König zusammengetroffen waren und meist nur Lübeck und Hamburg mit ihm in näherer Verbindung gestanden hatten, erschienen im August 1477 Ratssendeboten fast aller Städte in Kopenhagen. Sie erreichten allerdings nur eine Herabsetzung des Bierzolls, und Rostock erhielt die Bestätigung seiner Privilegien zu Oslo und Tönsberg[261]. Christian I. erneuerte dagegen seine Verordnung aus dem Jahre 1475 und stellte sich auf die Seite einiger deutscher Schuhmacher, die aus Bergen vertrieben worden waren und bei ihm ihr Recht gesucht hatten. Die Städte sahen sich zum Nachgeben gezwungen und erklärten sich bereit, diesen Streit durch die Räte des Königs in Bergen entscheiden zu lassen[262]. Weil der Kaufmann zu Bergen diesen Rechtsspruch jedoch nicht akzeptieren wollte, fanden im September 1478 abermals Verhandlungen in Kopenhagen statt[263]. Wegen der Hochzeit des Prinzen Johann von Dänemark mit der Tochter Herzog Albrechts von Sachsen-Meißen fand der König nur wenig Zeit für die Ratssendeboten. In den akuten Streitfragen wurde keine Einigung erzielt. Christian zeigte sich sehr erbittert über die Haltung der Mitglieder des Bergener Kontors: die Einwohner Norwegens *crucewise vor eme up de erden weren gevallen biddende dorch dat lidend und den doet Godes, se vor den overdadigen koeppmann to vordedin-*

---

[259] Gerhardt/Hubatsch, S. 92.
[260] Vgl. Seite 23 dieser Arbeit; LUB 11, n. 514.
[261] HR III, 1, n. 63 1477 August 16, S. 46, A. 2; HUB 10, n. 582, 585.
[262] HR III, 1, S. 46, A. 2, n. 64.
[263] HUB 10, n. 600, 607; HR III, 1, n. 99, 104–107, 110–112, 114, 118–119, 145–152; LChr. 5, 1, S. 204, A. 1; Koppmann, KR 3, S. 272.

gen . . . [264]. Schließlich erklärte der König: bis zum kommenden Jahre solle zwischen dem Kaufmann zu Bergen und den Einwohnern Norwegens ein Stillstand der Streitigkeiten eintreten. Dann wolle er selbst nach Bergen kommen oder eine bevollmächtigte Gesandtschaft dorthin abfertigen [265]. Die Städte sollten unbedingt ihre Ratsmitglieder entsenden, der weitere Bestand des Kontors hänge davon ab, erinnerte Christian I. noch kurz vor dem Beginn der Verhandlungen [266]. Dann aber — wenige Stunden, bevor die Ratssendeboten Lübecks und Hamburgs am 6. Juli 1479 nach Norwegen absegeln wollten, erreichte sie die Nachricht des Königs, daß die Tagfahrt nicht stattfinden werde [267]. Auf dem Höhepunkt des Konflikts brach Christian I. die Auseinandersetzungen um das Kontor zu Bergen unvermittelt ab.

Diese überraschende Entscheidung Christian I. leitete eine abermalige Wendung seiner Haltung zu den wendischen Städten, insbesondere zu Lübeck und Hamburg, ein. Der König hatte, anscheinend unter maßgeblicher Beteiligung seiner Gemahlin, zu dieser Zeit mit der Ordnung seiner finanziellen Verpflichtungen gegenüber seinen Gläubigern in den Herzogtümern begonnen und war auf wachsenden Widerstand innerhalb der Ritterschaft gestoßen, welche nun — ähnlich wie 1469 zur Zeit der Kämpfe gegen den Grafen von Oldenburg — eine Bedrohung ihrer Pfandbesitzungen und damit zugleich auch ihrer politischen Stellung im Lande annehmen mochte [268]. Daher begann Christian I. die Unterstützung Lübecks und Hamburgs zur Durchsetzung seiner Ziele in der Landespolitik wiederum unentbehrlich zu werden. Ratssendeboten beider Städte waren auf dem Rechtstag gegen Henning Poggwisch anwesend [269] und berieten den König auch bei der Überprüfung seiner Schuldverschreibungen an den Adel aus den ersten Jahren seiner Landesherrschaft während der Verhandlungen mit der Ritterschaft in Rendsburg und Segeberg im Sommer 1480 [270].

---

[264] HR III, 1, n. 152 1478 September 3 Rezeß zu Kopenhagen, §§ 13-14.
[265] a. a. O., § 34, n. 153.
[266] a a. O., n. 179 1479 März 15 Rezeß zu Lübeck, § 26.
[267] a. a. O., n. 182 1479 Juli 6. Über die Vorbereitung der Verhandlungen in Bergen: n. 179, 183-185, 187, 190.
[268] Arup, S. 430 ff. Vgl. Carstens, Christian I. und Henning Poggwisch, S. 151 f., 159.
[269] LChr. 5, 1, S. 229; Vgl. vor allem Carstens, a. a. O., S. 152 f.
[270] Hille, Registrum, n. 188 1480 Juli 13, n. 189 1480 August 29; Wetzel, Lübecker Briefe, n. 118-119; Arup, S. 430 ff. — Carstens, Christian I. und Henning Poggwisch, S. 153.

Mit Sicherheit verfolgte Christian I. das Ziel, sich als Landesherr gegen den Adel der Herzogtümer durchzusetzen, wie seine Äußerungen aus dieser Zeit erkennen lassen. So kassierte er auch dessen Bündnis vom Jahr 1469 und setzte eine endgültige Schuldenregelung durch, die für seine Gläubiger allerdings nicht in allen Fällen sehr erfreulich verlief. Hamburg dagegen erhielt in Segeberg ein Privileg, das ihm gestattete, das alleinige Stapelrecht für Korn, Mehl, Wein und Bier auszuüben. Die Urkunde sollte Hamburg zugleich als Beweis älterer Rechte gegenüber den Grafen von Barby dienen und wurde auf Wunsch der Stadt um 15 Jahre zurückdatiert [271].

Unter diesen Umständen wurde Christians I. Tod (22. Mai 1481) in Lübeck aufrichtig bedauert. Der Chronist kommentierte das Ereignis in lakonischer Kürze: *eyn sachtmodich, myldich, gnedich vorste, wol dat de meyne kopmann syner sere to achter was . . .* [272]. Mit diesen wenigen Worten war die gesamte Problematik der jahrzehntelangen Beziehungen zu diesem Herrscher umrissen. Unüberhörbar klang zugleich die Sorge an, was Lübeck wohl von seinem Erben und Nachfolger erwarten könne.

33 Jahre war Christian I. König von Dänemark gewesen, 21 Jahre auch Landesherr von Schleswig-Holstein. Ohne Zweifel war er, wie die meisten Fürsten seiner Zeit, kein Förderer der städtischen Selbständigkeit gewesen, wie sie in ganz besonders ausgeprägter Weise von Lübeck und Hamburg verkörpert wurde. Doch war der König durch die gegebenen Umstände und die Verflechtungen seiner politischen Intentionen immer wieder gezwungen worden, bei beiden Städten Hilfe und Beistand zu suchen. Allen seinen Bemühungen, eine selbständige oder allenfalls eine auf die Verbindung mit anderen Fürsten gestützte Politik zu betreiben, war kein Erfolg beschieden. Es kam weder zu einem umfassenden Bündnis norddeutscher Landesherren, noch gelang es ihm, den Gegensatz Habsburg-Burgund für sich zu nutzen. Weitgespannten Plänen standen nur verhältnisfäßig bescheidene Erfolge gegenüber. Unterstützt von Lübeck und Hamburg behauptete Christian zwar die Herrschaft über Schleswig-Holstein und erreichte vom Kaiser die Erhebung Holsteins zum Herzogtum. Da-

---

[271] Hille, Registrum, n. 71 1480 August 29. Zur Entstehung dieses vordatierten Privilegs: a. a. O., S. 105 f. — HUB 10, S. 601 f., A. 4. Über den Abschluß der Auseinandersetzungen zwischen dem König und der Ritterschaft: Carstens, a. a. O., S. 155, 159.
[272] LChr. 5, 1, S. 256.

gegen wahrte Dithmarschen seine Unabhängigkeit, und Schweden blieb faktisch außerhalb der Nordischen Union.

Unter den wendischen Städten waren vorwiegend Lübeck und Hamburg vor die Aufgabe gestellt gewesen, sich ständig mit den Plänen und politischen Aktionen des Königs auseinanderzusetzen. Für beide Städte hatten sich schon bald nach dessen Wahl zum Landesherrn Schleswig-Holsteins erhebliche Vorteile aus den Schwierigkeiten ergeben, in die Christian I. durch seine Verschuldung, durch die Auseinandersetzungen mit seinem Bruder sowie durch die Kriegführung in Schweden geraten war. Durch ihre Bündnisse untereinander, mit dem schleswig-holsteinischen Adel und mit Dithmarschen wie auch vor allem durch die Pfandherrschaft über Schlösser, Ämter und Städte gewannen Lübeck und Hamburg beträchtlichen Einfluß auf Schleswig-Holstein. Es gelang Christian I. nicht, sich auf die Dauer von beiden Städten zu lösen.

b) Der Abschluß der Auseinandersetzungen mit dem Grafen Gerd von Oldenburg

Obwohl im Oktober 1474 zwischen dem Grafen von Oldenburg und seinen Gegnern ein Waffenstillstand vereinbart worden war [273], hatten nur wenig später neue Kämpfe begonnen [274]. Als der Graf bald nach seiner Rückkehr vom Rhein auch Ostfriesland angriff, erreichten diese Auseinandersetzungen einen neuen Höhepunkt. Die verstärkten Aktionen des Bischofs von Münster und seiner Verbündeten veranlaßten den Grafen schon nach kurzer Zeit zu einem Hilfeersuchen an den Herzog von Burgund. Dessen Drohung, er werde seinen *consanguineus servitor et confederatus* nicht im Stich lassen sowie die Aufforderung, seine Vermittlung anzunehmen und bis Ostern 1476 einen erneuten Stillstand zu schließen, blieb ohne jede Wirkung [275]. Die Angriffe der Verbündeten wurden verstärkt fortgesetzt [276]. Da eine Hilfe von Burgund ausblieb, sah sich der Graf schließlich zu einem Friedens-

---

[273] Vgl. Seite 48 dieser Arbeit.
[274] HR II, 7, n. 204-205, 207.
[275] LChr. 5, 1, S. 149; HR II, 7, S. 496, A. 1; Rüthning, Oldenburgische Geschichte, S. 172 f. — Oncken, S. 54 f.
[276] HR II, 7, n. 328; OUB II, n. 1011 1476 Juni 6 Graf Gerd an Herzog Karl v. Burgund.

schluß gezwungen, der nach langen Verhandlungen endlich im Oktober 1476 in Quakenbrück erzielt werden konnte [277].

Für wenige Jahre gab es dann Ruhe, bis der Oldenburger Graf zu Beginn des Jahres 1480 durch Seeräubereien auf der Elbe die Städte von neuem gegen sich aufbrachte [278]. König Christian, der sich zu dieser Zeit wieder Lübeck und Hamburg genähert hatte, forderte seinen Bruder in scharfer Form zur Rückgabe der genommenen Güter an die Eigentümer auf und drohte gemeinsame harte Maßregeln an [279]. Da diese Warnung ungehört blieb, wurden die Auslieger des Grafen von Kriegsschiffen der Städte aufgebracht und 14 seiner Knechte in Hamburg gerichtet und enthauptet [280]. Auch gegen die Straßenräubereien mußten Lübeck und Hamburg unter hohem Kostenaufwand durchgreifen [281]. Im April 1481 schloß sich ihnen der Bischof von Münster wieder an und empfing eine Beihilfe von 1 000 Rh.G. [282].

Die Lage des Grafen hatte sich schon zu Beginn des Jahres 1481 als recht kritisch erwiesen. Das Schloß Delmenhorst fiel am 20. Januar, die Westerburg am 14. April [283]. Nach dem Tode König Christians I. hatte sich die Gemahlin seines Sohnes Johann bei ihren sächsischen Verwandten für den bedrängten Gerd von Oldenburg eingesetzt, von Kurfürst Ernst von Sachsen-Meißen jedoch eine abschlägige Antwort erhalten: um mit militärischen Mitteln zu helfen, sei er mit Geschäften zu sehr beladen und überdies zu weit entfernt. An die Städte und den Bischof jedoch zu schreiben, erscheine ihm schimpflich und bringe diesen nur große *bracht und sterckung*. Wenn dem König daran gelegen sei, in dieser Sache etwas zu unternehmen, möge er nicht auf die Verwendung anderer Fürsten hoffen, sondern selbst mit bewaffneter Gewalt eingreifen, was mit Hilfe seines Königreichs Dänemark und des Herzogtums Holstein, zu dem übrigens auch Hamburg gehöre, wohl nicht schwierig sein dürfte [284].

---

[277] HR II, 7, n. 389, §§ 45, 57-58, 63, 97 n. 397, 398; OUB II, n. 1013; LChr. 5, 1, S. 175; Rüthning, Oldenburgische Geschichte, S. 174 f.

[278] LChr. 5, 1, S. 228.

[279] HUB 10, n. 792, 797, 806-808.

[280] a. a. O., n. 809.

[281] LChr. 5, 1, S. 228, 237, 251; Ausgaben Hamburgs gegen den Grafen Gerd: Koppmann, KR 3, S. 410, 450.

[282] HR III, 1, n. 308-309, 311; LChr. 5, 1, S. 251, A. 4.

[283] PC III, n. 748; OUB III, n. 2; LChr. 5, 1, S. 252 u. A. 9; HR III, 1, n. 365 1482 April 21 Rezeß zu Lübeck, §§ 29-30.

[284] PC III, n. 887 1482 Juni 30.

Um diesem Rat jedoch folgen zu können, fehlte es dem Nachfolger Christians I., wie noch zu zeigen sein wird, zunächst an den Möglichkeiten; daher begnügte er sich mit einer schriftlichen Aufforderung an die Gegner seines Oheims, mit diesem endlich Frieden zu schließen [285]. Dazu kam es dann im August 1482, nachdem Graf Gerd zugunsten seiner Söhne auf die Regierung verzichtet hatte [286]. So hatten die über 17 Jahre währenden Fehden der Städte mit dem Oldenburger Grafen schließlich ihr Ende gefunden. Die Haltung dieses beharrlichen Gegners erscheint weniger durch politische Zielsetzungen bestimmt gewesen zu sein als bei seinem Bruder Christian. Fehden, Räubereien und Plünderungen dienten ihm vielmehr als Mittel einer Erwerbsweise, die er als seinem Stande entsprechend ansah. Die Rücksichtslosigkeit, die sein Handeln bestimmte, war besonders während der Streitigkeiten mit Christian I. um die Herrschaft in Schleswig-Holstein zu beobachten gewesen.

Der Lübecker Chronist vermerkte, daß der Graf in seinen letzten Lebensjahren seinen Wohnsitz in einem Kloster genommen habe, das habe allerdings nicht bedeutet, daß er den Straßen- und Seeraub aufgegeben habe. In dieser Hinsicht sei er unverbesserlich gewesen. Der Bischof von Münster dagegen wurde als *leefhebber des vreeds unde der rechtverdicheyt* gepriesen. *Dessen claren spegel konen etlike landesheren nicht beschouwen, wente se hebben ulenogen, de haten de sunnen* . . .[287]

c) Die wendischen Städte und König Johann von Dänemark

Nach dem Tode Christians I. zeigte sich, daß sein Sohn Johann zunächst große Mühe hatte, die Anerkennung in den Ländern zu erlangen, über die sein Vater geboten hatte [288]. Selbst die dänischen Reichsräte zögerten, ihm zu huldigen, und Norwegen versuchte, sich unter Anlehnung an Schweden aus der Kalmarer Union zu lösen [289]. So war König Johann zeitweilig sehr auf das Wohlwollen der wendischen

---

[285] HUB 10, n. 986.
[286] a. a. O., n. 992-993.
[287] LChr. 5, 1, S. 252, 260.
[288] PC III, n. 765, S. 75, n. 887.
[289] Reg. dipl. hist. Dan. I, 1, n. 4713.

Städte angewiesen, von denen er vor allem Unterstützung in Norwegen erhoffte [290]. Die Entscheidung in den Herzogtümern fiel im November 1482, als die Stände König Johann und seinen noch unmündigen Bruder Friedrich als Landesherren wählten [291]. Die Wahl als König von Dänemark und Norwegen erfolgte am 1. Februar 1483 [292].

Bald darauf zeigten sich zwischen Johann von Dänemark und den wendischen Städten erste Anzeichen beginnender Spannungen, da die norwegischen Reichsräte ihre Zustimmung von der Zusage des Königs abhängig gemacht hatten, für die Sühne der Gewalttaten zu sorgen, die 1455 in Bergen verübt worden waren. Eine entsprechende Aufforderung erging bereits am 3. Februar 1483 an Lübeck [293]. Für die Städte war es unter diesen Umständen außerordentlich wichtig, die Bestätigung ihrer Privilegien zu erhalten, von denen die Sicherheit ihres Handels in den nordischen Ländern und in den Herzogtümern abhing. Hamburg mußte darüber hinaus bemüht sein, die rechtliche Stellung zu seinem neuen Landesherrn zu klären [294].

Eine weitere Verschärfung der Lage ergab sich auch dadurch, daß der König den dänischen und norwegischen Reichsräten eine Reihe von Zusicherungen geben mußte, die sich unmittelbar gegen die Hansestädte richteten: er solle ausländischen Städten oder Kaufleuten ohne Wissen der Reichsräte keine Privilegien erteilen, Sühne für die in Bergen Erschlagenen erwirken, der König solle ferner zulassen, daß Kaufleute aus a l l e n Ländern Bergen und andere Städte der drei Reiche besuchen dürften und verhindern, daß sich deutsche Kaufleute besonders in Norwegen Rechte über die Handwerker oder dort anmaßten, wo allein Krone oder Kirche zuständig seien. Schließlich wurde auch gefordert, daß hansische Kaufleute nicht nach Island segeln sollten [295]. Alle diese Anträge zielten eindeutig darauf hin, den hansischen Einfluß und damit die wirtschaftliche Vormachtstellung der wendischen Städte in den nordischen Reichen zu beseitigen. Die Zulassung auch nichthansischer Kaufleute mußte vor allem dem hollän-

---

[290] HR III, 1, n. 356, 365, § 2.
[291] a. a. O., n. 360; Waitz, Geschichte, S. 61.
[292] HR III, 1, S. 342, A. 1; PC III, n. 940.
[293] HR III, 1, n. 424, S. 343, A. 1, n. 425-427, 429-430, 436, §§ 2-3, 6, 25, S. 392, A. 1.
[294] Reg. dipl. hist. Dan. I, 1, n. 4736; Reincke, Dokumente, S. 20-21. Die „Annehmung" König Johanns und seines Bruders Friedrich erfolgte 1487 November 11 in Hamburg; Reg. dipl. hist. Dan. I, 1, n. 4849, 4850.
[295] HR III, 1, S. 392, A. 1.

dischen Handel zugutekommen, den die Städte bisher noch in gewissen Grenzen halten konnten. Das Verbot der Islandfahrt richtete sich demgegenüber nur gegen die Unternehmungen einzelner hansischer Kaufleute und berührte die Interessen der Städte weit weniger [296].

Angesichts dieser Tatsachen gewannen die Verhandlungen der wendischen Städte mit König Johann im Juli/August 1484 in Kopenhagen ihre besondere Bedeutung [297]. Obwohl die Städte durch einen Vertrauensmann über die zu erwartenden Schwierigkeiten informiert worden waren, erreichten sie während der dreiwöchigen Verhandlungen sehr wenig. Vielmehr wurden von dänischer Seite zahlreiche Klagen vorgebracht, u. a. auch wieder wegen der wiederholt erwähnten Ereignisse von Bergen. Da es in diesen Fragen zu keiner Einigung kam, verweigerte der König die Bestätigung der Privilegien und gestattete nur freien Handel bis zum 3. April 1485 [298].

Die hansefeindliche Einstellung des Königs resultierte anscheinend nicht nur aus seiner anfangs unsicheren Position in Skandinavien, wo er offenbar Strömungen nachgab, wie sie sich schon 1471 in Schweden gezeigt hatten. Daß er auch bestrebt war, benachbarte deutsche Landesherren zu unterstützen, war an seinem wiederholten Eingreifen in die Auseinandersetzungen zwischen Rostock und den Herzögen von Mecklenburg zu erkennen. Deren Absicht, in Rostock ein Kollegiatstift zu errichten, dann aber vor allem die Beschlagnahme von Strandgut durch herzogliche Vögte hatten in Mecklenburg im Herbst 1484 zu einer sehr gespannten Lage geführt. Auf Veranlassung Herzog Magnus II. forderte König Johann Rostock auf, seinen Landesherren den schuldigen Gehorsam zu leisten [299]. Er griff zwar nicht, wie befürchtet wurde [300], in die 1487 beginnende „Domfehde" ein, war aber am Zustandekommen des Stillstands nach der Niederlage der Herzöge im Sommer

---

[296] Über das Verbot der Islandfahrt durch Norwegen: Forstreuter, S. 109.

[297] HR III, 1, n. 501 1484 März 11 Rezeß zu Lübeck, §§ 84-86, 93-105, n. 545; Reg. dipl. hist. Dan. I, 1, n. 4770 1494 März 13 Lübeck an Rostock. Der Lübecker Rat war durch einen *guden frundt* über die Haltung des Königs informiert: HR III, 1, n. 546, § 8. Hinweise auf die Personen, die als Informanten in Betracht kommen: a. a. O., § 216; s. a. Hasse, S. 109 ff.

[298] HR III, 1, n. 546-547; Die Städte erhielten erst 1489 Juli 15 ihre Privilegien bestätigt: HR III, 2, n. 284.

[299] Vgl. Seite 98 dieser Arbeit; Kontroversen um das Strandrecht mit Dänemark: HR III, 1, n. 501, § 98, n. 545, § 12, n. 546, § 117; Reg. dipl. hist. Dan. I, 1, n. 4785 1484 Oktober 9 König Johann an Rostock; HR III, 1, n. 601, § 15.

[300] HR III, 2, n. 99 1487 März 19 Rsn. Rostocks an Rostock; HUB 11, n. 96 1487 März 27 Lübeck an Rostock.

1487 [301] wie auch an den Schiedsgerichtsverhandlungen 1489 in Wismar beteiligt, die mit einem für Rostock sehr nachteiligen Urteil endeten [302]. Als Rostock die Annahme dieses Schiedsspruchs verweigerte, untersagte Johann von Dänemark den Kaufleuten und Schiffern der Stadt das Betreten seiner Lande [303].

Die Streitigkeiten mit den Herzögen von Mecklenburg wie auch die schwierige Lage des deutschen Kaufmanns in Skandinavien trugen wesentlich dazu bei, daß sich der Zusammenhalt zwischen den wendischen Städten zunehmend zu festigen begann, während er in den vorhergehenden Jahrzehnten merklich gelockert war. Äußerlich kam dieser Wandel im Bündnis der wendischen Städte vom November 1483 zum Ausdruck [304].

Im Spätherbst 1487 hielt König Johann die Zeit für gekommen, endlich auch die Beziehungen zu Hamburg zu klären, das seit 1482 darauf bestanden hatte, daß dies nur in Hamburg geschehen könnte [305]. Die Verhandlungen dauerten eine Woche und wurden von beiden Seiten mit äußerster Beharrlichkeit geführt. Sie zeigten deutlich das Bestreben des Königs, der Sonderstellung der Stadt ein Ende zu bereiten. Seiner Forderung nach einer eidlichen Huldigung, gleich den anderen Ständen des Landes, stellten die Hamburger das Angebot entgegen, in gleicher Weise zu verfahren wie 1461. Schließlich gab sich der König ebenfalls mit der „Annehmung" als Landesherr zufrieden und bestätigte der Stadt ihre Privilegien, nachdem es noch wegen des zurückdatierten Stapelprivilegs von 1480 zu einer Kontroverse gekommen war [306]. Immerhin mußte Hamburg diesen Kompromiß mit etwa 2 300 Mk.lüb. erkaufen [307].

Die Bedingungen für den hansischen Handel besserten sich auch noch nicht in den darauffolgenden Jahren. Die Städte versuchten, sich in Skandinavien zu behaupten, so gut sie es vermochten. So untersagte Lübeck im Sommer 1488 den Umlauf dänischen Geldes, worauf der König von den deutschen Kaufleuten auf Schonen den Zoll in lübischem Gelde fordern ließ [308]. Selbst die Bestätigung und Erneuerung der

---

[301] HR III, 2, S. 258; vgl. Seite 128 f. dieser Arbeit.
[302] HR III, 2, S. 330; vgl. Seite 131 dieser Arbeit.
[303] HR III, 2, n. 393 1490 August 13 Rostock an Lübeck.
[304] HUB 10, n. 1108 1483 November 11; vgl. Exkurs S. 189 f.
[305] Reincke, Dokumente, S. 21.
[306] Reg. dipl. hist. Dan. I, 1, n. 4849-4850; Reincke, a. a. O., S. 23-42.
[307] Reincke, a. a. O., S. 34, A. 37.
[308] Hirsch, Weinreichs Danziger Chronik, S. 771; Waitz, Streitigkeiten, S. 132; HR III, 2, n. 235, 257, 279.

städtischen Privilegien am 15. Juli 1489, also über acht Jahre nach dem Tode Christians I., änderte nicht viel. Denn eine Zusatzklausel schränkte die soeben erworbenen Rechte wieder beträchtlich ein[309]. Die Erinnerung an die alten Forderungen Norwegens wie auch die Errichtung neuer Zollstellen in Holstein[310] waren 1490 Gegenstand mehrfacher Verhandlungen. Hamburg reagierte gegen die ungewöhnlichen Abgaben mit einer Warnung an die Räte Schleswig-Holsteins: die Beziehungen der Stadt zu ihren Landesherren — schrieb der Hamburger Rat — beruhten auf Gegenseitigkeit. Denn der König und sein Bruder hätten die Hamburger als die ihren *und wii wedderumme ere gnade vor unse gnedigesten heren und landfursten upgenomen.* Sollten die berechtigten Forderungen der Stadt indessen kein Gehör finden, dann werde allerdings *sulke frundschup, so billiken twischen juw unde uns alse eynerleye luden wol geboret, in neneme bestandliken wesende nicht blywen . . . welk uns unses deles zere leed were . . .*[311].

Aber das Übergewicht lag vorläufig noch bei den Gegnern der Städte. Sie mußten sich auch der Forderung nach Sühne für die Bluttaten in Bergen fügen. Am 31. Dezember 1490 wurde dieser alte Streit beigelegt, nachdem der deutsche Kaufmann zu Bergen sich verpflichtet hatte, an Axel Olafson, den Sohn des erschlagenen Hauptmanns zu Bergen, 7 000 Mk.dän. zu zahlen. Die Hälfte dieser Summe hatte sich allerdings König Johann schon zehn Monate vorher vertraglich abtreten lassen[312]. Die Nötigungen wurden jedoch schon ein halbes Jahr darauf damit fortgesetzt, daß nunmehr die Schwester Axel Olafsons ihrerseits Forderungen an die Städte erhob[313].

Auch das letzte Jahrzehnt des Jahrhunderts brachte keine Besserung in den Beziehungen zum Norden. Im Mai 1491 erließ der König eine Verordnung, die den Handel der Hanse in Skandinavien in ähnlicher Weise einschränkte, wie es bereits 1475 und 1477 geschehen war[314]. Zugleich wurde die Schiffahrt auf der Ostsee durch dänische Auslieger empfindlich gestört, sodaß außer den wendischen Städten auch Danzig

---

[309] HR III, 2, n. 284–285 1489 Juli 15.
[310] a. a. O., n. 325 1490 März 8 Rezeß zu Lübeck, §§ 9, 11.
[311] HUB 11, n. 346 1490 März 23 Lübeck an Hamburg; n. 368 1490 Mai 25 Hamburg an die schleswig-holsteinischen Räte.
[312] Der König begünstigte Axel Olafson, der zu Beginn 1490 zum Kaperkrieg gegen die Bergenfahrer und die wendischen Städte rüstete, um Rache wegen des 1455 an seinem Vater verübten Todschlages zu nehmen. = HR III, 2, n. 333–337; Sühne: a. a. O., n. 440; Vertrag Axels mit dem König: a. a. O., n. 297 1490 Feb. 3.
[313] a. a. O., n. 445 1491 Juli 29, n. 446.
[314] HR III, 3, n. 1 1491 Mai 23; vgl. HUB 10, n. 450, 585.

spürbar geschädigt wurde. Die Städte waren gezwungen, ebenfalls bewaffnete Schiffe auszusenden [315].

Als aber jetzt auch Norwegens Küsten von dänischen Freibeutern heimgesucht wurden, und die Städte drohten, ihre Kaufleute aus Norwegen zurückzurufen, wandten sich die Reichsräte dieses Landes im Oktober 1491 voller Besorgnis an König Johann: sie fürchteten, zwischen beide Parteien zu geraten, die sich zur Zeit bekämpften, und sähen Schaden für ihr Land, wenn die Städte ihrer Drohung die Tat folgen ließen. Der König möge der Räuberei am Lande und seinen Freunden Einhalt gebieten [316]. Lübeck, das schon 1486 mit Sten Sture, dem schwedischen Reichsverweser, einen zehnjährigen Freundschaftsvertrag geschlossen hatte, zögerte nun nicht länger, Schweden um Hilfe zu bitten, das schon seit längerer Zeit Interesse an einem Bündnis mit den Städten bekundet hatte [317]. Die Haltung Norwegens, die König Johann zeigen mußte, daß er hier den Bogen überspannt hatte und die sich anbahnende Bindung zwischen den Hansestädten und Schweden veranlaßte ihn zeitweilig zum Einlenken. Im November 1491 wurde ein Vergleich erzielt, der wenigstens die Freilassung der Gefangenen beider Seiten wie auch die Rückgabe der beschlagnahmten Güter sicherte [318]. Doch nur wenig später wurden die Feindseligkeiten weiter fortgesetzt [319].

Die Position der Städte wurde vor allem durch fehlende Einmütigkeit erheblich erschwert. Die Mehrheit war nicht zu einer Handelssperre gegen Dänemark zu bewegen, und Lübeck fürchtete nicht ohne Grund, daß *andere in de neringe unde de van Lubeke daruth quemen*, wenn es eine solche Zwangsmaßnahme allein anwenden würde. Auch über gemeinsame Aktionen gegen die dänischen Auslieger in der Ostsee konnte keine Übereinstimmung erzielt werden [320]. Deshalb rüstete Lübeck auf Kosten seiner Bürger Friedeschiffe aus und gewann auch Schweden zu einer Beihilfe [321].

---

[315] HR III, 3, n. 8, 10, 13-15, 20-21; Lappenberg, Hamburgische Chroniken, S. 262.
[316] HR III, 3, n. 17 1491 Oktober 4.
[317] 1486 März 10 war ein zehnjähriges Freundschaftsabkommen mit Schweden geschlossen worden: HR III, 2, n. 27. Weitere Verhandlungen: HR III, 3, n. 2-3, 5, 28; vgl. Lappenberg, Tratzigers Chronica, S. 235 f.
[318] HR III, 3, n. 30, 31 (Vertragsentwürfe), n. 33 1491 November 20 (Vertrag); n. 34, 37.
[319] a. a. O., n. 41-43, 61-62, 65, §§ 3-11.
[320] a. a. O., n. 65, §§ 12 ff. Auf die ausweichenden Antworten (§ 19) der anderen Rsn. äußert Lübeck seine Besorgnis (§ 21); a. a. O., n. 69, 71-72.
[321] a. a. O., n. 80-82.

Im Laufe des Jahres 1492 versuchte König Johann, ähnlich wie einst sein Vater, Verbündete gegen Schweden und die wendischen Städte zu gewinnen. Die Reisen seiner Gesandten in die Niederlande, nach England und Schottland wurden in den Städten mit Sorge und Mißtrauen verfolgt. Soweit zu erkennen, strebte der König Bündnisse mit Herzog Albrecht von Sachsen, König Heinrich VII. von England, dem König von Schottland, vielleicht auch mit Spanien und Portugal an [322]. Das Schreiben des deutschen Kaufmanns zu Antwerpen an die Hanseniederlassung zu London vom September 1492 berichtet ausführlich über die beunruhigende Tätigkeit der dänischen Emissäre und mahnt zur Einigkeit unter den Städten [323]. Diese Mahnung erschien berechtigt auch wegen des verstärkten Drucks der norddeutschen Landesfürsten auf die Städte ihrer Territorien. Herzog Heinrich der Ältere von Braunschweig-Lüneburg hatte im September 1492 mit der Belagerung der Stadt Braunschweig begonnen [324], und die Herzöge von Mecklenburg hatten schon bald nach dem Wismarer Vergleich von 1491 ihre Vorstöße gegen Rostock fortgesetzt und gefordert, daß es ihren Kriegszug an der Seite der Braunschweiger Herzöge mit einem städtischen Aufgebot unterstützen sollte [325].

Da auch die Behinderung des deutschen Handels durch dänische Auslieger in der Ostsee ihren Fortgang nahm [326], entsandte Lübeck im Juni 1493 seinen Ratssekretär Mag. Johann Bersenbrugge nach Schweden, um eine Erweiterung des 1486 geschlossenen Freundschaftsvertrages vorzubereiten. Der Entwurf sah vor, daß beide Partner sich an der Sicherung der See beteiligen und einander den Zugang zu den Häfen und freies Geleit sichern wollten. Bei Streitigkeiten war gegenseitige Rechtshilfe vorgesehen [327]. Ein Bündnis versuchten die Städte zu umgehen.

Statt dessen erneuerte Lübeck jetzt seine Verbindung vom Jahre 1468 mit Dithmarschen, der wenig später auch Lüneburg und Ham-

---

[322] Verhandlungen mit König Heinrich VII. von England: Reg. dipl. hist. Dan. I, 1, n. 4894-4895, 4902; HR III, 3, n. 83 1492 Juli 9 Der deutsche Kaufmann zu Antwerpen an Lübeck. Dort interessante Einzelheiten über Methoden, wichtige politische Informationen zu sammeln. a. a. O., S. 61, A. 1, 2.
[323] HR III, 3, n. 84.
[324] a. a. O., S. 93 f. — Hilfeleistungen für Braunschweig: n. 130, 132, 135-146, 157-163, 189-212.
[325] a. a. O., n. 147 1492 Oktober 31 Rostock an Lübeck.
[326] a. a. O., n. 213-215.
[327] Vgl. Seite 66 dieser Arbeit und Anm. 317; HR III, 3, n. 216-217.

burg beitraten[328]. Der Versuch, die anderen Ostseestädte für eine Unterstützung des Kampfes gegen Dänemark zu gewinnen, verlief weiterhin wenig erfolgreich. Nur Danzig war bereit, Lübeck zu unterstützen[329]. Das Schadenverzeichnis der Bergenfahrer aus diesen Jahren läßt erkennen, welches Ausmaß der Kaperkrieg in der Ostsee angenommen hatte[330]. Auch die Hoffnungen, die die wendischen Städte auf den Bremer Hansetag vom Mai 1494 gesetzt hatten, erfüllten sich nicht. Ein umfassendes hansisches Bündnis kam nicht zustande[331]. Daher überwanden sie jetzt ihre Bedenken und verbündeten sich mit Schweden[332].

Gegen dieses Land wandte sich nun König Johann mit aller Macht gemeinsam mit dem Großfürsten von Moskau. Den Städten wurde zwar der Handel mit Schweden untersagt, im übrigen blieben sie jedoch zunächst vor weiteren Feindseligkeiten verschont. Im November 1497 hatte der dänische König sein Ziel erreicht: Sten Sture und der schwedische Reichsrat huldigten ihm, und er empfing die Krone des dritten nordischen Reiches[333].

Mit der Wiederherstellung der Kalmarer Union war ein wichtiges Ziel der dänischen Politik ereicht worden. Nun mußte sich zeigen, welche Auswirkungen sich daraus für die wendischen Städte ergeben würden. Die langjährigen Kämpfe in Skandinavien hatten zwar ein Ende gefunden, doch mehrten sich bald die Anzeichen dafür, daß die Söhne Christians I. jetzt auf ein anderes politisches Ziel ihres Vaters zuzusteuern begannen: die Unterwerfung Dithmarschens. Das zeigte sich bereits im Verlaufe des Streites um die Fischereirechte auf der Insel Helgoland. Die Insel gehörte zwar seit 1470 dem Schleswiger Domkapitel, doch hatten Bremen, Stade und Hamburg hier Niederlassungen für den Heringsfang errichtet[334]. 1496 kam es zwischen Fischern dieser Städte, denen sich Dithmarscher angeschlossen hatten, und Knechten des herzoglichen Vogts zu blutigen Auseinandersetzungen[335]. König Johann und sein Bruder zeigten sich bemerkenswert

---

[328] Stoob, Geschichte Dithmarschens, S. 81 f.
[329] HR III, 3, n. 218-228, 244, 246-248.
[330] a. a. O., n. 245, 251-252.
[331] Über den Hansetag von 1494: s. Exkurs, S. 191 ff.
[332] HR III, 2, n. 27; HR III, 3, n. 217, 405-412.
[333] HR III, 3, n. 716, S. 537, A. 1, n. 717-722, 749-769; Reg. dipl. hist. Dan I, 1, n. 5017; HR III, 4, n. 67.
[334] Hille, Registrum, n. 202.
[335] Waitz, Geschichte, S. 75 f.

schnell bereit, die Zwischenfälle mit den Städten gütlich beizulegen, forderten aber wenig später von Lübeck, sein Bündnis mit Dithmarschen aufzugeben, das — wie erwähnt — 1493 erneuert worden war[336].

Ein Umstand kam den Fürsten dann sehr gelegen: Dithmarschen war seit 1499 wieder mit Hamburg verfeindet[337]. Als sie zu Beginn des folgenden Jahres mit geworbenen Kriegsknechten gegen die Bauern zogen, blieben diese ohne Unterstützung. Hamburg ließ die Söldnerhaufen unbehelligt die Elbe passieren. Lübeck versuchte zwar, so lange es möglich erschien, zwischen Dithmarschen und den Oldenburger Herren zu vermitteln, griff aber nicht gemäß dem Bündnisvertrag von 1493 in den Kampf ein, der im Februar 1500 mit der Niederlage des fürstlichen Heeres bei Hemmingstedt endete.

So war nun auch die Bedrohung von den Städten genommen, die jetzt von den unterlegenen Fürsten um Vermittlung eines Stillstands gebeten wurden, der am 15. Mai des gleichen Jahres zustandekam. In den weiteren Verhandlungen fanden die Wünsche Lübecks und Hamburgs weitgehend Berücksichtigung[338]. Damit waren zwar die Auseinandersetzungen mit den Angehörigen des Hauses Oldenburg noch nicht zum Abschluß gekommen ,doch trat nach fast zwanzigjährigem Ringen jetzt wenigstens eine Atempause ein.

Die wendischen Städte waren in den Beziehungen zum Norden Europas die eigentlichen und meist die alleinigen Träger hansischer Politik[339]. In der ersten Hälfte des Zeitraums zwischen 1460-1500 wurden jedoch selten alle sechs Städte gemeinsam in die Auseinandersetzungen mit dem Hause Oldenburg verwickelt. Meist traten in diesen zwanzig Jahren nur Lübeck und Hamburg handelnd in Erscheinung. Das änderte sich erst nach dem Tode Christians I. Die Ursache hierfür darf darin gesehen werdee, daß dieser König — mehr als sein

---

[336] Stoob, Geschichte Dithmarschens, S. 82: zwischen Lübeck und Dithmarschen 1493 September 29; Beitritt Lüneburgs und Hamburgs 1493 Oktober 23 und November 28; Stoob, Hansehaupt, S. 16 ff.; Waitz, König Johann, S. 136, vermerkt, daß der König an Lübeck Kaufmannsgut zurückgab, das während des Schwedenkrieges beschlagnahmt worden war, dabei aber die Forderung erhob, das Bündnis mit Dithmarschen aufzugeben. — Stoob, Geschichte Dithmarschens, S. 35, datiert diese Verhandlungen 1499 Dezember 4; 1499 Dezember 19 erteilte König Johann den Hansestädten ein Privileg für den Handel mit Bergen: Reg. dipl. hist. Dan. I, 1, n. 5147.
[337] Reg. dipl. hist. Dan. I, 1, n. 5149; Waitz, Geschichte, S. 76 f.; Stoob, Geschichte Dithmarschens, S. 84 ff. Dort auch Übersicht über das Folgende und Einzelnachweise.
[338] Reg. dipl. hist. Dan. I, 1, n. 5182, 5190; Waitz, König Johann, S. 136 f.; ders., Geschichte, S. 85 f.
[339] v. Brandt, Die Hanse und die nordischen Mächte, S. 10.

Sohn Johann — Ziele der schleswig-holsteinischen Landespolitik verfolgt hatte, die Lübecks und Hamburgs Interessen in ganz besonderer Weise berühren mußten. Das zeigte sich vor allem während des Konflikts mit dem Grafen Gerd von Oldenburg, als dieser Ansprüche auf Schleswig-Holstein erhob, während der Dithmarschen-Krise und zuletzt am Ende der Regierungszeit Christians I.

König Johann setzte im Prinzip die Bestrebungen seines Vaters fort, die Nordische Union wiederherzustellen und Dithmarschen zu unterwerfen. Bevor er jedoch den Kampf gegen Schweden aufnehmen konnte, mußte er danach trachten, seine Stellung in Norwegen zu festigen. Daher unterstützte er hansefeindliche Strömungen in diesem Lande wie auch in Dänemark. Durch diese Haltung ergab sich eine langjährige Auseinandersetzung mit allen wendischen Städten, deren Handel in gleicher Weise betroffen war. König Johann übertraf den Vater sichtlich an Konsequenz des Handelns und an Willenskraft. Er löste sich weitgehend aus der Abhängigkeit von den Städten und bereitete ihnen zeitweilig einen schweren Stand mit den Maßnahmen gegen ihren Handel. Auf wirtschaftlichem Gebiet waren die Städte verhältnismäßig leicht zu treffen, während sie selbst nur ungern Handelssperren oder ähnliche Kampfmittel anwandten, da diese mit finanziellen Verlusten verbunden waren.

Wenn die wendischen Städte auch vorübergehend in die Defensive gedrängt worden waren, so endeten doch die Bemühungen König Johanns mit einem ähnlichem Mißerfolg wie die Christians I.: die Dithmarscher wahrten auch weiterhin ihre Unabhängigkeit — diesmal unter Anwendung von Waffengewalt — und Schweden verließ nur wenig später die Nordische Union endgültig! Allerdings fielen beide Entscheidungen, ohne daß die Städte wesentlich in die Ereignisse eingegriffen hätten. Während 1474 Lübeck den Dithmarschern wenigstens noch mit diplomatischen Aktionen beigestanden hatte, verteidigten die Bauern im Jahre 1500 ihre Unabhängigkeit ohne jeden Beistand, damit zugleich auch die Freiheit der Städte. Trotz dieser Niederlage der Fürsten darf die Kräfteverlagerung, die sich in den beiden letzten Jahrzehnten des 15. Jahrhunderts vollzogen hatte, nicht übersehen werden. Wie auch die Ereignisse in Mecklenburg zeigen werden, lag die Initiative im niederdeutschen Raum vorwiegend bei den Fürsten. Die Städte waren zur Abwehr gezwungen.

ZWEITER TEIL

DIE WENDISCHEN HANSESTÄDTE
UND DIE HERZÖGE VON MECKLENBURG

Kapitel 5

DIE REGIERUNGSZEIT HERZOG HEINRICH IV.

a) Die Streitigkeiten mit Wismar (1458-1467)

In Mecklenburg war — besonders seit dem Ende des 14. Jahrhunderts — die landesherrliche Gewalt immer weniger spürbar geworden. 1364 war es Herzog Albrecht II. zwar gelungen, seinem Sohn Albrecht III. den schwedischen Thron zu sichern, dagegen scheiterte der Plan, auch die dänische Krone zu erwerben, und König Albrecht war gezwungen, seine Würde in langwierigen Kämpfen zu verteidigen. Er unterlag schließlich seiner Gegnerin, Margarete von Dänemark, und konnte nach mehrjähriger Gefangenschaft und Übernahme eines hohen Lösegeldes erst 1395 befreit werden[340].

Der Umstand, daß der Landesherr Jahre hindurch in Nordeuropa beschäftigt war, konnte für Mecklenburg nicht ohne Folgen bleiben. Es wurde durch ständige Fehden und zahllose Räubereien verwüstet[341], und andererseits gewannen die Stände des Landes immer größere Selbständigkeit. Das galt vor allem für die beiden Seestädte Rostock und Wismar, die dank ihrer wirtschaftlichen Kraft, ihrer umfangreichen Privilegien und ihrer Bindung an die anderen wendischen Städte ihre landsässige Stellung kaum noch empfanden[342]. Das änderte sich auch nicht zur Zeit Herzog Heinrichs IV. (1436-1477), dem es gelang, nach dem Aussterben der Linien Werle (1436) und Stargard (1471) alle Landesteile wieder in einer Hand zu vereinigen. Die Verschuldung des herzoglichen Hauses wie auch des Landes erreichte in dieser Zeit jedoch ein besonders hohes Maß. Beim Tode Heinrichs IV. befanden sich die meisten Ämter Mecklenburgs in fremder Hand[343]. Sicherlich war daran nicht allein die Verschwendungssucht schuld, die dem Herzog

---

[340] Witte, S. 208-226; v. Brandt, a. a. O., S. 19.
[341] Witte, S. 228 ff.
[342] Koppmann, Stadt Rostock, S. 14 f.
[343] Witte, S. 261.

häufig vorgeworfen wurde, sondern vor allem das völlige Fehlen einer Kontrolle und planmäßigen Führung der Finanzen des Landes. Die Beziehungen Heinrichs IV. zu den wendischen Städten bewegten sich um die Mitte des 15. Jahrhunderts in den Bahnen, die zu dieser Zeit für das Verhältnis zwischen Städten und Fürsten allgemein kennzeichnend waren. So beschuldigte etwa Lübeck den Herzog im Jahre 1453 der Mithilfe und Mitwisserschaft an einem Raubüberfall, der in der Nähe von Mölln verübt worden war[344]. Als der Lübecker Rat dann den Unschuldsbeteuerungen Heinrichs IV. keinen Glauben schenken wollte, wandte sich dieser mit Klagen und Vorwürfen gegen den Rat an die Älterleute lübischer Ämter und ersuchte sie um Unterstützung. Diese Taktik wurde recht häufig von den Fürsten im Verlaufe ihrer Kontroversen mit einzelnen Städten angewandt. Sie entsprang dem Wunsch, soziale und politische Gegensätze innerhalb der städtischen Bevölkerung zu nutzen und den Rat oder einzelne seiner Mitglieder zu isolieren. Herzog Heinrich erhielt eine Antwort, die ihm zeigte, daß seine Absicht durchschaut worden war: *... dat uns sodane juwe breve an uns gesant, nicht danknamelich noch to willen sin gewesen, wente wi enen erliken mechtigen raed hebben ... wi dencken ock, unsen burgermesteren unde raedheren vorberort bistant hulpe unde trost to donde in eren anliggen zaken myt live unde myt gude na allem unse vormoge ...*[345]. Doch nicht bei allen überlieferten Differenzen nahmen die Auseinandersetzungen einen solchen Verlauf. Meist wurden die Streitigkeiten durch Verhandlungen beigelegt, zuweilen verliefen die Tagfahrten auch völlig ergebnislos[346]. Schwerwiegende Meinungsverschiedenheiten sind aus den ersten beiden Jahrzehnten der Regierung Heinrichs IV. nicht überliefert. Dagegen war der Herzog nicht selten gezwungen, Anleihen und andere Gefälligkeiten von Lübeck oder anderen Städten zu erbitten[347].

Ein Wandel in den gegenseitigen Beziehungen trat dann als Folge eines Konflikts mit Wismar ein, der zunächst nur einer der zahllosen Querelen zu gleichen schien, in die die Städte zu dieser Zeit fast ständig verwickelt waren. Im Dezember 1455 hatten Wismarer Ratsdiener in der Nähe der Stadt rückständige Renten eingetrieben und u. a.

---

[344] LUB 9, n. 139.
[345] a. a. O., n. 140-141.
[346] a. a. O., n. 370, 375, 391, 401.
[347] Geringfügigere Differenzen: a. a. O., n. 403, 465, S. 464, A. 1, n. 512, n. 598 1458 März 20 Freundschaftsvertrag zwischen Lübeck und Herzog Heinrich v. Meckl. — Anleihen und andere Gefälligkeiten: a. a. O., n. 194, 441, 807, 896.

auch bei Bauern der Herren von Plessen gepfändet. Auf dem Heimwege wurden die Wismarer von diesen Rittern überfallen und ausgeraubt. Zur Vergeltung hatte unmittelbar darauf ein bewaffnetes Aufgebot der Stadt den Sitz der Plessens zu Barnekow gestürmt. Vergeblich versuchten die Ritter, durch Klage beim Landesherrn Genugtuung und Schadenersatz zu erlangen [348]. Über diese Widersetzlichkeit der Wismarer verärgert, beschloß der Herzog, auch zugleich gegen den ältesten Bürgermeister der Stadt, Peter Langejohann, vorzugehen, in dem er offensichtlich den entscheidenden Führer des Rates vermutete. Daher wandte er sich im Frühjahr 1458 mit der Bitte um Unterstützung an König Christian I. von Dänemark. Dieser forderte Wismar auf, den Streit mit seinem Landesherrn durch seine Räte, Lübeck und Rostock entscheiden zu lassen. Die Differenzen des Herzogs mit Peter Langejohann aber sollten vor die Räte des Königs, den Bischof von Lübeck und den Lübecker Rat getragen werden [349].

Die Klagen gegen den Bürgermeister brachte der Herzog im November 1458 in Wismar persönlich vor: Langejohann habe bei Lübeck des Herzogs Schaden gesucht, er habe dessen Dienstleute festnehmen oder aus der Stadt verweisen lassen, ferner ein Verwendungsschreiben Heinrichs IV. und seiner Gemahlin unterschlagen und auf den Landesherrn ein Schmählied dichten und öffentlich singen lassen. Schließlich habe er einen *Auflauf* machen wollen und gemeinsam mit mehreren anderen Ratsherren eine Verfügung vorbereitet, nach der Lebensmittel nur gegen eine *merklike gave* aus der Stadt ausgeführt werden dürften [350]. Ob sich der Herzog wirklich durch Langejohann gekränkt fühlte oder ob er in ihm den Verantwortlichen für eine Reihe von Maßnahmen sah, die der Wismarer Rat gegen seinen Willen getroffen hatte, kann hier unberücksichtigt bleiben. Der zuletzt aufgeführte Punkt der Klageschrift verriet dagegen sehr deutlich die Absicht Heinrichs IV., Meinungsverschiedenheiten innerhalb des Rates zu nutzen, um Langejohanns Ansehen zu untergraben.

Als der Herzog sein Ziel so aber nicht erreichte, drängte er König Christian, seinem Verlangen nach Genugtuung den nötigen Nachdruck zu verleihen. Der Dänenkönig drohte schließlich, Wismar den Verkehr in seinen Reichen zu sperren, falls der Streit nicht bis Pfingsten 1460

---

[348] a. a. O., n. 305, 309; HR II, 4, n. 413, S. 293, A. 1, n. 588; Techen, Stadt Wismar, S. 98 f.; Crull, Peter Langejohann, S. 56; Witte, S. 262.
[349] HR II, 4, n. 588.
[350] Crull, a. a. O., S. 57; Techen, a. a. O., S. 99.

beigelegt worden sei [351]. Eine seiner Aufforderungen wurde nicht nur
an den Rat, sondern auch zugleich an die *Gilden, Älterleute und erb-
gessenen Bürger* der Stadt gerichtet [352].

Der König war jedoch, vermutlich wegen seiner Bemühungen um die
Nachfolge des am 4. Dezember 1459 verstorbenen Herzogs Adolf VIII.
sowie dann wegen der Ordnung der finanziellen Probleme, die sich
durch seine Wahl zu Ripen ergeben hatten [353], zunächst nicht in der
Lage, sich sehr intensiv mit dem Anliegen des Herzogs zu befassen.
Auch mochte ihm aus dem zuletzt genannten Grunde nicht an einem
Konflikt mit den wendischen Städten gelegen sein. Daher fanden Lübecks Ratssendeboten Ende April 1460 bei Christian I. Entgegenkommen, als sie ihn um Vermittlung zwischen Wismar und seinem Landesherrn baten [354]. Wenige Tage später konnten bereits Einzelheiten einer
Schlichtungsmöglichkeit fixiert werden [355]. Doch kam es zunächst noch
nicht zur Beilegung des Konflikts [356].

Als sich im Herbst 1460 auch Spannungen zwischen Herzog Heinrich
und Lübeck ergaben [357], schlug Lübeck im folgenden Frühjahr eine
Erneuerung des Bündnisses der wendischen Städte vor, das 1457 abge-
laufen war [358]. Rostock verhielt sich völlig ablehnend, andere Städte
zeigten sich wenig interessiert [359]. Daher verbanden sich am 23. April
1461 nur Lübeck und Wismar und verpflichteten sich für die Dauer
von fünf Jahren zu gegenseitigem Beistand gegen Fürsten und Herren.
Lübeck hatte im Falle einer Fehde zwei Drittel des Aufgebots zu übernehmen, Wismar den Rest [360].

Da Langejohann sich mit einer Schlichtung des Konflikts einverstanden erklärt hatte [361], änderte Herzog Heinrich nun seine Taktik
und nahm das Bündnis als Anlaß, sich jetzt gegen Wismars unabhängige Stellung zu wenden. Im Juni 1461 lehnte er es ab, überhaupt
noch mit den Wismarern zu verhandeln, weil sie *denne merkliken
jegen uns unde unse manne unde ok jegen ere eghenen ede, de se uns*

---

[351] HR II, 4, n. 705-707, 771, S. 537; Crull, a. a. O., S. 57 f.
[352] HR II, 4, n. 772.
[353] Vgl. Seite 11 f. dieser Arbeit.
[354] LUB 9, n. 825; vgl. Seite 8 dieser Arbeit.
[355] Crull, a. a. O., S. 58 f.
[356] HR II, 4, n. 775-777 (1460 Mai 3-18).
[357] Vgl. LUB 9, n. 598, 897, S. 933, A. 1, n. 901, S. 938, A. 1.
[358] HR II, 5, n. 68, § 4, n. 70.
[359] HUB 8, n. 1020, S. 619, A. 1, n. 956, S. 623, A. 1, n. 1049, § 10.
[360] a. a. O., n. 1027, 1029; vgl. Exkurs, S. 180 f.
[361] LUB 9, S. 938, A. 1; LUB 10, n. 70; Crull, a. a. O., S. 59.

*und unser herscop gedan hebben, sik mit uthheymischen steden sunder
nod verbunden hebben . . .* [362]. Er drängte König Christian weiterhin,
endlich Zwangsmaßnahmen gegen die Stadt einzuleiten [363]. Lübecks
Vermittlungsversuche im Juli 1462 stießen auf große Schwierigkeiten.
Zwischen Wismar und den Räten des Herzogs konnte keine Einigung
über die Zusammensetzung des Schiedsgerichts erzielt werden, das nach
dem Wunsche der Stadt aus König Christian, dessen Räten, dem Bischof von Lübeck sowie Ratssendeboten Lübecks und Hamburgs bestehen sollte. Die Vertreter des Herzogs lehnten die Beteiligung Lübecks ab, weil es als Verbündeter Wismars selbst Partei sei. Wismar
dagegen erkannte ein Schiedsgericht ohne Lübeck nicht an: der König,
seine Räte und Hamburg seien doch bestimmt alle einer Meinung,
denn auch die Hamburger seien Christians Untertanen [364].

Da keine Seite nachzugeben bereit war, bestand zunächst keine Mög-
lichkeit, den Streit zwischen dem Herzog und Wismar beizulegen. Das
Verfahren gegen Langejohann fand dagegen ohne nennenswerte
Schwierigkeiten am 3. August 1462 seinen Abschluß [365].

Jetzt verwirklichte König Christian seine wiederholt ausgesprochene
Drohung. Er kündigte den Wismarern noch im August das Geleit auf
Schonen und forderte sie auf, das Land binnen acht Tagen zu räu-
men [366]. Alle Bemühungen Wismars und Lübecks, diese Anordnung
rückgängig zu machen, blieben ohne Erfolg. Der König ließ keinen
Zweifel darüber, daß er sie erst aufheben werde, wenn Wismar sich
mit seinem Landesherrn ausgesöhnt habe [367]. Am 14. September erschien Herzog Heinrich mit seinen Söhnen Johann und Albrecht in
Wismar und gab dem Rat seine Klagen und Forderungen bekannt:
er wolle der Stadt alle Rechte lassen, die sie nachzuweisen in der Lage
sei. Aber Wismar habe ihn *in seinem väterlichen Erbe gekränkt,*
außerdem am Strandrecht in der Golwitz und an seinem Hofe zu
Wismar. Ferner habe es sich unnötigerweise (*sunder nod*) mit Lübeck
verbündet *in saken uns unse lande lude und herschop swarliken an-
langende.* Wismar hole ihm und seinen Rittern täglich Bauern fort
und lasse sie in die Stadt bringen. Schließlich habe es über 16 Jahre

---

[362] LUB 10, n. 70; Crull, ebenda.
[363] HR II, 5, n. 243, § 68.
[364] Ebenda; a. a. O., n. 296, S. 171; Crull, a. a. O., S. 60.
[365] HR II, 5, S. 171; LUB 10, n. 224; Crull, a. a. O., S. 60 f. — Techen, Stadt Wismar, S. 99.
[366] HR II, 5, n. 296; LChr. 4, S. 317; Crull, a. a. O., S. 61.
[367] HR II, 5, S. 203, A. 1, S. 204, A. 2; LChr. 4, S. 317, 318, A. 1.

lang gegen seinen Willen eine Akzise erhoben und diese, nachdem er die Abschaffung verlangt habe, sodann ohne sein Wissen aufgehoben. Daher fordere er eine Zahlung von 4 000 Rh.G. [368]. Dem Anschein nach ging das Bestreben des Herzogs dahin, die von Wismar ausgeübten Gewohnheitsrechte einzuschränken und nur urkundlich beweisbare Freiheiten gelten zu lassen. Es betraf vor allem das Recht, sich mit benachbarten Städten zu verbünden. Dieser Vorstoß, der bereits im vorhergehenden Jahre begonnen worden war [369], erscheint um so schwerwiegender, als die politische und wirtschaftliche Handlungsfreiheit der landsässigen Hansestädte nur durch den Zusammenhalt mit anderen Städten gewährleistet werden konnte. Die übrigen Artikel haben demgegenüber weniger Gewicht. So war das Strandrecht schon seit langem umstritten, und die Städte mußten sich häufig darum bemühen, ihren Privilegien Geltung zu verschaffen [370]. Die Klagen wegen der Akzise betrafen einen bereits erledigten Streit und ließen nur die Absicht erkennen, möglichst viele Vorwürfe gegen die ungehorsame Stadt aufzuhäufen. Am durchsichtigsten erscheint die Forderung von 4 000 Rh.G., mit denen sich Wismar freikaufen sollte. Denn auf Geldzahlungen waren die Wünsche der Fürsten meist gerichtet.

Für Wismars Position wirkte sich in dieser Zeit ungünstig aus, daß es seit dem Frühjahr 1462 zu tiefgehenden Meinungsverschiedenheiten mit Lübeck wegen der Bergenfahrt gekommen war. Wismar, Rostock und Stralsund hatten Einspruch gegen eine neue Frachtordnung erhoben, die das Kontor zu Bergen erlassen hatte. Danach sollten künftig nur noch die von den Lübecker Bergenfahrern gecharterten Schiffe mit Waren nach Bergen befrachtet werden. Das bedeutete, daß die gesamte Bergenfahrt zum Nachteil der benachbarten Städte nach Lübeck gezogen werden sollte. Als deren Protest nicht beachtet wurde, verbanden sich die genannten Städte in aller Form und drohten die Anwendung von Repressalien an. In anbetracht des Konflikts mit seinem Landesherrn sah sich Wismar dann jedoch gezwungen, zunächst auf Lübecks Vorschlag einzugehen und die Entscheidung über die umstrittene Frachtordnung bis zum nächsten Hansetag aufzuschieben [371]. Denn der Herzog hatte die Stadt ebenfalls mit einer Verkehrssperre belegt, die

---

[368] LChr. 4, S. 319; vgl. HR II, 5, S. 203, A. 1; Techen, a. a. O., S. 100.
[369] Vgl. Seite 77 dieser Arbeit.
[370] Vgl. Seite 94 f. dieser Arbeit.
[371] HR II, 5, S. 117, n. 197-202; vgl. Seite 172 dieser Arbeit.

sich schon nach kurzer Zeit [372] verlustreich für den Handel auszuwirken begann, der schon durch die Ausweisung der Wismarer aus Schonen erheblich geschädigt worden war. Daher bemühte sich der Rat darum, möglichst rasch die Aufhebung der Zwangsmaßnahmen zu erreichen [373]. König Christian war zu Verhandlungen bereit [374], die unter Beteiligung Lübecks und Hamburgs zu einem Vergleich mit dem Herzog führten. Dieser verzichtete gemeinsam mit seinen Söhnen auf alle Ansprüche gegen Wismar und bestätigte die Freiheiten und Privilegien der Stadt, die sich zu einem „freiwilligen Geschenk" von 1 000 Rh.G. an den Landesherren verpflichtete [375]. Da über die abschließenden Verhandlungen schriftliche Unterlagen fehlen, muß offen bleiben, warum der Herzog nach jahrelangen, hartnäckig geführten Auseinandersetzungen plötzliche alle entscheidenden Forderungen fallenließ und sich mit einer erheblich niedrigeren Summe zufriedengab. Angesichts seiner ständigen Geldnot mag ihm die sofortige Zahlung von 1 000 Rh.G. wichtiger erschienen sein als die weitere Fortsetzung der Streitigkeiten — ohne erkennbaren Erfolg. Wismar konnte dagegen mit diesem Ausgang zufrieden sein; denn unmittelbar nach Abschluß des Vergleichs wurden alle Verkehrsbeschränkungen aufgehoben.

Aber schon im folgenden Jahre stand die Stadt im Mittelpunkt neuer Konflikte. Im April 1463 war der Streit um die Frachtordnung der Bergenfahrer von neuem aufgeflammt, nachdem ein lübisches Schiff mit Beschlag belegt worden war, um die Zurücknahme dieser Regelung zu erzwingen, die als unrechtmäßig angesehen wurde [376]. Im Sommer wurden schwerwiegende Beschuldigungen gegen Bürgermeister Peter Langejohann erhoben. Mitglieder des Wismarer Rats warfen ihm vor: er trage die Verantwortung für die Verluste, die durch die Sperre der Schonenfahrt entstanden seien; denn er habe den Rat nicht pflichtgemäß von der Drohung König Christians unterrichtet. Weiter habe er eigenmächtige Maßnahmen zum Schaden der Stadt eingeleitet und schließlich aus persönlicher Gewinnsucht Urkunden ausgestellt und besiegelt, ohne die Zustimmung der anderen Mitglieder des Rates einzuholen, wie es sonst üblich sei. Anscheinend hatte sich Langejohann tatsächlich gewisse Unkorrektheiten zuschulden kommen lassen, doch

---

[372] LChr. 4, S. 319; Crull, a. a. O., S. 61 f.
[373] LUB 10, n. 228, 233; HR II, 5, n. 297, S. 204, A. 1, 2.
[374] HR II, 5, n. 298.
[375] a. a. O., n. 299-302.
[376] a. a. O., S. 240 f., n. 332-345; Beilegung des Streits durch einen Vergleich: 1467 August 6 = Bruns, Bergenfahrer, S. XXII.

waren diese wohl mehr ein willkommener Anlaß als die eigentliche Ursache, gegen ihn vorzugehen. Rivalität und Feindschaft anderer Ratsmitglieder — vermutlich auch der Einfluß des Herzogs auf diese — waren die Hauptursache dafür, daß der Bürgermeister im Dezember 1463 zum Rücktritt gezwungen wurde. Wenig später floh er nach Lübeck, weil er um Freiheit und Leben fürchten mußte und wurde Mitte Januar 1464 in Wismar verfestet [377].

Langejohann hatte bald nach seiner Flucht Lübeck und die anderen wendischen Städte um Intervention gebeten und erklärt, er wolle sich wegen der Beschuldigungen, die gegen ihn erhoben worden seien, vor Ratsmitgliedern Lübecks, Hamburgs, Rostocks und Stralsunds verantworten. Es spricht nicht dafür, daß der Wismarer Rat der Rechtmäßigkeit seines Vorgehens gegen Langejohann sicher war, wenn er sich in der folgenden Zeit allen Vermittlungsangeboten der Städte entzog und statt dessen Hilfe bei Herzog Heinrich IV. suchte [378].

Diesem bot sich nunmehr nicht nur die Gelegenheit, mit seinem alten Gegner abzurechnen, sondern auch eine Möglichkeit, seine Ziele gegenüber der Stadt mit veränderter Taktik von neuem aufzunehmen. Das zeigt besonders sein Schreiben vom 21. Oktober 1464 an die *Bürgermeister, Ratsherren, gemeinen Bürger und Ämter zu Wismar:* er habe erfahren, daß Langejohann, der auch bei ihm vorstellig geworden sei, keineswegs vergewaltigt, sondern wegen seiner Missetaten verfolgt worden sei. Der Bürgermeister habe ungehörigerweise bei einigen anderen Städten und bei in Lübeck weilenden Wismarer Bürgern Klage erhoben, um auf diese Weise wieder in die Stadt zu gelangen. Das möge der Rat aber nicht zulassen. Da jedermann wisse, daß Zwietracht nur Armut, Verderben und wirtschaftliche Verluste mit sich brächte, sollten Rat und Gemeinde die Stadt gut bewahren und allen derartigen Versuchen entgegenzutreten. Der Herzog werde bei Unruhen und Aufläufen dem Rat mit aller Macht zu Hilfe kommen [379]. Als dieser Brief öffentlich in Wismar verlesen wurde, erhob der Sohn des Verfesteten, Mag. Johann Langejohann, unerschrocken den Vorwurf gegen den Rat, daß diese Äußerung des Herzogs mit Geld erkauft worden sei und daß doch auch die Verwendungsschreiben der Städte z u g u n s t e n seines Vaters bekanntgegeben werden sollten [380]. Wenn der Herzog — ent-

---

[377] LChr. 4, S. 348, A. 4; Crull, a. a. O., S. 63 ff.
[378] HR II, 5, S. 439, n. 609-623.
[379] a. a. O., S. 447, A. 2 1464 Oktober 21, vgl. S. 97.
[380] a. a. O., S. 447, A. 2; Crull, a. a. O., S. 63 ff.

gegen sonstigen Gepflogenheiten — nicht nur an den Rat geschrieben
hatte, sondern auch an die Bürger der Stadt, dann war es offensichtlich
in der Absicht geschehen, die Interessen des Rates mit denen der Gemeinde identisch erscheinen zu lassen, in der Langejohann auf zahlreiche Anhänger rechnen konnte. Der Wismarer Rat sah augenblicklich
den Landesherrn nur als einen geeigneten Verbündeten an, um die
Rückkehr Langejohanns zu verhindern, beachtete aber anscheinend
nicht, daß der Herzog alles tat, um die Stadt möglichst von den anderen wendischen Städten zu isolieren und sich als Beschützer ihrer Sicherheit und inneren Ordnung zu empfehlen. Daß Wismar damit zwangsläufig in Abhängigkeit und die Gefahr des Verlusts seiner Selbständigkeit geraten konnte, schien man im Wismarer Rat nicht zu sehen.

Langejohanns Gegner mußte es nun aber sehr überraschen, daß im
Oktober 1465 König Christian für den Verfesteten eintrat. Er forderte
Wismar auf, sich dem Spruch Lübecks, Hamburgs, Rostocks und Stralsunds zu unterwerfen und drohte, der Stadt andernfalls das Geleit
in seinem Herrschaftsbereich zu entziehen [381].

So ergab sich jetzt die Situation, daß Herzog Heinrich auf der Seite
des Wismarer Rats, der König jedoch auf der Langejohanns stand.
Die Haltung Christians I. erscheint aus seiner derzeitigen Lage durchaus verständlich: die Kämpfe um Schweden sowie besonders die Auseinandersetzungen mit seinem Bruder Gerd hatten ihn seit 1465 gezwungen, die Unterstützung Lübecks und Hamburgs zu suchen [382].
Sicherlich folgte auch der König mit seiner Parteinahme für Langejohann dem Wunsche Lübecks [383].

Nachdem der geflüchtete Bürgermeister im Frühjahr 1466 wiederholt vergeblich versucht hatte, Herzog Heinrich zum Eingreifen zu
seinen Gunsten zu veranlassen [384], richtete Christian I. ein sehr scharf
gehaltenes Schreiben an die *Ämter, Werkmeister und alle erbansässi-
gen Bürger zu Wismar*. Er forderte, Langejohann unverzüglich seinen
Besitz zurückzuerstatten, ihn wieder in seine Ämter einzusetzen und
alle sonstigen Streitfragen durch Lübeck, Hamburg und Rostock entscheiden zu lassen, sonst werde Wismar das Geleit entzogen [385]. Her-

[381] HR II, 5, n. 640, S. 600 f.
[382] Vgl. Seite 15 ff. dieser Arbeit; vgl. Exkurs, S. 195 f.
[383] Daenell, S. 199.
[384] HR II, 5, n. 812, S. 601, A. 3. Über die Beziehungen Lübecks zu Herzog Heinrich
von Meckl.: LChr. 4, S. 369; LChr. 5, 1, S. 5 f., S. 6, A. 1; LUB 11, n. 55, 57; Abkommen mit Sachsen-Lauenburg: a. a. O., n. 58.
[385] HR II, 5, n. 812-813.

zog Heinrich verwandte sich nun auf Bitten des Wismarer Rates beim
König und ersuchte ihn, die Stadt jetzt nicht weiter zu behelligen, nachdem ihr doch für fünf oder sechs Jahre Geleit erteilt worden sei. Vermutlich habe Christian — schrieb der Herzog — sein Schreiben an
Wismar infolge wichtigerer Geschäfte nicht *andechtigen men van haste*
abfassen lassen[386]. Recht grob erhielt Heinrich IV. wenig später zur
Antwort: Christian I. pflege Schreiben von derartigem Gewicht grundsätzlich sorgfältig zu bedenken und habe eigentlich erwartet, daß sich
der Herzog ebenfalls für Langejohann einsetzen würde[387].

Als weitere Verhandlungen ergebnislos blieben, machte der König
seine Ankündigung wahr und sperrte Wismar im Dezember 1466 seine
Reiche. Erst diese Maßnahme veranlaßte den Wismarer Rat, umgehend
einzulenken und im Juni 1467 dem Spruch eines Schiedsgerichtes zuzustimmen: Langejohann wurde rehabilitiert und erhielt vollen Schadenersatz[388]. Damit hatten die insgesamt zwölfjährigen Auseinandersetzungen ihr Ende gefunden.

Ein verhältnismäßig geringfügiger Anlaß — der Zusammenstoß
Wismars mit den Herren von Plessen — hatte eine lange Kette von
Konflikten ausgelöst, in deren Verlauf die mecklenburgischen Herzöge
mit unterschiedlichen Mitteln und wechselnder Taktik versuchten, die
Selbständigkeit Wismars zu begrenzen. Diese Absicht trat in der ersten
Phase der Streitigkeiten am deutlichsten in Erscheinung (1458-1462).
Die Beschränkung städtischer Rechte und Freiheiten, darunter vor
allem des Gewohnheitsrechts, sich mit anderen Städten zu verbünden
sowie der Anspruch auf das Strandrecht bildeten den Schwerpunkt
im Vorgehen der Herzöge[389]. Da Heinrich IV. ohne Hilfe anderer
Fürsten gegenüber Wismar mit keinem Erfolg rechnen konnte, gewann
er die Unterstützung Christians I., der zu dieser Zeit an der Seite des
Grafen Gerd selbst mit den Städten in einem gespannten Verhältnis
stand. Der Herzog richtete seinen Angriff zunächst gegen Langejohann.
Es scheint nicht ausgeschlossen, daß ihm schon zu dieser Zeit dessen
schwierige Stellung im Rate Wismars bekannt war. Ungünstig für
Wismars Position mußten sich zeitweilige Differenzen zwischen den
Städten auswirken: Rostock beteiligte sich nicht an dem Bündnis Wis-

---

[386] a. a. O., n. 815.
[387] a. a. O., n. 817.
[388] HR II, 6, n. 5; HR II, 5, n. 816; HR II, 6, S. 3-4, S. 5, A. 1, a. a. O., n. 7-17,
19-21, S. 11 u. A. 4, n. 30, S. 18, A. 1, n. 31-34; Crull, a. a. O., S. 101 ff. (Abdruck
des Vergleichs).
[389] Vgl. Seite 94 ff. dieser Arbeit.

mars und Lübecks, anscheinend wegen gewisser Spannungen mit Lübeck wegen der Fitten auf Schonen [390]. Die Beziehungen Wismars zu Lübeck waren mindestens vorübergehend durch die Frachtordnung der Bergenfahrer belastet [391]. In der zweiten Phase der Auseinandersetzungen (1464-1467) zeigten sich deutlich die Gefahren, die sich aus Konflikten innerhalb des Rates ergeben konnten. Im Bestreben, die Rückkehr Langejohanns zu verhindern, hatte der Wismarer Rat die Sicherheit der Stadt völlig außer acht gelassen. So war es vor allem der Umsicht Lübecks zuzuschreiben, wenn unter Anwendung beträchtlichen Zwanges nicht nur die Wiedereinsetzung des vertriebenen Bürgermeisters, sondern auch die Erhaltung der bisherigen Rechtsstellung Wismars erreicht werden konnte.

b) Die Auseinandersetzungen um die Zölle von Ribnitz und Grevesmühlen (1471-1478)

Seit dem Frühjahr 1471 hatte sich Herzog Heinrich gemeinsam mit seinen Söhnen Albrecht, Johann und Magnus darum bemüht, bei Ribnitz und Grevesmühlen neue Zollstellen zu errichten. Kurfürst Albrecht von Brandenburg, der in gleicher Weise für Lüneburg tätig geworden war [392], vermittelte auch hier die Beschaffung des notwendigen kaiserlichen Privilegs, das ohne nennenswerte Schwierigkeiten erlangt werden konnte. Die Urkunde, die das Datum des 16. August 1471 trägt, gelangte allerdings erst etwa ein Jahr später in die Hände der Auftraggeber, weil sich die Bezahlung der üblichen Gebühren verzögert hatte [393].

Die Erhebung der neuen Zölle in Mecklenburg und in Lüneburg [394] traf vor allem in Lübeck auf heftigen Widerstand. Der dortige Chronist gab sehr deutlich der Verärgerung über die Ratsmitglieder Lüneburgs Ausdruck: sie hätten den Herzögen von Mecklenburg erst das schlechte Beispiel geliefert, *wente de vorsten spreken, se weren jo so mechtich tolne to leggende uppe des kopmanns gud in ereme lande,*

---

[390] Vgl. Anm. 359 u. Exkurs, S. 180.
[391] Vgl. Seite 78 dieser Arbeit.
[392] Vgl. Seite 33 dieser Arbeit.
[393] PC I, n. 172, 206, 429, 352, 359, S. 382, A. 2, n. 386; LChr. 5, 1, S. 101, A. 2.
[394] Vgl. Seite 33 f. dieser Arbeit.

alse de van Luneborch in erer stat [395]. Am 8. Juli 1472 erteilte der Lübecker Rat — wie schon berichtet — seinem Geschäftsträger am Kaiserhof den Auftrag, Maßnahmen gegen die genannten Zölle vorzubereiten, weil sie den lübischen Handel schädigten: Lübeck sei grundsätzlich frei von den Zöllen in Mecklenburg [396]. Da Milwitz nicht mit Geschenken zu sparen brauchte, wurden die erwünschten Urkunden — darunter auch eine nochmalige Befreiung von den neu verliehenen Zöllen — im Mai 1473 ausgestellt [397].

Die Herzöge von Mecklenburg zeigten sich jedoch nicht [398] bereit, die Befreiung Lübecks anzuerkennen. Da sie sich verpflichtet hatten, dem Kaiser ein Viertel der Zollerträge abzutreten, schien ihnen ihr Privileg sehr in seinem Wert gemindert [399]. Daher wandte sich Herzog Heinrich IV. zu Beginn des Jahres 1474 an König Christian I. von Dänemark und den Kurfürsten Albrecht von Brandenburg mit der Bitte, beim Kaiser in Augsburg [400] zu erwirken, daß die Befreiung Lübecks aufgehoben werde [401]. Das geschah nur wenig später und zwar mit der Begründung: Lübeck sei nach Angabe der Herzöge zur Zahlung der Zölle verpflichtet, die außerdem zu geringfügig seien, um die Stadt ernsthaft zu belasten [402]. Lübecks Geschäftsträger, Dr. Milwitz, hatte bereits Kopien der kaiserlichen Entscheidung an seine Auftraggeber gesandt, bevor die Originalausfertigungen in deren Händen waren und dazu bemerkt: der Protonotar des Kaisers habe die Formulierungen so gewählt, daß Lübeck keinen Nachteil haben könne [403]. Da sich das Gebot des Kaisers in der Tat nur auf die Forderungen der Herzöge bezog, Lübeck dagegen mecklenburgische Privilegien vorlegen konnte, ließ sich am 12. November 1474 ohne Schwierigkeiten die endgültige Befreiung von den umstrittenen Zöllen erlangen [404]. Die schon in anderem Zusammenhang erwähnten Praktiken der kaiser-

---

[395] LChr. 5, 1, S. 101, A. 2.
[396] HUB 1, n. 200, 222; vgl. Seite 34 dieser Arbeit; HUB 10, n. 127 1472 Juli 8.
[397] Die Herzöge von Mecklenburg hatten anscheinend bereits seit dem Sommer 1471 mit der Erhebung der Zölle begonnen, bevor das Privileg in ihren Händen gewesen war. = PC I, n. 429.
[398] HUB 10, n. 147, 198, S. 124, A. 2, n. 210, 212, 214; Chmel, Regesta Friderici, n. 6706.
[399] HUB 10, n. 255; LChr. 5, 1, S. 101, A. 5; Franck, S. 149; Witte, S. 274.
[400] Verhandlungen Christian I. mit dem Kaiser: vgl. Seite 42 f. dieser Arbeit.
[401] Höfler, Fränkische Studien, n. 73; PC I, S. 628.
[402] Inhalt ergibt sich aus: HUB 10, n. 355 1474 November 12 = Widerruf des kaiserlichen Gebots.
[403] Dahlmann, Neocorus, S. 487 ff.; Waitz, Uebersicht, S. 26.
[404] HUB 10, n. 355 1474 November 12.

lichen Kanzlei hatten sich wieder einmal als hilfreich für Lübeck erwiesen, das nicht nur rechtzeitig über die Absichten des Herzogs informert, sondern darüber hinaus sogar in der Lage gewesen war, Gegenmaßnahmen in die Wege zu leiten [405].

Die anderen wendischen Städte nahmen von den neuen Zöllen erst im Jahre 1474 flüchtig Kenntnis, ohne ihnen aber allzu viel Gewicht beizumessen [406]. Ihre Kaufleute hatten nämlich längst begonnen, die mecklenburgischen Straßen zu meiden und ihre Waren auf dem Wasserwege zu transportieren [407]. Um den Kaufleuten nun auch diesen Weg zu verlegen, erwarb Herzog Magnus, der bereits in großem Umfange die Regierungsgeschäfte an sich gezogen hatte, ein weiteres Zollprivileg, um jetzt ebenfalls zwischen Poel und Wismar sowie Rostock und Warnemünde Zölle erheben zu können [408]. Durch diese neue Belastung waren vor allem die beiden genannten Städte betroffen, und auf ihr Verlangen schrieben die Ratssendeboten der wendischen Städte im Juli 1475 an die Herzöge von Mecklenburg und forderten die Aufhebung aller seit 1472 errichteten Zollstellen [409]. Da weitere Hilfe offensichtlich nicht zu erwarten war, schlossen Rostock und Wismar wenig später ein Bündnis zur Abwehr der Zölle an ihren Zugängen zur Ostsee und erklärten, die Kosten einer Appellation an das Reichskammergericht wie auch alle Lasten, die aus dem Streit mit den Herzögen erwachsen würden, gemeinsam zu tragen [410]. Einzelheiten über den weiteren Verlauf dieser Auseinandersetzung sind nicht überliefert. Bekannt ist nur, daß die Herzöge Albrecht, Magnus und Balthasar von Mecklenburg am 23. April 1476 gegen Zahlung von 200 Rh.G. auf die Wasserzölle verzichteten, die kaiserlichen Urkunden an die beiden Städte auslieferten und versicherten, in dieser Angelegenheit nicht wieder beim Kaiser vorstellig zu werden [411]. Die Geldsorgen des herzoglichen Hauses mochten diese Entscheidung nicht unwesentlich beeinflußt haben [412].

Auf die Zölle von Ribnitz und Grevesmühlen gedachten die Herzöge dagegen keineswegs zu verzichten. Selbst Lübeck hatte es bis 1476

---

[405] Vgl. Seite 44 ff. dieser Arbeit.
[406] HR II, 7, n. 181, § 16.
[407] HUB 10, n. 406 1475 April 22.
[408] Ebenda; PC II, n. 555, 537.
[409] HR II, 7, n. 300, § 9 u. A. 1, n. 305.
[410] HUB 10, n. 436 1475 Juli 30.
[411] a. a. O., n. 480 1476 April 23; Techen, Stadt Wismar, S. 105; Koppmann, Stadt Rostock, S. 37.
[412] Vgl. Seite 74 f. dieser Arbeit.

noch nicht durchsetzen können, daß seine wiederholt vom Kaiser bestätigte Befreiung in Mecklenburg Anerkennung fand. Die Städte insgesamt beschäftigten sich auch weiterhin wenig mit dieser Angelegenheit [413]. Die wendisch-sächsische Tohopesate, die nach langen Verhandlungen endlich im Oktober 1476 abgeschlossen werden konnte, sah zwar ausdrücklich Maßnahmen der Verbündeten gegen die Einschränkung ihrer Privilegien und Freiheiten vor [414], wurde aber in diesem Falle nicht in Anwendung gebracht. Rostock und Wismar fürchteten sichtlich, durch ein zu entschiedenes Auftreten in ernsthafte Konflikte mit ihren Landesherren zu geraten [415]. Lübeck dagegen entschloß sich im Mai 1478 zu zweiseitigen Verhandlungen mit den Herzögen und erwarb für sich allein Befreiung von den Zöllen wie auch die Bestätigung seiner Privilegien in Mecklenburg. Bei dieser Gelegenheit wurde auch der Freundschaftsvertrag zwischen beiden Parteien erneuert [416]. Großzügige Geschenke und die Bewirtung durch den Lübecker Rat erleichterten den fürstlichen Herren das Entgegenkommen nicht unwesentlich [417].

Dieses Vorgehen Lübecks stieß zunächst bei Stralsund, dann aber auch bei Rostock auf heftige Kritik: die Bürgermeister Lübecks hätten noch im Februar versprochen, keine Entscheidung wegen der Zölle ohne die anderen Städte zu treffen. Rostock und Stralsund stellten nun aber fest, daß Lübeck seinen eigenen Vorteil suche und so den Zusammenhalt der Städte stark belaste. Man erinnere sich sehr wohl, wie die anderen Städte auch im Zusammenhang mit den Zöllen zu Lüneburg und Oldesloe benachteiligt worden seien [418].

Die mecklenburgischen Zölle tauchten seitdem in den Verhandlungen der wendischen Städte nicht mehr auf. Rostock konnte sich von ihnen wie auch von anderen Belastungen im August 1482 befreien [419]. Diese Auseinandersetzungen erscheinen in mehrfacher Hinsicht beachtenswert. Die Herzöge verwandten viel Geld und beträchtliche Mühe

[413] HR II, 7, n. 338, § 123, n. 355, 389, § 79; HR III, 1, n. 37.
[414] HUB 10, n. 512, §§ 3, 6; vgl. Exkurs, S. 187 ff.
[415] HR III, 1 ,n. 39-40.
[416] Vgl. Anm. 347, 357 und dazugehöriger Text.
[417] LChr. 5, 1, S. 101, A. 5; Wehrmann, Anwesenheit der Herzöge, S. 366 f. Lübeck zahlte Unterkunft und Beköstigung, schenkte den Herzögen für 65 Mk.lüb. Wein und Bier, je einen Hengst und gab ihnen Schuldbriefe und Pfänder im Werte von etwa 1500 Mk.lüb. zurück. Der Kanzler erhielt für Urkunden und Siegel 40 Mk.lüb. v. Westphalen, Monumenta inedita, IV, S. 1087 f.
[418] HR III, 1, n. 105, 113, S. 81, A. 2, n. 116-117.
[419] Vgl. Seite 91 dieser Arbeit.

darauf, sich durch Errichtung neuer Zölle ständige Einnahmequellen zu erschließen. Steinmann vermutet hier bereits den Einfluß Herzog Magnus II. und die Absicht, statt der üblichen Gebührenzölle im Innern des Landes „moderne Finanzzölle" an seinen Grenzen zu erheben [420]. Im ganzen gesehen, verliefen diese Versuche jedoch wenig erfolgreich, und die Herzöge begnügten sich schließlich mit geringen Abstandszahlungen der Städte. Obwohl die Zölle übereinstimmend als unberechtigt und als Behinderung des städtischen Handels betrachtet wurden, kam es doch nicht zu wirkungsvollen Gegenmaßnahmen. Lübeck suchte in aller Stille durch eine kaiserliche Exemtion Befreiung für sich allein zu erlangen und verständigte sich erst dann mit den Nachbarstädten, als seine eigenen Bemühungen nicht zum Ziele führten. Da es zunächst möglich war, die Landstraßen zu meiden und auf den Wasserweg auszuweichen, schien wenig Anlaß, über ernsthafte Gegenmaßnahmen zu beraten. Nur Rostock und Wismar waren durch die Zollstellen vor ihren Häfen erheblich behindert und daher zu aktiver Gegenwehr gezwungen. Die uneinheitliche Haltung der wendischen Städte in diesen Streitigkeiten darf daraus erklärt werden, daß sie alle in unterschiedlicher Weise betroffen waren. Lüneburg stand zeitweilig selbst in Konflikten mit Lübeck und Hamburg, und Hamburg wurde kaum von den Zöllen berührt.

---

[420] Steinmann, Finanzpolitik, S. 117.

Kapitel 6

FRÜHABSOLUTISTISCHE BESTREBUNGEN
HERZOG MAGNUS II.
(1477-1503)

a) Der Konflikt wegen der Landbede

Nach dem Tode Herzog Heinrichs IV. im Jahre 1477 übernahmen
seine Söhne Albrecht VI. († 1483) und Magnus II. die Regierung des
Landes. Balthasar, ihr jüngerer Bruder, war zunächst in den geistlichen
Stand getreten und Bischof von Schwerin geworden. Doch verzichtete
er nach dem Ableben Herzog Albrechts auf das Bistum und regierte
gemeinsam mit Magnus II., trat dabei aber kaum selbständig in Erscheinung. Alle wichtigen Entscheidungen der folgenden Jahre fielen
dem Bruder zu. Dessen Sorge galt vor allem den Finanzen des Landes.
Bisher hatten die einzelnen Vogteien ohne regelmäßige Abrechnungen
und Kontrollen gewirtschaftet. Die Folge waren geringe Erträge, und
häufig mußten den Vögten sogar größere Summen hinzugezahlt werden [421]. Gleich zu Beginn seiner Regierung verfügte Magnus II., daß
alle verpfändeten Ämter, Städte, Dörfer, Pachten und andere Nutzun-
gen wieder eingelöst werden sollten. Die Pfandinhaber wurden aufgefordert, innerhalb einer bestimmten Frist die Rechtmäßigkeit ihres
Besitzes urkundlich nachzuweisen und erhielten dann ihre Darlehen
zurück [422]. Zu gleicher Zeit wurde bei der Schweriner Vogtei eine Zen-
tralkasse errichtet, an die zu festen Terminen die Einkünfte der Vogteien abzurechnen waren [423]. Der Herzog war bestrebt, die von seinen
Vorfahren hinterlassenen Schulden nicht durch Beden zu tilgen, sondern sich aus der Abhängigkeit von den Ständen des Landes zu
lösen [424]. Da diese Bemühungen um eine Gesundung der Finanzen nicht

---

[421] a. a. O., S. 103.
[422] a. a. O., S. 98.
[423] a. a. O., S. 103.
[424] a. a. O., S. 100.

sofort zu einem vollen Erfolg führen konnten, war es in einzelnen Fällen nicht zu umgehen, wieder auf Bewilligungen der Landstände zurückzugreifen und außerordentliche Landbeden zu fordern. Das geschah z. B. als Magnus II. Mittel zur Versorgung der Prinzessinnen der erloschenen Stargarder Linie des Herzogshauses oder für eine Reise zum Reichstag benötigte [425]. Weiter bemühte sich der Herzog um eine Zentralisierung der Verwaltung des Landes. Rat und Kanzlei sollten zum obersten Verwaltungs- und Justizorgan Mecklenburgs werden [426].

Welchem Ziel er mit allen diesen Maßnahmen zusteuerte, konnte schon wenig später erkennbar werden. 1480 war von den Ständen des Landes eine außerordentliche Landbede bewilligt worden. Rostock und Wismar waren sich zwar einig geworden, die Zahlung unter Hinweis auf ihre Privilegien zu verweigern, doch gab Wismar seinen Widerstand dann anscheinend bald auf. Sehr rasch spitzte sich nun der Konflikt zwischen Rostock und den Herzögen zu [427]. Herzog Magnus lehnte eine Vermittlung durch die wendischen Städte ab und forderte am 10. März 1482, daß ein Schiedsgericht, bestehend aus Professoren der Rostocker Universität, Angehörigen des Schweriner Domkapitels sowie Räten der Ritterschaft und der Städte, im folgenden Monat in Bützow eine Entscheidung treffen sollte [428]. Rostock erkannte die Bedepflicht nicht an und bot als einmalige Abfindung 7 400 Mk.sund. Da die Herzöge nicht auf dieses Angebot eingingen, trennte man sich, ohne zu einem Ergebnis gekommen zu sein [429]. Das Rechtsgutachten, das Herzog Magnus nun bezüglich seiner Forderungen gegen Rostock ausarbeiten ließ, zeigt deutlich genug den eigentlichen Kern dieses Streits: Die Landesherren — hieß es — seien von Gott eingesetzt und zwar nicht, um für sich selbst etwas zu erstreben, sondern um für den gemeinen Nutzen ihres Volkes zu sorgen und um es zu beschützen, denn sie seien verpflichtet, Gott Rechenschaft abzulegen [430]. Schon am 24. März 1482 hatte der Herzog sein Recht auf Zölle [431] und Strand-

---

[425] Hegel, S. 84.
[426] Steinmann, a. a. O., S. 105 f., Grohmann, S. 43 f., Steinmann, Landessteuern, S. 2 ff.
[427] Franck, S. 184; Koppmann, Stadt Rostock, S. 39; Techen, Stadt Wismar, S. 105; Witte, S. 280.
[428] HR III, 1, n. 323, 334, §§ 43-44; Hegel, S. 151; Koppmann, a. a. O., S. 39.
[429] Franck, S. 185; Koppmann, a. a. O., S. 39.
[430] Stadtarchiv Rostock, Stadtakten: Onera, zitiert bei Steinmann, Finanzpolitik, S. 125.
[431] Vgl. vorhergehenden Abschnitt.

gut [432] als *von Gott gegeben und angeerbt* bezeichnet [433]. Magnus II. wollte seine Herrschaft als ein von Gott übertragenes Amt verstanden wissen, das ihm die Vollmacht gab, die Maßnahmen zu ergreifen, die ihm im Sinne des „gemeinen Nutzens" notwendig erschienen. Das bedeutete, daß sich alle Bewohner des Landes dem Willen des Herzogs zu beugen hatten, ohne daß dieser ihnen eine Rechenschaft über sein Handeln schuldig war. Damit setzte er den Prinzipien des mittelalterlichen Rechtsdenkens seinen Anspruch einer obersten, zwingenden und allmächtigen Staatsgewalt entgegen [434]. Es scheint somit nicht ausgeschlossen, daß der Herzog — wie vielfach angenommen wird — bereits Vorstellungen des römischen Rechtes folgte [435]. So trat den wendischen Städten in ihrem unmittelbaren Einflußbereich zum ersten Mal der absolute Herrschaftsanspruch eines Landesfürsten entgegen. Es war nun die Frage, wieweit dieser in der Lage war, seine Ziele zu realisieren und wie die Städte dieser fürstlichen Politik begegnen würden.

Unmittelbar nach den erwähnten Verhandlungen in Bützow — ihr Verlauf hatte über die Absichten der Herzöge kaum noch Zweifel gelassen — schlossen Rostock und Wismar für die Dauer von 20 Jahren ein Bündnis, das der Aufrechterhaltung der Freiheit der See- und Wasserstraßen, der Abwehr des Strandrechts und der gemeinsamen Verteidigung der Privilegien beider Städte dienen sollte [436]. Wenn sich Wismar nun doch an die Seite Rostocks gestellt hatte, dann wohl vor allem deshalb, weil Ansprüche der Herzöge auf das Strandgut und Eingriffe in die Freiheiten und Rechte auch für diese Stadt zu befürchten waren. Die anderen wendischen Städte zeigten sich gegenüber dieser Entwicklung in Mecklenburg zunächst zurückhaltend. Lübeck war zwar bereit, seine Ratssendeboten an einer Tagfahrt mit den Herzögen in Wismar teilnehmen zu lassen und sich bei einem Scheitern dieser Verhandlungen an die Bestimmungen des wendisch-sächsischen Bündnisses von 1476 zu halten [437]. Als dann aber die Verlängerung dieses Vertrages, der am 11. November 1482 auslaufen würde, zur Sprache

---

[432] Vgl. Seite 94 f. dieser Arbeit.

[433] Stadtarchiv Rostock, Korrespondenz mit den Landesherren, zitiert bei Steinmann, a. a. O., S. 126.

[434] Steinmann, a. a. O., S. 121.

[435] a. a. O., S. 124; Steinmann, Landessteuern, S. 6; Hamann, Das staatliche Werden, S. 39, 151 f., Strecker/Cordshagen, S. 538.

[436] HUB 10, n. 961 1482 April 18; vgl. auch Exkurs, S. 188.

[437] HR III, 1, n. 365 1482 April 21, §§ 22-23; HUB 10, n. 512 1476 Oktober 31 Wendisch-sächsische Tohopesate; vgl. Exkurs, S. 187 ff.

kam, zeigte sich der Lübecker Rat daran uninteressiert: *umme manni-*
gerhande sake unde bewages willen duchte dem rade to Lubeke de
tohopesate aftostellende [438].

Im Sommer 1482 bereiteten die mecklenburgischen Herzöge eine
gewaltsame Entscheidung des Streites mit Rostock vor. Nachdem sie
sich am 12. Juni mit Herzog Bogislaw X. von Pommern verbündet
hatten [439], forderten sie die Stände Mecklenburgs zur Unterstützung
gegen die Stadt auf und begründeten ausführlich ihr Vorgehen: es gebe
außer der Verweigerung der Bede auch noch eine ganze Reihe anderer
Differenzen. Rostock habe fürstliche Untertanen ergriffen, mißhandelt
und gewaltsam festgehalten, den Rittern Bauern entzogen, Waren
unverzollt durch das Land geführt *uns to hone, unßer gothliken gerech-*
ticheit keiserliken begifflinge unnde friheit ... *ock dat se unßer wilt-*
banen und jacht gebruken mit allem homude unde eygene willen, uns
unde unßen furstliken state tho nahe scriven ... *und ßo mit sullfswalt*
sunder jennigerleie rechticheit jegen uns vorsuken nahe unßer unmacht
bestan sindt unnde sich nicht alße undersaten jegen ere erffgeborn
herren geborliken holden. Vor allem lehnten es die Herzöge ab, sich
einer Entscheidung der Hansestädte zu unterwerfen: *men dat wy unße*
saken up butenlendesche stede Lubek, Hamborg, Lunenborg efft strale-
sundt setten scholden, vorhapen wy des nicht pligtig sindt [440].

Große Hoffnungen hatte Herzog Magnus vor allem auf die Unterstützung durch Brandenburg gesetzt. Da aber die erbetenen 400 Reiter
und das Fußvolk nicht entsandt wurden [441], erschien ein Angriff auf
Rostock kaum aussichtsreich. So waren die Herzöge zu neuen Verhandlungen bereit, die im August 1482 unter Mitwirkung der wendischen Städte, der Bischöfe von Schwerin und Ratzeburg sowie anderer
geistlicher Herren und Professoren der Universität Rostock zu einem
Vergleich führten [442]. Das Stadtgebiet sollte für alle Zeiten frei von
der Bede sein, ausgenommen wurden die Landgüter Rostocker Bürger.
Rostock war ebenfalls frei von den Zöllen zu Ribnitz und Grevesmühlen. Zwischen Lübeck und Damgarten sollten keine neuen Zölle
errichtet werden, und die Rostocker hatten künftig keine Geleitgelder
zu zahlen. Schließlich wurden der Stadt Privilegien, Gerechtigkeiten

---

[438] HR III, 1, n. 365, §§ 35-36.
[439] Witte, S. 280; v. Westphalen, Monumenta inedita, IV, S. 1088 f.
[440] Hegel, Urkundenanhang, n. 2 1482 Juli 17.
[441] PC III, n. 896-897.
[442] HR III, 1, n. 380; LChr. 5, 1, S. 261; Franck, S. 192 (Text des Vergleichs).

und Gewohnheitsrechte bestätigt, einschließlich des Jagdrechtes in der
Rostocker Heide. Als Gegenleistung löste die Stadt die von den Herzögen verpfändete Grundsteuer (Orbör) ein, die ohne Rostocks Zustimmung nicht wieder veräußert werden sollte und „schenkte" den
Herzögen 1 000 Rh.G. Unter den gegebenen Umständen traf die Bemerkung des Lübecker Chronisten in ihrer lakonischen Kürze genau
den Kern der Situation: *doch wor koppent recht schal syn, dar is de
stupe eyne sachte pyn . . .* [443]. Der Streit um die Landbede — das verriet
der gesamte Verlauf — zeigt einen neuen Stil der Auseinandersetzungen. Herzog Magnus führte seinen Kampf mit einer bewußten politischen Konzeption und mit einem neuen Verständnis des Herrscheramts.
Der Ausgang des Konflikts wurde dann jedoch nicht durch den ein-
helligen Widerstand der Städte an der Seite Rostocks bestimmt, sondern durch das gleiche Fehlen der Solidarität auf der Seite der Fürsten.

b) Die Kontroverse um Hartwig von Lützow

Nur kurze Zeit nach dem Abschluß des Bedestreits sah sich auch
Lübeck aus einem verhältnismäßig geringfügigen Anlaß in einen heftigen Konflikt mit den Herzögen von Mecklenburg verwickelt. Im September 1482 war es vor Mölln, das unter lübischer Pfandherrschaft
stand, zu größeren Viehdiebstählen gekommen, und die Lübecker
hatten einen der Täter, den mecklenburgischen Ritter Hartwig von
Lützow, ergriffen und in ihrer Stadt vor Gericht gestellt [444]. Auf grund
seines Geständnisses, am Raubzug beteiligt gewesen zu sein, war von
Lützow zum Tode durch das Schwert verurteilt worden. Entgegen
diesem lübischen Rechtsspruch forderte Herzog Magnus die Freilassung
des Gefangenen und warf Lübeck vor, auf herzoglichem Gebiet Gewalt
geübt zu haben [445]. Der Lübecker Rat beharrte dagegen auf seinem
Standpunkt und rief die wendischen Städte um Vermittlung an [446].
Ein erster Versuch im Mai 1483 scheiterte aber daran, daß sich die
streitenden Parteien nicht über die Zusammensetzung des Schiedsgerichts einigen konnten. Die Herzöge forderten, es entweder mit Fürsten, Bischöfen oder wenigstens mit ihren Räten zu besetzen, während

---

[443] LChr. 5, 1, S. 261.
[444] a. a. O., S. 265; Krantz, Wandalia, XIII, 28.
[445] Krantz, a. a. O., XIII, 27-28.
[446] HR III, 1, n. 410-415.

sich Lübeck nur einem Spruch der Städte beugen wollte[447]. Darauf
trafen die Herzöge Vorbereitungen, mit militärischen Mitteln nun
gegen Lübeck vorzugehen. Mitte Juli 1483 schlossen sie ein Bündnis
mit Sachsen-Lauenburg und verabredeten einen gemeinsamen Kriegszug. Die Hoffnungen auf eine Unterstützung von brandenburgischer
Seite erfüllten sich jedoch auch diesmal nicht. Markgraf Johann weigerte sich, Geschütze zu leihen und riet, den Kampf mit den Städten
nicht zu unterschätzen. Er erbot sich, einige seiner Räte als Vermittler
zu entsenden[448]. Vermutlich gab diese Antwort für Herzog Magnus
den Ausschlag, es nicht zum Äußersten kommen zu lassen. Über die
weiteren Verhandlungen sind Einzelheiten nicht bekannt geworden.
Dem Anschein nach erfolgte im August 1483 in Wismar ein Vergleich.
Hartwig von Lützow kam frei[449]. Der Wandel, der sich seit dem
Regierungsantritt Magnus II. in den Beziehungen der wendischen
Städte zu den Herzögen von Mecklenburg vollzogen hatte, ist nicht
zu übersehen. Das zeigt sich besonders deutlich, wenn man den Verlauf
der Auseinandersetzungen Wismars mit Herzog Heinrich IV. mit dem
zuletzt erwähnten Konflikt vergleicht. In beiden Fällen bildete das
Vorgehen einer Stadt gegen adlige Räuber den Anlaß. Im Gegensatz
zu Heinrich IV. — das hatte auch der Bedestreit gezeigt — war Magnus II. sichtlich entschlossen, den Kampf mit den Städten aufzunehmen.
Daß seine Bemühungen aber ohne Erfolg geblieben waren, lag vor
allem daran, daß er allein nicht über die notwendigen Mittel verfügte,
um sein Vorhaben zu realisieren und die brandenburgischen Nachbarn
nicht zum Eingreifen zu bewegen waren.

Immerhin blieb die Haltung des Herzogs nicht ohne Einfluß auf die
Politik der Städte. Lübeck hatte zwar zunächst den Standpunkt vertreten, das Bündnis von 1476 nicht zu erneuern, und auch die übrigen
Städte waren kaum an einer engeren politisch-militärischen Bindung
interessiert gewesen. Der Zusammenstoß Lübecks mit Herzog Magnus,
die allgemeine Unsicherheit der Straßen, die sich häufenden Fälle von
Strandraub, vor allem aber auch die außerordentlich gespannte Situation gegenüber König Johann von Dänemark veranlaßten Lübeck,
seine Haltung zu korrigieren und im Januar 1483 zu Bündnisverhand-

---

[447] a. a. O., n. 436 1483 Mai 8 Rezeß zu Lübeck, §§ 10-13.
[448] PC III, n. 954; LChr. 5, 1, S. 303, A. 3; nach Vitense, S. 138, sollen die Herzöge
sogar Rostock und Wismar aufgefordert haben, an einem evtl. Kampf gegen Lübeck
teilzunehmen.
[449] Über Verhandlungen: HR III, 1, n. 453, 455, 457-458; LChr. 5, 1, S. 266; Krantz,
a. a. O., XIII, 38.

lungen einzuladen [450]. Am 11. November 1483 wurde dann ein drei-
jähriges Bündnis der sechs wendischen Städte beschlossen, das weitgehend dem Wortlaut der Tohopesate von 1476 folgte, insbesondere
aber ein gemeinsames Vorgehen gegen Räubereien jeder Art, Gewaltanwendung sowie Entziehung der Privilegien und Freiheiten vorsah[451].
Lübeck, Hamburg und Lüneburg verbanden sich außerdem noch mit
den sächsischen Städten [452].

c) Das Ringen um das Strandrecht

Seit dem Frühjahr 1482 hatten sich die wendischen Städte noch mit
einem weiteren Problem zu befassen, das sie jedoch alle in gleicher
Weise betraf. Mehrfach war wieder Strandgut durch Bedienstete der
Herzöge von Mecklenburg, des Königs von Dänemark sowie des
Bischofs von Münster beschlagnahmt worden [453]. Damit tauchte eine
alte Streitfrage von neuem auf, mit der sich nicht nur die Städte an
der Nord- und Ostsee zu befassen hatten: „Wem gehörte an den
Strand getriebenes, schiffbrüchiges Gut?" Küstenbewohner und Fürsten, deren Gebiete an die See grenzten, betrachteten es als ihr recht-
mäßiges Eigentum, während die Geschädigten die Aneignung von
Strandgut als Strandraub ansahen und mit allen Mitteln zu verhindern
suchten. Beide Bezeichnungen „Strandraub" und „Strandrecht" betrafen zwar die Aneignung von Strandgut, gingen jedoch von völlig
entgegengesetzten Rechtsstandpunkten aus [454].

---

[450] HR III, 1, n. 365, §§ 35-36, n. 399, 411, 417, 428, 439; HUB 10, n. 1007, S. 616,
A. 4, n. 1008-1009.

[451] HR III, 1, n. 482, §§ 14-15; HUB 10, n. 1108, § 3; LChr. 5, 1, S. 309, A. 3.

[452] HR III, 1, n. 467, 573; HUB 10, n. 1100.

[453] HR III, 1, n. 365, §§ 17-20, n. 411; HUB 10, n. 1032, 1053; HR III, 1, n. 482,
§ 20, n. 501, § 98.

[454] Umfassende Darstellung des gesamten Problems bei Niitemaa, Strandrecht. Die
wichtigsten Privilegien, die das Strandrecht betreffen bei Techen, Strandrecht, S.
279 ff. — 1252 verzichtete Heinrich Borwin III. auf das Strandrecht im Rostocker
Hafen = Koppmann, Stadt Rostock, S. 14; Techen, a. a. O., S. 279. 1325 und 1327
wird dieses Privileg bestätigt. = Techen, a. a. O., S. 280. 1374 erklärt Kaiser Karl IV.
die Besitzergreifung von Strandgut als im Widerspruch zu Billigkeit und natürlichem
Recht stehend. Lübeck erhält das Recht, Repressalien zu ergreifen. = Techen, a. a. O.,
S. 282. 1415 verbietet Kaiser Sigismund die Beschlagnahme und die Schädigung Schiff-
brüchiger. = Techen, a. a. O., S. 283. — Maßnahmen der Städte: 1420 beschließen
die wendischen Städte eine Bergeordnung. = Techen, a. a. O., S. 287. Sie wird 1433
erneuert. = Niitemaa, a. a. O., S. 198.

Die wendischen Städte waren zwar schon seit dem 13. Jahrhundert im Besitze einer Reihe von Privilegien gewesen, die sie vom Strandrecht befreien sollten, doch mußten sie diese immer wieder in Erinnerung bringen und gegen die Fürsten durchsetzen. Schon während des Konflikts zwischen Herzog Heinrich IV. und Wismar, aber auch in anderem Zusammenhang, hatten die mecklenburgischen Herzöge ihre Ansprüche auf das Strandrecht erneuert. Angesichts der zahlreichen Spannungen, die sich gerade um 1480 zwischen den wendischen Städten und diesen Fürsten gezeigt hatten[455], überraschte es nicht, daß sich nun auch aus diesem Anlaß heftige Auseinandersetzungen ergaben. Da die Herzöge nicht gesonnen waren, die städtischen Privilegien zu respektieren, beschlossen die Städte im März 1484, Gegenmaßnahmen anzudrohen, wenn es zu weiteren Fällen von Strandraub kommen sollte[456]. Trotzdem ereignete sich noch im Laufe des gleichen Jahres ein folgenschwerer neuer Zwischenfall. Im Spätherbst 1484 war an der mecklenburgischen Küste das aus Norwegen kommende Schiff des Lübecker Schiffers Paul Lange gestrandet, wobei dieser selbst und wahrscheinlich auch der größte Teil seiner Besatzung den Tod gefunden hatte. Trotz der vorausgegangenen Warnung durch die Städte ließen die herzoglichen Vögte von Bukow und Schwaan die angetriebenen Güter nach Schwerin schaffen[457]. Nach der Lübecker Chronik soll es sich um 150 Wagenladungen gehandelt haben[458]. Auf die Klage der Erben des verstorbenen Schiffers, der Älterleute der Bergenfahrer und anderer Kaufleute vor dem Lübecker Rat gaben die Herzöge zur Antwort, daß ihre Vögte lediglich nach alter Gewohnheit, wie es in Mecklenburg und anderen Küstenländern Brauch sei, gehandelt hätten. Im übrigen seien Ausrüstungsgegenstände an Lübeck zurückgegeben worden[459]. Mit diesen Vorgängen befaßte sich nun der wendische Städtetag vom Januar 1485 sehr ausführlich[460]. Zunächst faßten die Städte einen grundsätzlichen Beschluß: Wenn künftig Schiffe stranden und Teile der Ladung an Land treiben sollten, war das Strandgut von der nächstgelegenen Stadt gegen angemessenen Bergelohn einzubringen. Falls aber Landesherren oder deren Vögte es beschlagnahmten, war

---

[455] Vgl. S. 88 ff. dieser Arbeit, desgl. 101 ff.
[456] HR III, 1, n. 501, §§ 114, 118-119.
[457] LChr. 5, 1, S. 314 ff. — Berichte bei Krantz, a. a. O. in zwei Versionen: XIII, 40, XIV, 1; dazu Techen, a. a. O., S. 289.
[458] LChr. 5, 1, S. 314.
[459] a. a. O., A. 4.
[460] HR III, 1, n. 581.

diese Stadt beauftragt, das Strandgut mit Gewalt einzuholen. Die eventuellen Folgen versprachen alle Städte, gemeinsam zu tragen [461]. Hinsichtlich des erwähnten Vorfalls wurde bestimmt: Auf einer in Kürze stattfindenden Tagfahrt sollten den Herzögen von Mecklenburg die städtischen Privilegien verlesen werden. Falls sie sich weiterhin weigern sollten, das Strandgut herauszugeben, sei ihnen mitzuteilen, daß die Städte Übergriffe dieser Art nicht dulden und nunmehr gemäß ihren Privilegien handeln würden [462]. Die herzöglichen Vögte von Schwaan und Bukow seien von den beiden benachbarten Städten zu ergreifen und nach geltendem Recht zu bestrafen. In künftigen Fällen sei in gleicher Weise zu verfahren. Schließlich wurde noch einmal bekräftigt, daß die wendischen Städte alle sich hieraus ergebenden Konsequenzen gemeinsam tragen wollten [463].

Da die Verhandlungen mit den Herzögen ergebnislos verliefen [464], zögerte der Rostocker Rat nicht, den Beschluß der Städte auszuführen. Der Schwaaner Vogt Gerd Vrese wurde ergriffen und mit einem seiner Knechte in Rostock vor Gericht gestellt, zum Tode verurteilt und mit dem Schwert gerichtet [465]. Wismar dagegen zögerte, mit dem Bukower Vogt Oldeswager in gleicher Weise zu verfahren. Anscheinend fürchtete es die Verwicklungen mit dem Landesherrn, die sich daraus ergeben konnten. Bevor Rostock auch Oldeswager festnehmen konnte, hatte ihn Herzog Magnus jedoch unter Bedeckung von 60 Reitern nach Schwerin in Sicherheit bringen lassen [466]. Die Folgen dieser Selbsthilfe Rostocks ließen nicht lange auf sich warten. Die Brüder des Hingerichteten erhoben Klage vor dem Bischof von Münster, dem Administrator des Erzbistums Bremen. Rostock betonte demgegenüber die Rechtmäßigkeit seines Vorgehens und verwies darauf, daß Vrese gewarnt gewesen sei [467]. Die Herzöge waren fest entschlossen, das Strafgericht an ihrem Vogt nicht tatenlos hinzunehmen. Sie riefen Anfang Februar 1485 die Ritter des Landes bei Sternberg zusammen und forderten Unterstützung zum Zuge gegen Rostock. Die Landesherren erhielten allerdings die Antwort: Rostock sei mit den anderen wendischen Städten verbündet, die sich verpflichtet hätten, einander gegen

---

[461] a. a. O., n. 582 1485 Januar 11 Rezeß zu Lübeck, §§ 19-21; LChr. 5, 1, S. 314.
[462] HR III, 1, n. 582, § 20.
[463] a. a. O., §§ 25-26.
[464] a. a. O., § 62.
[465] Krantz, a. a. O., XIII, 40.
[466] LChr. 5, 1, S. 316.
[467] a. a. O., S. 316, A. 4.

Fürsten und Ritter beizustehen. In anbetracht dessen lehne es die Ritterschaft ab, dem Ersuchen Folge zu leisten [468]. Es muß offenbleiben, wie der mecklenburgische Adel in den Besitz des Bündnistextes gelangt war, der doch im allgemeinen streng geheimgehalten wurde. Eine gezielte Indiskretion Rostocks ist nicht ausgeschlossen. Wichtiger aber erscheint die Frage, ob die Ritter wirklich nur aus Furcht vor den Städten die Heeresfolge versagten. Vermutlich diente die wendische Tohopesate nur als ein willkommener Vorwand; denn der Adel dürfte kaum an einer Stärkung der Landesherren interessiert gewesen sein. Die Politik Magnus II. richtete sich doch letzten Endes gegen die Sonderrechte der Landstände überhaupt.

Nach diesem Mißerfolg suchte der Herzog abermals nach Verbündeten unter den Fürsten. Die Absicht, Rostock mit militärischer Gewalt niederzuwerfen, bewegte ihn um so mehr, als sich die Stadt außerdem seinem Plan widersetzt hatte, die Pfarrkirche St. Jakobi in ein Kollegiatstift zu verwandeln [469]. Doch Kurfürst Albrecht von Brandenburg war auch jetzt nicht gewillt, den Herzögen von Mecklenburg Waffenhilfe zu leisten und riet, einen Kampf gegen die Städte des eigenen Landes zu vermeiden: ... *man findt zu zeiten einen oder zwen inn einem rat eines comuns, die do grob und hert sindt, dieweyl ir lauft wert. was sollt das ein comun entgelten* [470]? Herzog Magnus mochte die Altersweisheit des Oheims wenig behagen. Auf dringlichere Bitten legte dieser dann seinen Standpunkt ausführlicher dar. Er gab noch einmal zu bedenken, daß ein Krieg gegen eigene Untertanen nur Lasten und Unruhe für das Land mit sich bringe, räumte dagegen ein, daß die Rostocker, gestützt auf die wendischen Städte, alle gütlichen Verhandlungsversuche zurückgewiesen hätten. Es gälte also das Ansehen der Landesherren zu wahren. Prozesse vor dem Reichskammergericht oder vor der päpstlichen Kurie seien teuer und zeitraubend. Außerdem sei es fraglich, ob die Gegenseite die Urteile respektieren werde. Der Kurfürst empfahl seinen Neffen, sich auf jeden Fall der Hilfe benachbarter Fürsten zu versichern, also etwa Sachsens, Brandenburgs, Braunschweigs, Pommerns oder des Erzbischofs von Magdeburg. Dann sollten Herzog Magnus und sein Bruder eine gütliche Schlichtung zu erreichen suchen, bei deren Scheitern aber auf jeden Fall eine endgültige

---

[468] a. a. O., S. 315; Krantz, Wandalia, XIV, 1; HUB 10, n. 1108 1483 November 11 Bündnis der wendischen Städte, §§ 3, 7.
[469] Vgl. Seite 102 ff. dieser Arbeit.
[470] PC III, S. 365.

Entscheidung rechtlicher Art. Falls Rostock sich dieser nicht unterwerfe, sollten die Herzöge nicht vor der Anwendung von Gewalt zurückschrecken. Das werde den Untertanen ein Beispiel geben, daß sie sich nach ihrer Obrigkeit zu richten hätten. Albrecht meinte, er sei der Hilfe anderer Fürsten gewiß: *... was heut an uch ist, mocht morgen an in sein ...* Eingehend auf den Widerstand Rostocks gegen die Errichtung einer geistlichen Stiftung, ließ der Kurfürst durchblicken, daß ihm die allgemeine Stimmung gegen die Kirche und ihre Amtsträger durchaus bekannt sei — wie auch die Ursache, die dazu geführt hatte: *... sunderlich den geistlichen ist das gemain volck zu widerwertigkeit geneigt, dann sie haben gern gelt, das gibt der baur ungern ...* [471].

Mehr als diese Ratschläge des gewiegten Taktikers vermochten die Herzöge dann nicht zu erlangen. Die erhoffte Waffenhilfe wurde auch diesmal nicht gewährt. Nur einige brandenburgische Räte wurden im März 1485 nach Rostock entsandt, um eine Vermittlung mit den Landesherren in die Wege zu leiten. Der Rat wollte eine Entscheidung jedoch nicht ohne die verbündeten Städte treffen [472]. Auch Herzog Bogislaw von Pommern, König Johann von Dänemark wie auch der Bischof von Münster zeigten wenig Neigung, mit Herzog Magnus gegen Rostock zu ziehen [473]. Der mußte mit Bitterkeit feststellen, daß der alte Kurfürst nur zu recht gehabt hatte, wenn er schrieb: *... doch kan einer nicht ehe fligen, dann er gefider hat und wor er sein notturflig ist, im machen kann ... wir besorgen aber, das sich der handel in eyner eyl nicht sobald smiden lass ...* [474].

Auf dem wendischen Städtetag im April 1485 mußte sich zeigen, wie weit Rostock auf die Zusagen der verbündeten Städte bauen konnte. Die Herzöge hatten ihre Räte ebenfalls nach Lübeck gesandt, um Klage gegen Rostock zu führen. Sie waren zwar bereit, wegen des Strandguts mit den wendischen Städten zu verhandeln, nicht aber mit Rostock. Dieses Ansinnen wurde jedoch mit Entschiedenheit zurückgewiesen [475]. Im weiteren Verlauf dieser Tagfahrt wurde eingehend die Situation erörtert, die sich insbesondere durch die letzten Ereignisse für Rostock ergeben hatte. Denn außer der Auseinandersetzung um das Strandrecht hatte die Stadt zu gleicher Zeit mit den Herzögen den

---

[471] a. a. O., n. 1073. Dieser Brief des Kurfürsten Albrecht ist zwar undatiert, aber nicht vor 1485 Mai 24 abgefaßt worden.
[472] HR III, 1, n. 599-600.
[473] PC III, n. 1068; HR III, 1, n. 601 1485 April 18, §§ 15-16, S. 547, A. 6.
[474] PC III, n. 1073.
[475] HR III, 1, n. 601, §§ 3-4.

Streit um die Errichtung des Kollegiatstifts auszufechten, von dem noch ausführlicher zu berichten sein wird. Zur Beilegung dieser Differenzen, rieten die Städte, möge sich Rostock eines Vermittlers bedienen, für dessen Honorierung es wohl 200-300 Rh.G. aufwenden müsse[476]. Rostock vertrat jedoch den Standpunkt, daß seine sonstigen Kontroversen mit den Herzögen nur dadurch so außerordentlich verschärft worden seien, weil es den gemeinsamen Beschluß aller wendischen Städte ausgeführt habe. Daher seien diese wohl verpflichtet, für eine derartige Vermittlungsaktion, zu der sich der Markgraf Johann von Brandenburg bereiterklärt habe, eine angemessene Beihilfe zu zahlen[477].

Das Ergebnis dieser Verhandlungen bestand schließlich darin, daß die anderen Städte dem Wunsche Rostocks entsprechen wollten und der Bischof von Lübeck gebeten wurde, die Herzöge von Mecklenburg für Vermittlungsverhandlungen zu gewinnen. Diese wurden außerdem noch einmal schriftlich aufgefordert, das beschlagnahmte Strandgut herauszugeben. Was Rostock beträfe — schrieben die Städte — werde man es zu gegebener Zeit zu verantworten wissen, daß diese Stadt einige der Strandräuber gerichtet habe und in Wismar der Besitz anderer Schuldiger beschlagnahmt worden sei. Wenn die Herzöge sich erboten hätten, den f ü n f wendischen Städten gütliche oder rechtliche Verhandlungen nicht zu verweigern, dann mögen sie zur Kenntnis nehmen, daß diese Angelegenheit sie alle in der gleichen Weise beträfe wie ihre Freunde von Rostock[478].

Die Vermittlungsverhandlungen verzögerten sich jedoch, und so kam es erst im Oktober 1486 unter der Leitung des Kurfürsten von Brandenburg zu einer Tagfahrt in Wilsnack[479]. Auch die wendischen Städte befaßten sich nur noch einmal im Oktober 1485 flüchtig mit dieser Frage[480]. Die Herzöge von Mecklenburg verzichteten zunächst darauf, die Kontroverse wegen des Strandrechts weiterzuverfolgen, zumal sie sahen, daß Rostock hier der Unterstützung durch seine Verbündeten sicher war. Statt dessen verlegten sie den Schwerpunkt ihres Vorgehens gegen die Stadt auf ein Gebiet, das ihnen erfolgversprechender erschien und auf dem, wie sie bald spürten, Rostock keineswegs in gleichem Maße auf die Hilfe der anderen Städte rechnen konnte.

---

[476] Vgl. Seite 102 ff. dieser Arbeit. — HR III, 1, n. 601, §§ 5, 11.
[477] a. a. O., §§ 6-7, 17.
[478] a. a. O., §§ 18-19, 39-42, 47, n. 602; LChr. 5, 1, S. 316, A. 5.
[479] HR III, 2, n. 6-9. Verhandlungen zu Wilsnack: vgl. Seite 112 ff. dieser Arbeit.
[480] HR III, 2, n. 11 1485 Oktober 17 Rezeß zu Lübeck, §§ 20-22.

Die Auseinandersetzungen um das Strandrecht können zwar noch bis zum Ende des Jahrhunderts verfolgt werden. Zu einer Entscheidung kam es indessen nicht. Hier hatte sich — wenigstens vorübergehend — eine bemerkenswerte Einmütigkeit und Entschlossenheit unter den wendischen Städten gezeigt, da ihre wirtschaftlichen Interessen in gleicher Weise berührt worden waren. Diese Haltung verfehlte sichtlich nicht ihren Eindruck auf die Fürsten und deren Ritterschaft. In anderen Fragen, die dagegen nur Rostock allein betrafen, zeigten sich seine Verbündeten wesentlich zurückhaltender und verwiesen auf den Weg gütlicher oder rechtlicher Verhandlungen.

Kapitel 7

DIE ROSTOCKER „DOMFEHDE"
(1487-1491)

a) Zur Vorgeschichte

Schon während der Auseinandersetzungen um das Strandrecht hatte sich zwischen Rostock und seinen Landesherren ein weiterer Konflikt angebahnt, weil Herzog Magnus II. die Rostocker Pfarrkirche St. Jakobi in ein Kollegiatstift umzuwandeln wünschte. Die Vorgeschichte der Verwicklungen, die sich daraus ergaben, ist eng mit der Geschichte der Universität Rostock verbunden und reicht bis an den Anfang des 15. Jahrhunderts zurück. Als 1418 die Herzöge Albrecht V. und Johann IV. Papst Martin V. ihren Entschluß mitgeteilt hatten, im Einvernehmen mit dem Bischof von Schwerin und der Stadt Rostock eine Universität zu errichten, hatten sie sich bereiterklärt, zu deren Erhaltung jährlich 800 Rh.G. beizutragen [481]. Die päpstliche Genehmigung war am 13. Februar 1419 unter dem Vorbehalt erteilt worden, daß binnen eines Jahres Bürgschaft für die materielle Sicherstellung der Neugründung geleistet werde [482]. Für die Zahlung der genannten Summe verbürgte sich jedoch im September des gleichen Jahres nur die Stadt; von einer Beteiligung der Fürsten war nicht mehr die Rede. Rostock gedachte, die 800 Rh.G. solange zu übernehmen, bis die eigenen Einkünfte der Universität diese Höhe erreicht haben würden. Während dessen wollte es Vermächtnisse und andere Zuwendungen zugunsten der Universität als deren Eigentum in Treuhand verwalten [483].

Das gute Einvernehmen zwischen der Stadt und ihrer Universität wurde schon wenige Jahre später empfindlich gestört. Im Laufe der innerstädtischen Auseinandersetzungen zwischen den Geschlechtern

[481] Schnitzler, Gründung der Universität Rostock, S. 152.
[482] a. a. O., S. 153; Urkunde gedruckt bei: Franck, S. 176 f.
[483] Koppmann, Stadt Rostock, S. 24; Schnitzler, a. a. O., S. 157; Franck, S. 180 f.

und Ämtern Rostocks (1428 ff.) waren mehrere Mitglieder des Rates aus der Stadt geflohen und hatten sich mit der Bitte um Hilfe an die Herzogin Katharina sowie Kaiser Sigismund gewandt. Im Verlaufe dieses Streits war Rostock mit Acht und Aberacht wie auch mit dem Interdikt belegt worden. 1437 hatte die Universität dann mit Zustimmung des Konzils zu Basel die Stadt verlassen und war nach Greifswald gezogen [484]. Ihre Rückkehr gestaltete sich allerdings schwierig, weil der Rostocker Rat sich längere Zeit weigerte, Professoren und Studenten wieder in die Stadt aufzunehmen. Das geschah erst Ostern 1443 und unter sehr harten Bedingungen. Die Universität mußte für die Dauer von 200 Jahren auf die jährliche Zahlung der 800 Rh.G. verzichten, erhielt aber statt dessen die Möglichkeit, ihr bisher von der Stadt verwaltetes Vermögen zu nutzen, das ihr jedoch nur während ihres Aufenthalts in Rostock zur Verfügung stehen sollte [485].

1483, bald nach dem Tode ihres Bruders Albrecht, hatten sich die Herzöge Magnus II. und Balthasar nach Rostock begeben und den Professoren der Universität eröffnet, sie hätten die Absicht, die Pfarrkirche St. Jakobi zugunsten der Universität in ein Kollegiatstift umzuwandeln [486]. Nach Darstellung der Herzöge ging dieser Plan bereits auf das Jahr 1477 zurück: damals hätten neben anderen einflußreichen Persönlichkeiten auch Mitglieder der Universität diesen Vorschlag gemacht. Ihr verstorbener Bruder Albrecht habe die Ausführung zwar zunächst verhindert, schließlich aber auf seinem Sterbelager den Wunsch geäußert, *ensodanes vor eyn selegerede to funderende*. Diesen letzten Willen wollten die Herzöge also erfüllen und damit zugleich auch für die Verbesserung des Gottesdienstes in Rostock sorgen [487]. Die neue geistliche Stiftung solle aber vor allem der materiellen Sicherung der Universität und der Versorgung der Angehörigen ihres Lehrkörpers dienen [488]. Die Professoren äußerten sich sehr zurückhaltend zu diesem Vorhaben und gaben ihrer Sorge Ausdruck, daß es Anlaß zu neuen Konflikten zwischen der Stadt und der Universität geben könnte [489]. Als die Herzöge dann auch dem Rostocker Rat ihre Absicht

---

[484] Witte, S. 237 ff.
[485] Koppmann, a. a. O., S. 33-34; Schnitzler, a. a. O., S. 158.
[486] Koppmann, a. a. O., S. 40; Witte, S. 282.
[487] Krabbe, S. 183; HR III, 1, n. 497.
[488] Krantz, Wandalia, XIII, 39. Nach Schnitzler, a. a. O., S. 161 könnte der Plan sogar schon aus der Zeit der Universitätsgründung stammen. Vgl. Schnitzler, Inauguration a. a. O., S. 57.
[489] Krantz, a. a. O., XIII, 39.

bekanntgegeben hatten, erbat der sich Bedenkzeit. Am 8. September 1483 ließ er mitteilen, daß er die Umwandlung der Pfarrkirche St. Jakobi in ein Kollegiatstift ablehne: es gäbe ohnehin eine zu große Anzahl von Geistlichen in der Stadt, und einer Vermehrung des Gottesdienstes bedürfe es nicht. Was die Universität beträfe, so bedeute sie bereits eine große Belastung für Rostock, und wegen des sittenlosen und gemeingefährlichen Treibens der Studenten sähe der Rat es gern, wenn sie an einen anderen Ort verlegt würde [490].

Wahrscheinlich ohne ihr Verschulden war die Universität so wiederum zwischen die Fronten einer Auseinandersetzung geraten. Es muß sehr zweifelhaft erscheinen, ob die Professoren, wie die Herzöge behauptet hatten, maßgeblich für die Errichtung der geistlichen Stiftung eingetreten waren. Denn es war ihnen nur zu bekannt, wie der Rostocker Rat eine derartige Haltung beurteilen würde. Albert Krantz, der die derzeitigen Verhältnisse in Rostock aus eigener Anschauung kannte, vermutet, daß geistliche Räte der Fürsten ihre Herren in diesem Vorhaben bestärkt hätten [491]. In anbetracht der schon seit Jahren andauernden Spannungen stieß die Errichtung der geistlichen Stiftung in Rostock sofort auf Ablehnung und Widerstand. Durch zahlreiche Gerüchte, so berichtet Krantz, wurde diese Stimmung noch verstärkt: Die Fürsten — so hieß es — nähmen die Errichtung der Kollegiatkirche nur als einen Vorwand, um sich der Stadt zu bemächtigen. Sie hätten die Absicht, in Rostock eine Burg zu errichten und den Bischofssitz von Schwerin hierher zu verlegen [492].

Einen wahren Kern mochten diese Äußerungen gehabt haben. Herzog Magnus hatte seit dem Beginn seiner Regierung mit Unterstützung der Kurie wachsenden Einfluß auf den Klerus seines Landes zu gewinnen gesucht und planmäßig eine beträchtliche Zahl neuer Patronatsrechte in seine Hände gebracht. Diese Tendenzen zu einem landesherrlichen Kirchenregiment [493] wurden sicherlich besonders in Rostock mit großem Argwohn beobachtet. Die Errichtung des Kollegiatstifts konnte sicherlich durch die Gewinnung neuer Kanonikate auch den Einfluß des Landesherrn auf die Stadt vergrößern, wenn er das Recht erhielt, diese

---

[490] Krabbe, S. 184-185; Witte, S. 282 f.
[491] Krantz, a. a. O., XIII, 39.
[492] a. a. O., XIV, 6.
[493] Weißbach ,S. 30, 45 f., 52, 57, 75 ff., 85, 126 ff.; Hashagen, S. 29, 199, 441; Schmaltz, S. 258.

geistlichen Ämter mit Männern seines Vertrauens zu besetzen. Der Widerstand Rostocks gegen diese Pläne mußte die bereits vorhandenen Gegensätze noch weiter verschärfen.

b) Die geistliche Gerichtsbarkeit als Mittel fürstlicher Politik

Magnus II. beantwortete die Weigerung Rostocks, der Errichtung der geistlichen Stiftung zuzustimmen, mit einer Klage vor dem Bischof von Schwerin. Dieser forderte die Stadt auf, ihre ablehnende Haltung entweder aufzugeben oder aber zu begründen. Rostock befolgte dieses Mandat jedoch nicht, sondern erhob sofort Einspruch vor dem Gericht des Bischofs von Münster, des Administrators der Erzstifts Bremen. Darauf verurteilte Bischof Conrad von Schwerin die Stadt *in contumaciam,* der Umwandlung der Kirche St. Jakobi in ein Kollegiatstift keinen weiteren Widerstand mehr entgegenzusetzen. Rostock appellierte auch gegen dieses Urteil vor der übergeordneten Instanz und erreichte, daß der Bremer Domherr Dr. Johannes Barum als Kommissar des Erzstifts den Streit mit den Herzögen entscheiden sollte. Diese wiederum wollten sich nicht dem Spruch des Domherrn unterwerfen und erhoben ihrerseits Einspruch bei Papst Sixtus IV. [494].

Damit war der Prozeß, den die Herzöge gegen Rostock angestrengt hatten, in kurzer Zeit bis vor die höchste Instanz geistlicher Gerichtsbarkeit getragen worden. Bevor jedoch in Bremen oder in Rom Urteile gefällt werden konnten, sprach der Bischof von Schwerin am 9. Mai 1484 über Rostock das Interdikt aus und bedrohte es mit der „Anrufung des weltlichen Armes". Rostock appellierte ein drittes Mal an Bischof Heinrich von Münster und erhob auch beim Papst Einspruch gegen die Klage der Herzöge. Es setzte außerdem durch, daß sich am 1. Juni 1484 die Geistlichkeit der vier Stadtkirchen wie auch die Universität diesen Schritten anschlossen [495]. Daher fanden die gottesdienstlichen Handlungen trotz des Interdikts auch für die Bevölkerung der Stadt keine Unterbrechung. So erwies sich die Kirchenstrafe gegen

---

[494] Krantz, a. a. O., XIV, 6; HR III, 1, n. 547, § 45; Koppmann, Stadt Rostock, S. 41; Witte, S. 284.
[495] Krantz, a. a. O., XIV, 6; Schmaltz, S. 261; Schnitzler, Das religiöse und geistige Leben, S. 69; Koppmann, a. a. O., S. 41; v. Westphalen, Monumenta inedita, III, S. 825.

Rostock als unwirksam. Als sich schließlich sogar Papst Sixtus im Sommer 1484 zugunsten der Stadt ausgesprochen hatte, schien diese siegreich aus dem Rechtsstreit hervorzugehen.

Der Tod des Papstes im August 1484 ermöglichte es den Herzögen, bei seinem Nachfolger Innocenz VIII. sofort mit einer neuen Klage vorstellig zu werden. Sie erreichten es, daß dieser am 27. November 1487 die Entscheidung des Bischofs von Schwerin bestätigte und zugleich auch die Exekutoren ernannte[496]. Am 13. März 1485 wurde die päpstliche Bulle in Marienehe bei Rostock publiziert. Der Rostocker Rat verweigerte jedoch die Annahme und appellierte am 21. März gegen die Entscheidung des Papstes. Die Drohung des Bischofs von Ratzeburg, eines der päpstlichen Exekutoren, das Interdikt über die Stadt zu verhängen, beantwortete der Rat damit, daß er das Urteil Papst Sixtus IV. an die Kirchentüren schlagen ließ und auch gegen das Mandat des Bischofs von Ratzeburg appellierte. Als am 8. November 1485 das Interdikt verkündet wurde, erwies es sich abermals als wirkungslos, weil die Rostocker Geistlichkeit es nicht befolgte[497].

Inzwischen war es, wie erwähnt, wegen der Hinrichtung des Schwaaner Vogts Vrese zu einer weiteren Zuspitzung der Lage gekommen, und Herzog Magnus sah sein Ansehen gefährdet, wenn er sich nicht wenigstens in der Frage des Kollegiatstifts gegen Rostock durchzusetzen vermochte. Daher reiste er zu Beginn des Jahres 1486 selbst nach Rom und erreichte, daß Innocenz VIII. entschied: es solle bei der Errichtung des Kollegiatstifts bleiben, und die Stadt solle sich endgültig fügen. Der Bischof von Ratzeburg erhielt erneut den Auftrag, das ergangene Urteil zu vollziehen. Gleichzeitig richtete der Papst auch Gebotsbriefe an benachbarte Fürsten und Städte und forderte Kaiser Maximilian I. auf, seine Autorität zugunsten der Herzöge von Mecklenburg zu gebrauchen. Am 13. Juli 1486 wurde die päpstliche Bulle in Rostock ausgehändigt[498].

Der Prozeß war damit zwar zugunsten der Fürsten entschieden, doch blieb abzuwarten, ob sie das Urteil auch zu vollstrecken vermochten. Daß Herzog Magnus sich gegen Rostock der geistlichen Gerichtsbarkeit bedient hatte, darf ohnehin nicht als Zeichen der Stärke seiner Stellung

---

[496] HR III, 1, S. 551, A. 3; Franck, S. 200 f.; Schmaltz, S. 261; Witte, S. 284; Koppmann, a. a. O., S. 43.

[497] Reg. dipl. hist. Dan. I, 1, n. 4804; Koppmann, a. a. O., S. 43.

[498] Krantz, Wandalia, XIV, 6; Schmaltz, S. 261; Koppmann, a. a. O., S. 45 f.; Weißbach, S. 48.

im Lande gewertet werden. Ein Erfolg auf diesem Wege erschien durch
den Einfluß garantiert, den er auf die Bischöfe seines Landes auszuüben vermochte [499]. Da es sich bei diesem Streit um eine Kirche handelte, bestand formal die Berechtigung, einen unmittelbaren Druck
durch die Anwendung von kirchlichen Srtafen auch auf die Bevölkerung der Stadt auszuüben, in der Erwartung, daß diese sich gegen den
Rat wenden sollte, um die Wiederaufnahme gottesdienstlicher Handlungen zu erzwingen. Wie eine Untersuchung über die Anwendung des
Interdikts und seine Wirkung als politisches Kampfmittel [500] erkennen
läßt, wurde diese Kirchenstrafe zu der Zeit verhältnismäßig oft und
meist auch mit Erfolg angewandt. In Rostock aber zeigte sich, daß das
Interdikt seine Wirksamkeit am Ausgang des 15. Jahrhunderts bereits
weitgehend eingebüßt hatte. Die Ursache mag z. T. in einer allgemeinen Unzufriedenheit und einem gewissen Trotz gegenüber der
Geistlichkeit liegen, wie sie bereits mehrfach angeklungen waren [501]
und auf gewisse vorreformatorische Strömungen hinweisen [502]. Andererseits wurde aber auch deutlich, daß das landesherrliche Kirchenregiment in einer Stadt wie Rostock kaum Einfluß auszuüben vermochte.
Hier Wandel zu schaffen, war eines der Ziele, die Herzog Magnus
verfolgte.

Die Vielzahl der Klagen, Mandate, Appellationen und Urteile, die
in knapp zwei Jahren ergangen waren, läßt erkennen, wie schwach die
Position dieses Herrschers mit absolutem Machtanspruch gegenüber
einer Stadt wie Rostock in Wirklichkeit war. Es bedurfte eigens einer
Reise nach Rom und dort vermutlich nicht geringer Geldmittel, um
sich eine fundierte Rechtsgrundlage für das weitere Vorgehen gegen
Rostock zu verschaffen. Doch auch auf diesem Felde erwies sich die
Stadt als ein zäher Gegner, der eigens Juristen der Universität nach
Rom entsandte und — wie wir wissen — Magnus II. die Erreichung
seines Zieles nach Kräften erschwerte [503].

Immerhin erschien nach dem letzten Ausspruch des Papstes ein
weiterer Widerstand wenig aussichtsvoll. Eine Entscheidung des Rates
konnte nur darauf hinauslaufen, sich zu fügen oder notfalls den Kampf
aufzunehmen. Ein Teil der Ratsherren vertrat den Standpunkt, wenig-

---

[499] Vgl. Anm. 493.
[500] Dix, S. 3 f., 6, 8, 23; Krabbe, S. 190 f.
[501] Vgl. Seiten 98, 103 dieser Arbeit.
[502] Nerger; Heeß, Geschichtl. Bibliogr. v. Meckl., n. 7502-7505.
[503] Krabbe, S. 193.

stens zum Schein auf die Forderungen der Herzöge einzugehen und sie nicht unnötig zu reizen. Vielleicht — so meinten sie — werde es auch gar nicht zur Ausführung ihres Vorhabens kommen. Die Gegenpartei wollte sich indessen der Absicht der Herzöge unter allen Umständen entgegenstellen, da sie die Freiheit der Stadt in Gefahr sah und befürchtete, einmaliges Nachgeben werde mit Sicherheit weitere ähnliche Schritte zur Folge haben. Schließlich gewann die Auffassung Oberhand, die Stadt müsse sich wohl oder übel in das Unvermeidliche schicken. Nachdem dieser Beschluß gefaßt worden war, ließ der Rat am 18. und 22. Juli 1486 dem Bischof von Schwerin und den Herzögen entsprechende Erklärungen zugehen: ... *wy unde unse borgere* ... *hebben den baden und breven unses alderhilghesten vaders des pawestes in aller mate zie luden, alze gude cristlude parert* ...[504]. Wie sich später herausstellte, entsprach diese Erklärung nicht in vollem Umfange den Tatsachen. Nach Mitteilung des zeitgenössischen Rostocker Chronisten muß man nämlich annehmen, daß der Rat den Bürgern und Einwohnern der Stadt die Zusicherung gegeben hatte, daß es nicht zur Errichtung der Kollegiatkirche kommen werde[505]. Das schien dem Rat notwendig gewesen zu sein, denn es war bekannt, daß der Plan der Herzöge bei der Mehrheit der Bevölkerung auf entschiedene Ablehnung stieß. Darüber hinaus gewinnt man den Eindruck, als ob ein Teil der Ratsherren nach wie vor dieser Auffassung zustimmte und daraus auch außerhalb des Rates kein Hehl machte. Wenn man in Lübeck über Meinungsverschiedenheiten unter den Rostocker Ratsmitgliedern informiert war, dann waren diese mit Sicherheit in Rostock allgemein bekannt[506].

Sehr bald kam der Rat durch seine unklare und widerspruchsvolle Haltung in arge Verlegenheit. Als Bischof Johann von Ratzeburg für alle an der Weihe des Kollegiatstiftes Beteiligten sicheres Geleit forderte, mußte um Aufschub gebeten werden, um zunächst mit den Bürgern und Einwohnern zu verhandeln. Der Bischof betrachtete das als ein neues Ausweichmanöver und als einen Bruch der Erklärung, die der Rat im Juli ausgestellt hatte. Er verhängte abermals über Rostock das Interdikt[507]. Die Verhandlungen in Wilsnack im Oktober

---

[504] Krantz, a. a. O., XIV, 6-7; HR III, 2, n. 63; Lange, Hans Runge, S. 103.
[505] Krause, Veide, S. 1; vgl. Lange, a. a. O., S. 104.
[506] Vgl. Seite 111 f. dieser Arbeit.
[507] Koppmann, Stadt Rostock, S. 47; Witte, S. 284; Schnitzler, Das religiöse und geistige Leben, S. 70; Schmaltz, S. 261.

1486, über die noch zu berichten sein wird, gewährten dem Rat noch-
mals einen kleinen Aufschub. Als auch dieser Schlichtungsversuch ergebnislos geblieben war, sah er sich jedoch genötigt, am 22. November
1486 folgenden Vergleich zu schließen: die Errichtung des Kollegiatstifts sollte keine weitere Verzögerung mehr erfahren. Alle anderen
Differenzen zwischen der Stadt und den Herzögen würden im Januar
1487 in Rostock verhandelt werden. Gegebenenfalls waren die mecklenburgischen Stände als Schiedsrichter anzurufen [508]. Der Rostocker
Rat mochte dem Einzug der Herzöge im Januar 1487 mit Beklommen-
heit entgegensehen: es war zu befürchten, daß die Bevölkerung mit
ihrem Mißfallen nicht zurückhalten würde.

c) Die Haltung der wendischen Städte
    zum Vorgehen der mecklenburgischen
    Herzöge gegen Rostock

Nachdem die Herzöge von Mecklenburg begonnen hatten, vor geistlichen Gerichten gegen Rostock vorzugehen, wandte es sich — wohl
erstmalig im Januar 1484 — mit der Bitte um Unterstützung an die
wendischen Städte. Diesem Wunsch wurde dadurch entsprochen, daß
die Verbündeten Verwendungsschreiben an die Herzöge wie auch an
das Kapitel des Erzstifts Bremen richteten [509]. Die Herzöge versuchten
darauf, ihre Haltung vor dem Lübecker Rat zu rechtfertigen und zu
begründen: es gehe ihnen lediglich darum, eine i h r e r Kirchen in eine
bessere materielle Lage zu versetzen. Das sei ihr Recht, und da auch
die Genehmigung des zuständigen Bischofs vorliege, bedürfe es nicht
noch der Zustimmung der Geistlichkeit dieser Kirche und vor allem
nicht der *weltlichen Kirchspielleute*. Es sei nicht ihre Absicht, Rostock
seine Privilegien zu nehmen, sofern diese nicht im Gegensatz zu ge-
schriebenem und göttlichem Recht stünden und die Stadt sie nicht
selbst verwirkt habe. Im übrigen werde bei den Rostockern die Haltung vermißt, die Untertanen gegenüber ihren Herren zu beachten
hätten [510]. Damit mußte auch in Lübeck deutlich werden, daß der Kern
dieser Auseinandersetzung darin zu sehen war, daß die Herzöge in

---

[508] HR III, 2, n. 78-79; Witte, S. 285; Koppmann, a. a. O., S. 49.
[509] HR III, 1, n. 495, 501, §§ 1, 3, 7, 87-89.
[510] a. a. O., n. 497.

allen entscheidenden Fragen von Rostock Unterwerfung unter ihren Willen forderten. Das war bereits die Ursache der Konflikte der vorhergehenden Jahre gewesen.

Als die wendischen Städte am 15. März 1484 die Herzöge wissen ließen, sie seien von Rostock beauftragt, ihm als Vermittler zur Seite zu stehen, und sie würden es in seiner gerechten Sache nicht verlassen[511], erhielten sie zur Antwort: die strittige Frage sei eine geistliche Angelegenheit und könne daher nur von geistlichen Gerichten entschieden werden. Die Städte sollten daher Rostock nicht weiter in seiner Widersetzlichkeit unterstützen [512]. Diese Auffassung vertraten die Herzöge auch in der gesamten folgenden Zeit, um eine Einmischung der Verbündeten Rostocks zu vermeiden und weil sie sicher waren, mit Hilfe der geistlichen Gerichtsbarkeit ihr Ziel am schnellsten zu erreichen.

Während der Verhandlungen der Städte mit König Johann von Dänemark im Juli 1484 in Kopenhagen informierten die Rostocker die Ratssendeboten der anderen Städte über den Stand der Auseinandersetzungen mit ihren Landesherren: obwohl das Verfahren vor der Kurie noch nicht entschieden sei, habe bereits ein reger Kleinkrieg gegen die Stadt eingesetzt, und es seien den Rostockern etwa 500 Pferde genommen worden. Man rechne mit einem Kampf und richte daher an Danzig die Frage, ob es notfalls Korn und andere Güter liefern werde [513]. Die Danziger versprachen, ihrem Rat entsprechend zu berichten, rieten aber, einen Krieg nach Möglichkeit zu vermeiden, der zwar leicht zu beginnen, aber nur sehr schwer zu beenden sei. Dieser Auffassung schlossen sich auch die Vertreter der anderen Städte an. Die Sorge Rostocks schien nicht unbegründet zu sein. Im August 1484 teilte Lübeck mit, es habe erfahren, daß Herzog Johann von Sachsen-Lauenburg in beträchtlicher Zahl Fußvolk und Reiterei sammle, um etwas gegen Rostock zu unternehmen. In Lübeck sei die Anwerbung von 10 Knechten verhindert und ein Verbot erlassen worden, Sold gegen die Städte zu nehmen [514].

Am 1. August 1484 fanden durch Vermittlung der wendischen Städte Verhandlungen in Wismar statt, die ergebnislos endeten, weil die Herzöge sich nicht einer Entscheidung der Städte beugen wollten. Wenig später wurde dann aber mit Wismars und Stralsunds Hilfe in

---

[511] a. a. O., n. 508.
[512] a. a. O., n. 509.
[513] Vgl. Seite 63 dieser Arbeit; HR III, 1, n. 546, § 160, n. 547, § 45.
[514] a. a. O., n. 572.

Kröpelin ein Abkommen erzielt, alle Streitigkeiten bis zum 11. November ruhen zu lassen und in der Zwischenzeit eine weitere Tagfahrt durchzuführen. In Ribnitz einigten sich Rostock und die Herzöge am 29. September 1484 hinsichtlich des Kollegiatstifts auf einen Stillstand für ein Jahr, hinsichtlich der sonstigen Differenzen bis zum 1. Mai 1485. Am 5. Oktober 1484 — so wurde weiter beschlossen — wollte man in Doberan zusammentreffen, um mit Hilfe des Bischofs von Schwerin, Doktoren der Universität Rostock sowie einiger Prälaten Wege zu suchen, um die Rostocker Geistlichkeit zu versorgen, ohne den Rechten der Stadt wie der Herzöge Abbruch zu tun. Dieses Einlenken der Herzöge läßt sich dadurch erklären, daß sie zu dieser Zeit noch nicht sicher waren, eine Entscheidung des Papstes in ihrem Sinne zu erlangen. Wie erinnerlich, hatte Papst Sixtus IV. dann tatsächlich zugunsten Rostocks entschieden. Dieses Urteil nahm den Herzögen zunächst jeden Rechtsgrund, weiter gegen die Stadt vorzugehen. Daher stellte sich Herzog Magnus auf den Standpunkt, Rostock habe mit seiner Appellation an den Papst gegen die Kröpeliner Abmachungen verstoßen, die damit hinfällig geworden seien. Er verlangte, die Stadt solle sich nunmehr einem Spruch einheimischer oder auswärtiger Prälaten unterwerfen. Diese Wendung konnte Rostock nicht allzu sehr treffen, zumal die Herzöge sie vollzogen hatten und mit einer Taktik, die sie selbst gewählt hatten, nun die Unterlegenen waren [515]. Bedeutsamer dagegen war das Eingreifen des dänischen Nachbarn in den bislang landesinternen Streit. Am 9. Oktober 1484 richtete König Johann von Dänemark die Aufforderung an die Stadt, sich dem rechtmäßigen Urteilsspruch in dem Streit mit seinen Landesherren zu unterwerfen. Für den Augenblick hatte das weiter keine nachteiligen Folgen für Rostock, doch sollten diese auf die Dauer nicht ausbleiben [516].

Nach der Beschlagnahme des Strandguts an der mecklenburgischen Küste durch die Vögte von Schwaan und Bukow [517] benutzten die Gesandten der Herzöge die Verhandlungen mit den wendischen Städten, um gegen Rostock auch Klagen wegen des angeblichen Bruchs der Abmachungen von Ribnitz, Doberan und Marienehe vorzubringen [518]. Die Städte entzogen sich jeder Stellungnahme mit dem Hinweis, daß

---

[515] a. a. O., n. 567, 571; Hegel, Urkundenanhang, n. 3; Koppmann, a. a. O., S. 43.
[516] Reg. dipl. hist. Dan. I, 1, n. 4785 1484 Oktober 9.
[517] Vgl. Seite 95 dieser Arbeit.
[518] HR III, 1, n. 582, §§ 3-5.

die Räte der Fürsten ohne Verhandlungsvollmacht seien[519]. Auf der gleichen Tagfahrt waren dann — wie erwähnt — Beschlüsse über Maßnahmen zur Abwehr des Strandraubs gefaßt worden. Unmittelbar darauf hatte Rostock das Strafgericht an Gerd Vrese, dem Vogt von Schwaan, vollzogen[520]. Nach allem Vorausgegangenen mußte diese Aktion Herzog Magnus maßlos reizen. Doch blieb, wie ebenfalls erwähnt, sein Versuch einer Vergeltung nur ein Vorhaben[521].

Während Rostock sicher sein durfte, wegen des Konflikts um das Strandrecht die etwa notwendige Hilfe von den Städten zu empfangen, war dies hinsichtlich der Kontroverse um das Kollegiatstift nur bedingt der Fall. Lübeck erklärte sich im Februar 1485 zwar bereit, ein Verwendungsschreiben an die päpstliche Kurie zu richten sowie Hamburg und Lüneburg ebenfalls dazu zu bewegen: Stralsund und Wismar müsse Rostock jedoch selbst dazu veranlassen[522]. Die Städte zeigten dann aber im April 1485 wenig Neigung, sich der Appellation Rostocks anzuschließen[523]. Auf den folgenden Tagfahrten wurde der Streit um die geistliche Stiftung nicht einmal mehr berührt. Erst über ein Jahr später begann sich Lübeck wieder mit dieser Frage zu befassen, als Herzog Magnus nach seiner Heimkehr aus Rom energisch darauf bestand, daß Rostock nunmehr unverzüglich der päpstlichen Entscheidung Folge leisten müsse[524]. Jetzt mühte sich Lübeck, die streitenden Parteien wieder zu Verhandlungen zu bewegen. Es ließ Rostock wissen, daß seine Ratssendeboten Ende Juni 1486 mit dem Rostocker Rat wie auch mit den Bürgern und Einwohnern der Stadt zu sprechen wünschten, *dat man de sake des collegiums halven to ener guden wyse bringen mochte* ... Bei dieser Gelegenheit mochte Lübeck von den Meinungsverschiedenheiten innerhalb des Rostocker Rats erfahren haben. Es brachte zwar ein Zusammentreffen der Rostocker mit den Herzögen bei Hohen Sprenz zustande, eine Einigung konnte jedoch auch diesmal nicht erzielt werden[525].

Wie erinnerlich — hatte der Rostocker Rat dann im Juli 1486 seinen Widerstand aufgegeben. Doch führte die Verzögerung des Geleits für die päpstlichen Exekutoren wie auch für die Herzöge mit ihrem Ge-

---

[519] a. a. O., §§ 7-8.
[520] Vgl. Seite 96 dieser Arbeit.
[521] Ebenda; Hegel, S. 100.
[522] HR III, 1, n. 588 (Zettel).
[523] a. a. O., n. 601, §§ 40, 42, 52-53.
[524] Vgl. Seite 105 dieser Arbeit.
[525] HR III, 2, n. 59-61.

folge zu neuen Spannungen und am 7. August 1486 abermals zur Ver-
hängung des Interdikts über die Stadt [526]. Lübeck zeigte sich überrascht
von dieser Entwicklung und ermahnte den Rostocker Rat, künftig mehr
Sorgfalt und Achtsamkeit auf die Führung seiner Angelegenheiten zu
verwenden und insbesondere dafür Sorge zu tragen, daß die in Lübeck
bekannten ernsthaften Gegensätze innerhalb des Rates umgehend beigelegt würden. In der gegenwärtigen Situation könnten daraus erhebliche Gefahren erwachsen [527]. Der Hinweis, Rostock verfüge ja über
eine ausreichende Zahl von fähigen Juristen, so daß es ihm nicht an
Rat mangeln werde, konnte als eine deutliche Mahnung verstanden
werden, nicht unbedingt und in jedem Falle auf die Hilfe der Bundesgenossen zu rechnen. Die Nachricht, daß im Oktober 1486 endlich die
wiederholt verschobenen Vermittlungsverhandlungen unter dem Vor-
sitz des Kurfürsten von Brandenburg stattfinden sollten, enthoben
zunächst einmal alle Beteiligten der Notwendigkeit, in dieser Angelegenheit weitere Beschlüsse zu fassen.

d) Die Wilsnacker Verhandlungen

Im Oktober 1486 fanden in Wilsnack die Verhandlungen statt, die
Markgraf Johann von Brandenburg bereits im März 1485 vorgeschla-
gen hatte [528]. Außer den Streitigkeiten in Mecklenburg sollten zugleich
auch Differenzen zwischen den Städten Lübeck, Hamburg, Lüneburg
und dem Herzog von Sachsen-Lauenburg zur Sprache kommen [529].
Diese Verhandlungen nehmen in der unübersehbaren Reihe von Tagfahrten, die aus Anlaß der Konflikte Rostocks mit seinen Landesherren
durchgeführt wurden, insofern eine besondere Stellung ein, als hier
außer den im Vordergrund stehenden Fragen Kollegiatstift und

---

[526] Vgl. Seite 107 dieser Arbeit.
[527] HR III, 2, n. 62-65.
[528] HR III, 1, n. 599-600; vgl. Seite 99 dieser Arbeit. Über die Verhandlungen in
Wilsnack liegen umfangreiche Aufzeichnungen vor: HUB 11, n. 72 Rezeß; HR III,
2, n. 75 Bericht des Albert Krantz (seit 29. September 1486 Lübecker Syndikus) in
lat. Sprache; HR III, 2, n. 76 Summarischer Bericht des Albert Krantz (nieder-
deutsch). Dauer der Verhandlungen: 15.-18. Oktober. Der Rezeß datiert: 15.-27.
Oktober. — Nach dem Tode des Kurfürsten Albrecht (Achilles) von Brandenburg am
11. März 1486 war ihm sein Sohn Johann in der Regierung der Mark gefolgt.
[529] HR III, 1, n. 494, 501, §§ 2, 125; HR III, 2, n. 11, § 35, n. 26, §§ 58, 60;
HUB 11, n. 180-181.

Strandrecht weitere erhebliche Meinungsverschiedenheiten zum Vor-
schein kamen und die eigentlichen politischen Bestrebungen Magnus II.
außerordentlich deutlich hervortraten.

Rostock war in Wilsnack durch zwei Bürgermeister und zwei Ratsherren sowie seinen Sekretär, die übrigen wendischen Städte waren
durch insgesamt 13 Ratsmitglieder und städtische Beamte vertreten,
unter ihnen Albert Krantz, der seit September 1486 als Syndikus in
lübischen Diensten stand [530]. Angesichts der Spannungen zwischen
Rostock und seinen Landesherren war es nicht verwunderlich, daß
beide Parteien gleich zu Beginn der Verhandlungen hart aufeinander-
prallten. Dem äußeren Anschein ging es nur um Verfahrensfragen: die
Herzöge von Mecklenburg meinten als Kläger allein zum Vortrag ihrer
Beschwerden berechtigt zu sein, während Rostock forderte, auch seine
Gegenklagen vorbringen zu dürfen. Ferner verlangten die Herzöge
von den Ratssendeboten Rostocks eine förmliche Verhandlungsvollmacht, wohingegen diese den Standpunkt vertraten, als Ratsmitglieder
und ernannte Sendeboten ohne weiteres im Namen ihres Rates sprechen
und verhandeln zu können. Die Fürsten — und unter ihnen, wie die
Folge zeigen wird — maßgeblich Herzog Magnus — gedachten von
vornherein ihren höheren Rang gegenüber Rostock zur Geltung zu
bringen und dem Vermittlungsverfahren den Charakter einer Gerichts-
verhandlung über eine widersetzliche Stadt ihres Landes zu verleihen.
Ein förmliches Rechtsverfahren zwischen gleichstehenden Parteien
wollten sie nach Möglichkeit verhindern.

Rostock vermochte sich zunächst zu behaupten. Die Schiedsrichter
verzichteten auf eine besondere Vollmacht; sie ordneten an, daß beide
Parteien gehört und alle Streitpunkte erörtert werden sollten. Auf die
Klage der Herzöge sollten die Rostocker antworten, anschließend wollte man umgekehrt verfahren [531]. Für die Herzöge sprach der Leipziger
Rechtsgelehrte [532] Dr. Bruser, für die Rostocker ihr Bürgermeister
Kerkhoff. Die Ausführungen beider Seiten spitzten sich sehr schnell
auf einige Probleme von grundsätzlicher Bedeutung zu. Beträchtlichen Raum nahm, wie nichts anders zu erwarten war, die Frage des

---

[530] HR III, 2, n. 75, § 3; HUB 11, n. 72 (Einleitung). Beziehungen des Albert Krantz
zu Rostock: Reincke, Albert Krantz, S. 111 f.; HR III, 2, n. 75, § 1.
[531] HUB 11, n. 72, §§ 15-18; HR III, 2, n. 75, §§ 6-12.
[532] HR III, 2, n. 75, §§ 10-11: Bemerkungen über die Aussprache des Leipziger
Rechtsgelehrten, *qui alto Teutonico uteretur, non satis plana et intelligibili nec satis
expressa voce at sonora, sed introrsum loquens ebete sono ...* Ebenfalls § 14: *... alto
nimis et vix nostris intelligibili linguagio ...*

S t r a n d r e c h t s ein, das schon seit Jahren heftig umstritten worden war. Die Fürsten betrachteten es als ihr Gewohnheitsrecht, das von ihren Vorfahren wie übrigens auch von den benachbarten Königen und Fürsten seit undenklicher Zeit ausgeübt worden sei und von dem sie daher nicht zu lassen gedächten. Strandgut, so behauptete Dr. Bruser, haben den Herzögen stets gehört *velut ab altissimo illis donato;* denn der Strand sei ihr Eigentum wie das gesamte Land[533]. Der Sprecher Rostocks berief sich demgegenüber auf die Grundsätze geistlichen wie weltlichen Rechts und insbesondere auf die Privilegien seiner Stadt, einschließlich des Rechts, Strandräuber festnehmen und richten zu lassen[534].

Zu einer heftigen Kontroverse kam es ebenfalls wegen einer anderen Frage. Die Herzöge waren nämlich dazu übergegangen, L a n d - g ü t e r   R o s t o c k e r   B ü r g e r nach dem Aussterben des Mannesstammes als verfallene Lehen einziehen zu lassen. Die sich daraus ergebenden Rechtsstreitigkeiten sollten durch ihr H o f g e r i c h t entschieden werden[535]. Sie ließen ausdrücklich erklären: sie nähmen für sich das Recht in Anspruch, jeden Untertanen ihres Landes vor i h r Gericht zu ziehen, wenn sie gegen ihn Klage zu erheben hätten; denn nach Lehnsrecht sei es so üblich. Niemand habe im übrigen Privilegien vom Kaiser erworben. Diese allein könnten Befreiung vom geltenden Recht gewähren. Insofern betrachteten die Herzöge auch alle Sonderrechte, die von ihren Vorfahren verliehen worden seien und dem zuwiderliefen, als kraftlos[536]. Diesem Angriff begegnete Bürgermeister Kerkhoff mit der Feststellung, daß die erwähnten Landgüter keineswegs nach Lehnsrecht empfangen, sondern durch Kauf als erbliches Eigentum sowohl in männlicher als auch in weiblicher Erbfolge erworben worden seien[537]. Der Vater der jetzigen Herzöge habe den Rostockern außerdem das ausdrückliche Recht gewährt, in Rechtsstreitigkeiten nicht vor Gerichte außerhalb der Stadt geladen zu werden (*ius de non evocando*)[538].

---

[533] HUB 11, n. 72, § 19 (4), § 29 (4); HR III, 2, n. 75, § 17, § 46.
[534] HUB 11, n. 72, § 21 (4), § 22 (4); HR III, 2, n. 75, §§ 26, 35; Wandel der Rechtsauffassung des Strandrechts: Niitemaa, Strandrecht, S. 52 f.
[535] HUB 11, n. 72, §§ 19 (3), 22 (5); HR III, 2, n. 75, §§ 18, 37, 42; vgl. LUB 11, n. 199; HR III, 2, n. 28-29.
[536] HUB 11, n. 72, § 29 (5); HR III, 2, n. 75, § 48.
[537] HUB 11, n. 72, § 21 (3); HR III, 2, n. 75, § 27.
[538] HUB 11, n. 72, § 21 (5); HR III, 2, n. 75, § 37; Koppmann, Stadt Rostock, S. 35.

Dem Versuche, Rostock uneingeschränkt ihrer Macht zu unterwerfen, sollte auch die Forderung der Herzöge dienen, B ü n d n i s s e m i t a n d e r e n S t ä d t e n aufzugeben, weil derartige Verbindungen als verräterisch zu bezeichnen seien. Hier darf daran erinnert werden, daß ein Vorstoß in der gleichen Richtung schon um 1460 von Herzog Heinrich IV. gegenüber Wismar unternommen worden war [539]. Kerkhoff begnügte sich mit dem kurzen Hinweis, daß sich Rostocks Bündnisse nicht gegen die Landesherren richteten [540].

Schließlich warfen die Herzöge Rostock vor, es habe seit mehr als vierzig Jahren jährlich 800 Rh.G. zurückgehalten und unterschlagen, die der Universität rechtmäßig zustünden [541]. Damit machten sich die Herzöge zu Anwälten der Universität, die den genannten Betrag — wie bereits in anderem Zusammenhange erwähnt wurde — als Folge ihres Auszuges nach Greifswald eingebüßt hatte. Es handelte sich dabei aber um die 800 Rh.G., die 1418 die Vorfahren der Herzöge zur Erhaltung der Universität beizutragen v e r s p r o c h e n , aber nie gezahlt hatten. Da kaum anzunehmen war, daß den Rostocker Professoren daran liegen konnte, es wegen dieses alten Streits zu neuen Zerwürfnissen mit der Stadt kommen zu lassen, darf als sicher gelten, daß die Herzöge vor allem zu beweisen trachteten, wie sehr die Universität die materielle Unterstützung benötigte, die ihr durch die Errichtung des Kollegiatstifts zufließen würde. Kerkhoff entgegnete darauf nur: die Herzöge möchten doch den urkundlichen Beweis dafür erbringen, daß R o s t o c k zur Zahlung der strittigen Summe verpflichtet sei [542].

Hatte sich schon bisher gezeigt, daß an eine Annäherung der Standpunkte kaum zu denken war, so versteiften sich die Fronten vollends, als die Rostocker die Klage vortrugen, die ihnen die wichtigste schien: obwohl die Herzöge bei ihrem Regierungsantritt gelobt hätten, die Stadt im vollen Besitz aller Privilegien, Gewohnheiten und Freiheiten zu belassen, sei Rostock *zu seinem Nachteil und Verderben* mit einer g e i s t l i c h e n S t i f t u n g belastet und selbst dann noch mit dem Interdikt belegt worden, nachdem es bereits gelobt habe, der Entscheidung des Papstes Folge zu leisten [543]. Die Herzöge beriefen sich auf Innozenz VIII., der sich eindeutig zu ihren Gunsten ausgesprochen

---

[539] HUB 11, n. 72, § 19 (7); HR III, 2, n. 75, § 21; vgl. Seite 77 dieser Arbeit.
[540] HUB 11, n. 72, § 21 (7); HR III, 2, 75, § 30.
[541] HUB 11, n. 72, § 19 (6); HR III, 2, n. 75, § 20; vgl. Seite 101 dieser Arbeit.
[542] HUB 11, n. 72, § 21 (6); HR III, 2, n. 75, § 29.
[543] HUB 11, n. 72, § 22 (1); HR III, 2, n. 75, § 33.

habe und erklärten: sie seien nicht bereit, wegen dieser Angelegenheit in neue Verhandlungen einzutreten. Im übrigen handle es sich hier auch um eine Frage, für die allein geistliche Gerichte kompetent seien und über die nicht an diesem Orte entschieden werden könne [544].

Unter Bezugnahme auf den Wortlaut der Einladung nach Wilsnack erklärte darauf Kerkhoff: wenn nicht a l l e Differenzen erörtert werden sollten, sei Rostock nicht bereit weiterzuverhandeln [545]. Vermittlungsversuche blieben erfolglos, beide Parteien beharrten auf ihrem Standpunkt [546]. Ohne Ergebnis blieb auch der Versuch Lübecks, die mecklenburgischen Herzöge zur Herausgabe des beschlagnahmten Strandgutes zu bewegen und von ihnen die Zusage zu erlangen, daß sich ähnliche Übergriffe nicht wiederholen würden [547]. Da der Kurfürst von Brandenburg eilig nach Berlin aufbrechen mußte, kamen die Differenzen zwischen Lübeck, Hamburg, Lüneburg und dem Herzog von Sachsen-Lauenburg nicht einmal mehr zur Sprache [548]. So endeten die Verhandlungen in Wilsnack völlig ergebnislos.

Außer dem Streit um das Kollegiatstift und das Strandgut, den ursprünglichen Anlässen dieser Tagfahrt, waren in ihrem Verlauf noch schwerwiegende Differenzen hervorgetreten. Letztlich gingen alle auf die Tatsache zurück, daß Herzog Magnus II. gegenüber Rostock den Anspruch auf uneingeschränkte Ausübung der landesherrlichen Gewalt durchzusetzen versuchte [549]. Er betrachtete das Land als sein alleiniges Eigentum und die Bewohner ausnahmslos als Untertanen, die seiner Gerichtshoheit uneingeschränkt unterstanden. Privilegien, die dieser Anschauung zuwiderliefen, wurden kurzerhand für kraftlos erklärt. Das kam in den Kontroversen um das Strandrecht, das ius de non evocando wie auch vor allem um die Eigentumsrechte Rostocker Bürger an ihren Landgütern unmißverständlich zum Ausdruck [550]. Streitigkeiten dieser Art lassen sich bis zum Ende der Regierungszeit Magnus II. weiterverfolgen [551]. Ebenso standen Bündnisse mecklenburgischer Städte nach Auffassung des Herzogs im Widerspruch zu der Haltung,

---

[544] HUB 11, n. 72, § 29 (2); HR III, 2, n. 75, § 44.
[545] HUB 11, n. 72, § 31; HR III, 2, n. 75, § 54.
[546] HUB 11, n. 72, §§ 32, 33-35, 37-38; HR III, 2, n. 75, §§ 55-56, 59.
[547] HUB 11, n. 72, §§ 39-41; HR III, 2, n. 75, § 61.
[548] HUB 11, n. 72, §§ 43, 45-47; HR III, 2, n. 75, §§ 60-62.
[549] Vgl. Hamann, Das staatliche Werden, S. 39; Steinmann, Landessteuern, S. 6; ders., Finanzpolitik, S. 121.
[550] HR III, 2, n. 75, § 46; vgl. HR III, 1, n. 497; HR III, 2, n. 26, §§ 77-78, n. 28-29; vgl. Seite 94 ff. dieser Arbeit.
[551] Vgl. Seite 140 ff. dieser Arbeit.

die er von seinen Untertanen fordern zu können glaubte. Andere Meinungsverschiedenheiten wie etwa wegen der jährlichen Zahlung von 800 Rh.G. an die Universität oder selbst wegen der Kollegiatkirche traten demgegenüber in den Hintergrund, zumal die Herzöge in der zuletzt genannten Frage ohnehin die Kompetenz der Vermittler bestritten. Mit diesem verfahrenstaktischen Manöver erreichten sie zugleich das Scheitern der Verhandlungen.

e) Der Rostocker Aufstand im Januar 1487

Im November 1486 hatte der Rostocker Rat, wie bereits erwähnt, seinen Widerstand gegen die Errichtung des Kollegiatstifts aufgegeben. Im Januar des folgenden Jahres sollte in Anwesenheit der Herzöge und einer großen Zahl auswärtiger Gäste die Weihe der Kollegiatkirche St. Jakobi stattfinden. Am 8. Januar 1487 beschied Herzog Magnus den Rostocker Rat nach Doberan und erklärte: er wolle am nächsten Tage in die Stadt einziehen. Dem Hinweis, daß große Teile der Rostocker Bevölkerung der geistlichen Stiftung völlig ablehnend gegenüberständen, hatte der Herzog zunächst keine Bedeutung beigemessen und war mit seinem Bruder Balthasar, seiner Gemahlin und zahlreichem Gefolge wie vorgesehen in die Stadt eingezogen. Zwei Tage später schienen dem Herzog doch Bedenken gekommen zu sein; er richtete an den Rat die Frage, ob die Sicherheit der Angehörigen des Kollegiatstifts auch nach seiner Abreise garantiert werden könne. Die Ratsherren bejahten dies, baten dann aber den Herzog, am folgenden Tage bei der kirchlichen Feier auf ihre Anwesenheit zu verzichten. Da das aber ausdrücklich gefordert wurde, mußte der Rat vollzählig erscheinen [552].

Am Freitag, dem 12. Januar wurde die Kollegiatkirche von den Bischöfen von Schwerin und Ratzeburg geweiht, und die geistlichen Würdenträger des Stifts wurden in ihre Präbenden eingewiesen. Anschließend luden die Herzöge zu einem großen Festessen ins Johanneskloster, ihr Quartier, ein. Bisher war zwar alles ohne Störungen verlaufen, obgleich aufmerksamen Beobachtern nicht verborgen bleiben konnte, daß die Haltung und die Äußerungen vieler Rostocker nicht

---

[552] Vgl. Seite 107 f. dieser Arbeit; Krantz, Wandalia, XIV, 7 u. 10; HR III, 2, n. 102, § 4; Koppmann, Stadt Rostock, S. 50.

dem festlichen Charakter dieses Tages entsprachen. Der zeitgenössische
Rostocker Chronist faßte seinen Eindruck in die Worte: . . . *de borger
in disser guden stadt kurreden und murreden hir ser gantz umme und
weren mit alle tornisch und quath up eren Rath, wente de Radt hadde
den borgeren so nicht gelaveth* . . . [553]. Offenbar fühlte sich ein Teil der
Bewohner Rostocks vom Rat hintergangen, der entgegen seinen wirklichen Entscheidungen, die Zusicherung gegeben haben mochte, der
Errichtung des Kollegiatstift nicht zuzustimmen. Durch seine unklare
Haltung war nun eine Situation entstanden, wie sie Lübeck wiederholt
warnend vorausgesagt hatte. Albert Krantz, bis September 1486 selbst
Zeuge der Vorgänge in Rostock, war sogar der Auffassung, daß einige
Mitglieder des Rats diese Stimmung in der Bevölkerung bewußt ge-
schürt hätten [554].

Am Sonntag, dem 14. Januar brach der Tumult los. In St. Jakobi,
der neuen Stiftskirche, wurde die Messe durch die eindringende Volks-
menge gestört. Auch in St. Marien, der Hauptkirche Rostocks, erhob
sich Lärm: man suchte nach den „Domherren". Auf dem Neuen Markt
sahen sich die herbeigeeilten Ratsmitglieder einer erregten Menschenmenge gegenüber, die nach einem Opfer ihres Zornes verlangte.
Schließlich wurde Thomas Rhode, der bisherige Kanzler der Herzöge,
jetzt Propst des Kollegiatstifts, im Pfarrhaus an der Marienkirche ent-
deckt, auf die Straße gezerrt und erschlagen. Den Dechanten Hinrich
Pentzien warf man in den Lagebuschturm, unweit des Steintors. Anderen Mitgliedern des Stifts gelang es, sich zu verbergen oder aus der
Stadt zu entkommen. Herzog Magnus sah sich ebenfalls gezwungen,
Rostock eilig zu verlassen; Mitglieder des Rates mußten für seine
Sicherheit sorgen. Seine Kleinodien blieben im Johanniskloster zurück.
Herzogin Sophie war am Steintor Unflätigkeiten ausgesetzt, bis auch
sie aus der Stadt fliehen konnte.

Vor dem Rathaus fanden die zurückkehrenden Ratsherren immer
noch zahlreiche Neugierige und Teilnehmer der Ausschreitungen vor.
Ein gewisser Hans Runge machte sich zu ihrem Sprecher und forderte
vom Rat: wegen dessen, was jetzt geschehen sei, dürfe niemand bestraft
werden. Dafür würden alle miteinander einstehen und die Folgen auf
sich nehmen [555]. Der Rat stimmte dieser Forderung zwar zu, ließ dann
jedoch einen Mann festnehmen und hinrichten, der sich gerühmt hatte,

---

[553] Krause, Veide, S. 1; Lisch, Lateinische Chronik, S. 188; Krantz, a. a. O., XIV, 8.
[554] Krantz, a. a. O., XIV, 7.
[555] a. a. O., XIV, 9; Lisch, a. a. O., S. 188; Krause, a. a. O., S. 2.

Thomas Rohde getötet zu haben. Eine Frau, die an der Beleidigung der Herzogin teilgenommen hatte, wurde verhaftet. Die Herzöge erhielten die Zusicherung, daß alle Teilnehmer an den Gewalttätigkeiten bestraft würden. Jetzt richtete sich der Zorn der aufgebrachten Menge gegen die Bürgermeister Kerkhoff und Hasselbek, die anscheinend für ein Nachgeben gegenüber den Herzögen eingetreten waren und nach dem Aufstand gegen alle Beteiligten scharf durchgreifen wollten. Als sie Galgen und Rad mit Kreide an ihre Haustüren gemalt fanden, flohen sie mit ihren Söhnen am 28. März 1487 aus der Stadt. Zwei Ratsherren, die ihnen nachgeschickt wurden, um sie zurückzuholen, kehrten ebenfalls nicht nach Rostock zurück [556]. Als erste Reaktion der Herzöge traf die Stadt am 20. Februar das Interdikt, das die Geistlichkeit angesichts der Gewalttat an Thomas Rhode diesmal befolgte [557]. Viele Studenten verließen darauf Rostock, und die Universität zog — vermutlich im Juli des Jahres — nach Wismar und von dort weiter nach Lübeck [558].

Der Aufstand vom 14. Januar 1487 kam nicht überraschend. Meinungsverschiedenheiten innerhalb des Rostocker Rates waren bereits im Sommer 1486 hervorgetreten, als eine Entscheidung über das Kollegiatstift nicht mehr zu umgehen war. Die Einwohnerschaft der Stadt wurde weder im Juli noch im November darüber unterrichtet, daß der Beschluß gefaßt worden war, den Widerstand gegen die Landesherren aufzugeben, sondern offenbar mit gegenteiligen Zusicherungen vertröstet. Der Einzug der Herzöge stellte die Bewohner der Stadt damit vor vollendete Tatsachen und mußte den Eindruck erwecken, daß der Rat sie falsch informiert hatte. Es hat auch den Anschein, daß ein Teil der Ratsherren Anhänger unter der Bevölkerung gesucht hatte, um die Errichtung der geistlichen Stiftung mit Gewalt rückgängig zu machen. So richtete sich die Erhebung auch gegen die Ratsmitglieder, die dafür eingetreten waren, sich in das Unvermeidliche zu fügen. Zu dieser Gruppe dürften die Bürgermeister Kerkhoff und Hasselbek

---

[556] Krause, a. a. O., S. 3; Lange, Hans Runge, S. 106-108.

[557] Lange, a. a. O., S. 107; Krause, a. a. O., S. 3.

[558] Krantz, a. a. O., XIV, 14; Koppmann, a. a. O., S. 68; Schnitzler, Das religiöse und geistige Leben, S. 68; Schnitzler, Universitätsgeschichte, S. 365 f. Die letzte Immatrikulation erfolgte im Juni 1487, die erste in Lübeck am 2. August 1488. Die Herzöge hatten der Universität am 14. Februar 1487 Geleit bis Wismar erteilt; sie zeigten sich sehr ungehalten darüber, daß sie dieser Weisung nicht gefolgt, sondern nach Lübeck gegangen war. Über den Zeitpunkt der Rückkehr liegen widersprüchliche Angaben vor. Vgl. Olechnowitz, S. 241.

gehört haben. Nicht zu Unrecht hatte Lübeck mehrfach auf die Gefahren hingewiesen, die so tiefgehende Differenzen innerhalb des Rates
mit sich bringen mußten [559]. In einer Situation, in der die Stadt um
ihre Unabhängigkeit zu ringen gezwungen war, konnte jede innere
Uneinigkeit nur das Spiel der Fürsten erleichtern.

Meinungsverschiedenheiten im Rat und Abneigung der Bevölkerung
Rostocks gegen die Errichtung des Kollegiatstifts, das im Volke auch
als „Dom" bezeichnet wurde, vermögen andererseits das Losbrechen
des Volksaufstands vom Januar 1487 nicht ausreichend zu erklären.
Vorreformatorische Strömungen sind gerade in Rostock in diesen Jahrzehnten bezeugt [560], vor allem aber dürfen auch soziale Spannungen
innerhalb der städtischen Einwohnerschaft nicht unberücksichtigt bleiben [561]. Daher sollten die erwähnten Ereignisse im Sommer 1486 und
Januar 1487 mehr als Anlaß, nicht aber als die eigentliche Ursache des
Aufstands betrachtet werden. Für eine Untersuchung der Beziehungen
zwischen Städten und Fürsten erscheint diese Frage jedoch nicht von
entscheidender Bedeutung.

f) Vermittlungsversuche

Nach den Ereignissen in Rostock war die Gefahr einer bewaffneten
Auseinandersetzung mit den Fürsten sehr nahegerückt. Mitte März
1487 berieten die wendischen Städte in Lübeck über die Maßnahmen,
die nunmehr zu treffen seien. In ihrem Auftrage reiste der Lübecker
Syndikus Albert Krantz zu den Herzögen von Mecklenburg, um deren
Zustimmung für eine gemeinsame Tagfahrt zu erlangen. Den Ratssendeboten Rostocks wurde empfohlen, ihre Stadt solle sich umgehend
bei König Johann von Dänemark vergewissern, welche Haltung er
einnehmen werde und um weiteres freies Geleit in seinen Reichen
bitten. In anbetracht der gespannten Lage im Ostseeraum schien diese
Klärung besonders wichtig, auch für die übrigen Städte. Wegen der in
Holstein ansässigen Verwandtschaft des hingerichteten Gerd Vrese

---

[559] Vgl. Seiten 107 f. u. 111 f. dieser Arbeit.
[560] Vgl. Seite 106 u. Anm. 502.
[561] Hierzu: Lange, Verfassungskämpfe; Hamann, Stadtregiment; Schildauer, Auseinandersetzungen; ders., Sozialstruktur wendischer Hansestädte; ders., Sozialstruktur
der Hansestadt Rostock; Wiegand.

baten die Rostocker jedoch den Lübecker Rat, diesen Auftrag für sie zu übernehmen [562].

Am 24. April 1487 verhandelten Ratssendeboten Lübecks, Wismars und Stralsunds in Schönberg mit den Herzögen von Mecklenburg. Auch die aus Rostock entflohenen Bürgermeister Kerkhoff und Hasselbek hatten sich eingefunden. Auf ihre Frage, wie sie sich verhalten sollten, falls die Herzöge sie auffordern würden, unter ihren Räten Platz zu nehmen, erhielten sie zur Antwort: sie würden wohl wissen, was sie sich selbst und der Ehre ihrer Stadt schuldig seien. So bildeten sie eine Gruppe für sich, als die Herzöge Magnus und Balthasar mit Herzog Johann von Sachsen-Lauenburg, dem Bischof von Ratzeburg und zahlreichem Gefolge erschienen [563]. Mit wiederholten scharfen Ausfällen gegen Rostock trug Magnus II. ausführlich die lange Vorgeschichte des Geschehens im Januar vor und schloß mit den Worten: er sei also gezwungen gewesen, abermals mit kirchlichen Strafen gegen die Stadt vorzugehen, und er erwarte von den wendischen Städten, jeglichen Handelsverkehr mit dieser Stadt einzustellen. Die städtischen Gesandten entzogen sich einer Stellungnahme: sie würden an ihre Räte berichten und baten, den Weg zu weiteren Verhandlungen offenzulassen. Über die Absichten der Fürsten konnten sie keine Klarheit gewinnen [564].

Ende Mai 1487 begann in Lübeck ein Hansetag, der sich auch ausführlich mit der Rostocker Angelegenheit beschäftigte. Am 29. Mai erschienen vor den Ratssendeboten Vertreter der mecklenburgischen Herzöge, die nach einem weitschweifigen Bericht über die Auseinandersetzungen ihrer Herren mit Rostock die Forderung wiederholten, die Magnus II. schon in Schönberg gestellt hatte: die Städte sollten die Straßen nach Rostock meiden und keinen Handel mit dieser Stadt treiben. Nur auf der Straße über Schwaan-Bützow könnten die Herzöge für sicheres Geleit bürgen. Als sich die Rostocker Ratssendeboten zu dieser unverhüllten Drohung äußern wollten, lehnten die Gesandten der Fürsten es ab: sie hätten keinen Auftrag, die Rostocker zu hören oder mit ihnen zu verhandeln [565].

---

562 Krantz, Wandalia, XIV, 10; HR III, 2, n. 98-101.
563 HR III, 2, n. 102 1487 April 24 Bericht des Albert Krantz über die Verhandlungen zu Schönberg, §§ 1-3.
564 a. a. O., §§ 4-8.
565 a. a. O., n. 160, §§ 5, 37-39; HUB 11, n. 133, § 17; HR III, 2, n. 164, § 5.

Die Städte teilten schließlich den fürstlichen Unterhändlern mit: sie bedauerten das Vorgefallene, hielten es jedoch für unbillig, die Straßen nach Rostock zu sperren, ohne wenigstens die Rostocker vorher anzuhören. Sollten sich diese nicht ausreichend verantworten können, wollten die Städte ihrerseits nichts unversucht lassen, um zu einem guten Ausgang des Konflikts zu gelangen [566]. Zwei Tage später konnten die Ratssendeboten Rostocks zur Kenntnis nehmen, wie die Abgesandten der übrigen Hansestädte die Ereignisse vom Januar sowie die Situation in ihrer Stadt beurteilten: man müsse vor allem besonnenes Handeln vermissen. In Rostock führe anscheinend die Gemeinde das Wort, und die Ratsmitglieder seien untereinander nicht einig. Der Stadt sei nicht zu helfen, wenn nicht zunächst einmal hier für Wandel gesorgt werde. Zum andern sei es nicht denkbar, daß der Rostocker Rat und die Gemeinde an den traurigen Ereignissen ohne Schuld seien; denn eine größere Anzahl von Menschen sei daran beteiligt gewesen und habe dem zugestimmt [567]. Nachdem die Rostocker sich hierzu geäußert und ihrerseits Klagen gegen die Herzöge vorgebracht hatten, wurde ihnen mitgeteilt: da Thomas Rhode unbestritten trotz der Zusage freien Geleits erschlagen worden sei, müßten die Täter vor Gericht gestellt werden, und den Herzögen sei Genugtuung zu verschaffen. Falls die Rostocker Ratssendeboten bevollmächtigt seien, dieser Auffassung zuzustimmen, könnten die Städte entsprechende Verhandlungen einleiten, andernfalls sollten sie die Zustimmung ihres Rates einholen [568]. Der Rostocker Rat erhielt außerdem auch in schriftlicher Form Mitteilung mit dem ausdrücklichen Bemerken: man könne ihn zur Zeit nicht als handlungsfähig ansehen und müsse erwägen, ob Rostock unter diesen Umständen noch im Genuß der Rechte einer Hansestadt bleiben könne. Dem Schreiben an den Rostocker Rat wurden Auszüge aus älteren Rezessen beigefügt, nach denen der Ausschluß aus der Hanse erfolgen müsse, wenn der Rat durch einen Aufstand der Gemeinde oder durch Vertreibung einzelner Mitglieder nicht mehr im vollen Besitz der Macht sei. Mit diesem Bescheid mußten die Rostocker in ihre Stadt zurückkehren, um neue Vollmachten einzuholen [569].

Am 6. Juni erreichte die Delegierten des Hansetags die Nachricht, daß Herzog Magnus bereit sei, drei Tage später in Schönberg wegen

---

[566] HR III, 2, n. 160, §§ 40, 42-44.
[567] a. a. O., §§ 44, 57-59; HUB 11, n. 133, § 24.
[568] HR III, 2, n. 160, §§ 59, 62-65, n. 164, § 8; HUB 11, n. 133, § 26.
[569] HR III, 2, n. 160, §§ 69, 71-79, n. 167.

der Vorfälle in Rostock zu verhandeln. Ergebnis dieses Zusammen-
treffens war, daß der Herzog schließlich dazu bewegt werden konnte,
am 19. Juni in Grevesmühlen die Entschuldigung Rostocks entgegen-
zunehmen. Als dies den Ratssendeboten Rostocks nach ihrer Rückkehr
am 11. Juni mitgeteilt wurde, stellte sich heraus, daß sie wegen des
Pfingstmarkts und der damit verbundenen *drynckeldage* ohne Antwort und erweiterte Vollmachten wieder nach Lübeck gekommen
waren. So mußte die Zusammenkunft in Grevesmühlen abgeschrieben
werden [570]. Herzog Magnus traf nun in aller Eile Vorbereitungen zu
einem Angriff auf Rostock, das am 9. Juli den Fehdebrief des Herzogs
Bogislaw X. von Pommern erhielt. Am 17. Juli erschien Magnus II.
mit den Herzögen Johann von Sachsen-Lauenburg, Heinrich von
Braunschweig-Lüneburg, Bogislaw von Pommern und den Grafen von
Ruppin vor Rostock. Jetzt, als der Kampf unzweifelhaft bevorstand,
unternahm eine Gesandtschaft Lübecks, Hamburgs, Lüneburgs und
Wismars einen letzten Versuch, beide Seiten zu Verhandlungen zu
veranlassen. Herzog Magnus gestattete ihr den Zugang in das bereits
eingeschlossene Rostock, doch auch diese Bemühung blieb ohne Erfolg [571].
  Bei den Vermittlungsversuchen dieser sechs Monate erscheinen vor
allem folgende Momente bedeutsam: die Herzöge versuchten wiederholt, Rostock von den anderen wendischen Städten zu isolieren und
diese zu einer Handelssperre zu veranlassen. Die Städte wichen demgegenüber einer klaren Stellungnahme aus und verwiesen die Herzöge
auf den Weg gütlicher Verhandlungen. Ihr Wunsch, einen bewaffneten
Konflikt zu vermeiden, bestimmte auch ihre Haltung zu Rostock. Die
Städte betrachteten die Auseinandersetzung mit seinen Landesherren
besonders nach den Ereignissen des Januar 1487 als eine Angelegenheit,
die Rostock allein zu vertreten habe und bei der es keineswegs in jedem
Falle auf die Hilfe der Verbündeten rechnen könne [572]. Ihre weitere
Vermittlungsbereitschaft wurde außerdem an die Bedingung geknüpft,
daß Rostock die Schuldigen bestrafe und den Herzögen Genugtuung
leiste sowie vor allem die innere Ordnung der Stadt wiederherstelle.
Die Androhung der Verhansung unterstrich, welche Bedeutung besonders der zuletzt genannten Forderung zugemessen wurde.

---

[570] a. a. O., n. 160, §§ 113, 177, 189-190, 274-275, 301-302, n. 164, §§ 34-35; HUB
11, n. 133, §§ 40, 61, 66, 68, 101, 111.
[571] HR III, 2, S. 230, 231, A. 1-4, n. 199, §§ 2-4.
[572] a. a. O., n. 199, § 4.

g) Die Kämpfe im Sommer 1487

Zu nennenswerten Kampfhandlungen kam es während der Rostok-
ker „Domfehde“ nur während der Monate Juli und August 1487.
Sie verdienen insofern Erwähnung, weil sich in ihrem Verlauf das
militärische Kräfteverhältnis zwischen den Herzögen und einer einzelnen Stadt deutlich zeigte. Wie erinnerlich, konnten Magnus II. und
sein Bruder Balthasar nicht auf die Unterstützung der mecklenburgischen Ritterschaft rechnen [573] und nur bedingt auf die Hilfe benachbarter Fürsten. Daher waren sie hauptsächlich auf geworbene Söldner
angewiesen, was ihnen beträchtliche finanzielle Ausgaben verursachte.
Am 17. Juli erschienen sie mit ihren Verbündeten [574] und einer Streitmacht von etwa 2 000 Mann Fußvolk und 200 Reitern vor Rostock [575],
richteten ihren Angriff jedoch zunächst gegen Warnemünde, um den
Zugang zur See zu sperren. So gewann die Stadt genügend Zeit, die
notwendigen Verteidigungsmaßnahmen zu treffen und sich auf eine
Belagerung vorzubereiten. Der kleine Ort an der Warnowmündung
wurde allerdings schwer getroffen. Die Häuser wurden eingeäschert,
der Leuchtturm, dessen Besatzung sich bis zum 1. August halten konnte, niedergerissen und die Einfahrt des Flusses mit Trümmern, Steinen
und versenkten Schiffen blockiert.

Nach diesen Verwüstungen in Warnemünde war anzunehmen, daß
anschließend die Belagerung der Stadt folgen sollte, die sich mit reich-
lichen Kornvorräten versehen und außerdem, so weit es möglich war,
aus den benachbarten Dörfern verproviantiert hatte. Nachdem die
Herzöge aber am 9. August von Warnemünde abgerückt waren, ließen
sie am folgenden Tage auch die Zelte vor der Stadt abbrechen und
hoben die Belagerung auf. Möglicherweise waren sie der Meinung,
Rostock durch die Sperrung der Warnoweinfahrt entscheidend getroffen zu haben, so daß eine lockere Umzingelung der Stadt nunmehr
ausreiche. An eine Eroberung der Stadt konnten sie mit den Mitteln,
die ihnen zur Verfügung standen, vermutlich nicht denken. Nach
anderer Überlieferung sollen die Rostocker durch einen Ausfall nach
Pommern Herzog Bogislaw gezwungen haben, seine Truppen von
der Belagerung abzuziehen [576]. Jedenfalls begann nunmehr ein Klein-

---

[573] Vgl. Seite 97 f. dieser Arbeit.
[574] Vgl. Seite 123 dieser Arbeit.
[575] Krause, Veide, S. 4; Weißbach, S. 62.
[576] Krantz, Wandalia, XIV, 11; Krause, a. a. O., S. 4; HR III, 2, n. 199; Hirsch,
Weinreichs Danziger Chronik, S. 764; Weißbach, S. 48; Witte, S. 287; Franck, S. 222.

krieg gegen die Stadt, in dessen Verlauf einzelne Abteilungen der Herzöge versuchten, Rostocker Bürger oder ihres Viehs habhaft zu werden[577]. Am 16. August hielt der Rat die Zeit für gekommen, einen Ausfall zu unternehmen und zum Gegenangriff überzugehen, über den der zeitgenössische Rostocker Chronist mit sichtlichem Stolz in vielen farbigen Einzelheiten berichtete. Danach brachen die Rostocker gegen Abend mit 1 500 Mann Fußvolk und 150 Reitern nach Potrems auf und ließen den Ort in Flammen aufgehen. Weiterziehend trafen sie am nächsten Morgen auf einen Teil der Streitmacht der Herzöge mit etwa 500-600 Reitern. Das folgende Gefecht verlief für die Fürsten wenig glücklich. Herzog Magnus wurde verwundet und mußte mit empfindlichen Verlusten abziehen. Die Rostocker behaupteten das Feld und kehrten mit zahlreichen Gefangenen in die Stadt zurück. *In diser mangelinge,* so schloß der Chronist, *nemen de Forsten den grotesten schaden. Se warede nene halvestunde, men se warth korth unde endick*[578]. Die unerwartete Gegenwehr Rostocks mußte den Herzögen gezeigt haben, daß sie der Stadt auf militärischem Gebiet durchaus nicht gewachsen waren. Außerdem war damit zu rechnen, daß in Kürze Verstärkung aus den Nachbarstädten eintreffen könnte. Daher gaben sie sich mit diesem einmaligen, wenig erfolgreichen Versuch zufrieden.

h) Weitere Bemühungen der Städte um Beilegung des Konflikts

Nach diesen Erfahrungen war Herzog Magnus eher geneigt, wieder den Verhandlungsweg zu beschreiten. Am 22. September 1487 trafen Ratssendeboten aller sechs wendischen Städte in Wismar mit den Herzögen zusammen. Schon zu Beginn ließ sich erkennen, daß Magnus II. sein Ziel nicht aufgegeben, sondern nur seine Taktik geändert hatte. Er forderte nämlich die wendischen Städte auf, in seinem Streit mit Rostock das Amt des Schiedsrichters zu übernehmen. Dieser Versuch, das Bündnis der Städte zu sprengen, wurde mit Bestimmtheit zurückgewiesen. Statt dessen erklärten sich die Ratssendeboten bereit, mit

---

[577] Krantz, a. a. O., XIV, 11; Krause, a. a. O., S. 5.
[578] Krause, a. a. O., S. 5.

allen Kräften zu einer gütlichen Beilegung aller Differenzen beizutragen[579].

In den nun folgenden Verhandlungen zeigte sich, wie außerordentlich schwierig es war, zu einer Annäherung der beiderseitigen Standpunkte zu gelangen. Rostock vertrat die Auffassung, daß die Ausschreitungen im Januar das Werk einiger krimineller Elemente gewesen seien. Der Rat habe die Gewalttaten weder gewollt, noch den
Befehl dazu erteilt oder auch nur davon gewußt. Daher könne weder
er noch die Stadt dafür verantwortlich gemacht werden[580]. Dagegen
forderte der Herzog eine Geldzahlung wegen der Majestätsbeleidigung,
die ihm zugefügt worden sei, eine außerordentliche Fürbitte für den
erschlagenen Thomas Rhode und schließlich Genugtuung für die sonstigen Beleidigungen, die ihm widerfahren seien[581]. Die Rostocker lehnten alle diese Forderungen ab und betonten noch einmal, daß die Stadt
nicht dafür haftbar gemacht werden könne, wenn einzelne Bürger
oder Einwohner gegen den Willen des Rates gehandelt hätten. Sie seien
bereit, materielle Schäden zu ersetzen und die überführten Täter nach
geltendem Recht zu bestrafen. Eine Fürbitte für den Getöteten aber
brauchten sie nicht zu leisten, da sie nicht schuldig seien[582].

Damit waren die beiderseitigen Rechtsauffassungen klar zum Ausdruck gebracht worden: Herzog Magnus verlangte die Anerkennung
einer Kollektivschuld durch Rostock, dessen Vertreter eine solche Verantwortlichkeit ablehnten und allenfalls bereit waren, Sachschäden zu
ersetzen und die unmittelbar beteiligten Einzelpersonen zu bestrafen.
Die Städte hatten den Herzögen den Standpunkt Rostocks mitgeteilt
mit dem Bemerken: offensichtlich bedürften noch zahlreiche strittige
Punkte der Untersuchung und Klärung. Immerhin ergebe sich aufgrund der Bereitschaft Rostocks die Möglichkeit, zunächst einen Vergleich hinsichtlich der Schäden zu schließen, die durch die Gewalttaten
entstanden seien. Dann werde es sicherlich auch möglich sein, die eigentliche Streitfrage gütlich zu schlichten[583].

Dem Herzog war schwerlich entgangen, daß die Städte die Absicht
hatten, statt des grundsätzlichen Problems: kollektive Verantwortlichkeit der Stadt oder Verantwortlichkeit nur einzelner Bürger, die Frage

---

[579] HR III, 2, n. 200, §§ 9-12, 16-17.
[580] a. a. O., §§ 9-14.
[581] a. a. O., § 13.
[582] a. a. O., § 14.
[583] a. a. O., § 15.

des Schadenersatzes, zu dem allein Rostock sich bereiterklärt hatte, zum Gegenstand der weiteren Verhandlungen zu machen. Denn er antwortete: unter einem gütlichen Vergleich verstehe er, daß sich die Rostocker zunächst einmal vor den Prälaten und der Ritterschaft des Landes verantworteten, wie es sich gebühre[584]. Dieser Forderung, daß sich Rostock dem Gericht der Landstände unterwerfen solle, begegneten die Städte mit dem Vorschlag, die Klärung der strittigen Fragen einem Schiedsgericht zu übertragen, dem Kurfürst Johann von Brandenburg angehören sollte, gemeinsam mit dem Bischof von Schwerin und sieben Räten der Herzöge sowie der gleichen Zahl von Ratssendeboten der wendischen Städte[585]. Die Rostocker machten ihre Zustimmung zu diesem Vorschlag von einer entsprechenden Vollmacht ihres Rates abhängig und forderten darüber hinaus, daß aber vorher über folgende drei Punkte entschieden werden müsse:

1. Die Wiedereinsetzung Rostocks in seine alten Rechte und in seinen Besitz.
2. Die Aufhebung des Kirchenbannes sowie die Einstellung des Prozesses bei der römischen Kurie.
3. Abmachungen über die Gefangenen[586].

Da die Herzöge jedoch verlangten, zuerst eine Einigung über das Schiedsgerichtsverfahren zu erzielen, Rostock dagegen nicht bereit war, auf den Vorrang seiner Forderungen zu verzichten[587], mußte Albert Krantz in seinem Bericht abschließend notieren: *Ita disceditur sine fructu. Magno sumptu, multis laboribus nichil actum*[588]. Gemäß seiner Taktik, Rostock von seinen Verbündeten zu isolieren, sicherte Magnus II. dagegen Abhilfe in einigen Streitfragen zu, die Lübeck und Hamburg ihm vorgetragen hatten und betonte mit Nachdruck: das Scheitern der eigentlichen Verhandlungen sei allein Rostock zuzuschreiben[589].

Die Rostocker Ratssendeboten benützten die Wismarer Zusammenkunft, um von den Verbündeten Unterstützung zu erbitten. Es handelte sich um ein Darlehen von 2 000 Rh.G., die Anwerbung von Söldnern, die Lieferung von Waffen und anderem Kriegsmaterial sowie schließlich die Forderung, keine derartigen Leistungen für die

---

[584] a. a. O., § 16.
[585] a. a. O., §§ 17-21.
[586] a. a. O., § 22.
[587] a. a. O., §§ 23-24, 28.
[588] a. a. O., §§ 31, 25-26, 33.
[589] a. a. O., § 33.

Gegner der Stadt zuzulassen. Lübeck, Hamburg und Lüneburg erklärten sich sofort zur Hilfe bereit, wünschten jedoch, diese geheimzuhalten. Stralsund gab seine Zustimmung mit sichtlichem Zögern, während Wismar sich einer Entscheidung entzog und mitteilte, es werde sich schriftlich an die anderen Städte wenden. Lübeck lieferte unmittelbar darauf Waffen und anderes Kriegsgerät und sorgte gemeinsam mit Hamburg für die Anwerbung und den Transport von Kriegsknechten aus dem Hildesheimischen. Eine Abteilung von 224 Berittenen traf bereits am 7. November 1487 in Rostock ein[590]. Art und Umfang der Hilfeleistung durch Lübeck, Hamburg und Lüneburg lassen ebenso wie auch die Haltung der Städte während der Wismarer Verhandlungen deutlich erkennen, daß sie Rostock keineswegs seinem Schicksal zu überlassen gedachten, wie nach den ultimativen Forderungen des Lübecker Hansetages vielleicht anzunehmen war. Der Kampf gegen die Fürsten hatte, wenigstens zur Zeit, den Vorrang vor der Bereinigung der Auseinandersetzungen innerhalb Rostocks. Die Unterstützung sollte sicherlich nur deshalb in aller Stille[591] erfolgen, weil die übrigen Städte nicht ebenfalls in einen Konflikt mit den Fürsten verwickelt werden wollten. Bei Wismar als mecklenburgischer Stadt und Stralsund ging diese Sorge soweit, daß beide eine Hilfeleistung für Rostock möglichst ganz zu umgehen trachteten, eine Haltung, die sie auch weiterhin beibehielten.

Durch Vermittlung des Kurfürsten von Brandenburg und des Königs Johann von Dänemark wurden im Oktober 1487 neue Verhandlungen in die Wege geleitet, die noch im gleichen Monat zu einem Stillstand bis zum Ende des Jahres führten[592]. Dann wurde das Abkommen auf 15 Monate verlängert und bestimmt, daß beide Parteien sich einem Schiedsspruch des Kurfürsten und des Königs unterwerfen wollten, falls nicht vor Ablauf der genannten Frist eine gütliche Einigung erzielt werden könne[593]. Stralsund wurde beauftragt, für alle Vermittlungsbemühungen die Federführung zu übernehmen, die übrigen Städte wollten sich erst dann wieder mit der Angelegenheit befassen, wenn erkennbare Erfolge zu verzeichnen seien[594].

---

[590] a. a. O., n. 203, 201; Krause, Veide, S. 6 f.
[591] HR III, 2, n. 200, § 34.
[592] Krause, a. a. O., S. 6 f.
[593] HUB 11, n. 189; Krause, a. a. O., S. 6 f.
[594] HR III, 2, n. 253.

An den Verhandlungen des Jahres 1488 erscheint bedeutsam, daß sich die Städte im Februar mit einem Schreiben an Rostock für die Rückkehr der Universität einsetzten[595] und daß im Juli zwischen der Stadt und den beiden geflohenen Bürgermeistern Kerkhoff und Hasselbek ein Vergleich geschlossen wurde, ihnen und ihren Ehefrauen das beschlagnahmte Eigentum auszuhändigen sowie die sonstigen Differenzen nach Beilegung des Konflikts mit den Herzögen zu schlichten[596]. Wismar und Stralsund versuchten, sich ihren Bündnisverpflichtungen gegenüber Rostock nach wie vor zu entziehen. Beiden wurde vorgehalten, daß sie sich genau wie die anderen wendischen Städte, an die Bestimmungen des gemeinsamen Bündnisses zu halten hätten; denn Rostock habe alle Verbündeten um Hilfe ersucht[597].

Bis zum Beginn des Jahres 1489 waren die Vermittlungsverhandlungen soweit gediehen, daß mit Aussicht auf Erfolg zum 11. März eine Zusammenkunft Rostocks mit den Herzögen festgesetzt werden konnte[598]. Doch neue Unruhen in der Stadt ließen es nicht dazu kommen. Dort hatte sich anscheinend das Gerücht verbreitet, daß eine Aussöhnung mit den Landesherren nahe bevorstehe. Am 10. Februar drang eine größere Menschenmenge unter Führung Hans Runges, der schon im Januar 1487 hervorgetreten war, Thiedeke Boldewans und anderer in das Rathaus ein und verlangte von den Bürgermeistern und Ratsherren die Privilegien der Stadt zu sehen. Als sich herausstellte, daß keiner der Schreiber anwesend war, verlas Boldewan zwei mitgebrachte Schriftstücke: die Übersetzung der Urkunde vom 15. Juli 1486, in der Gehorsam gegenüber dem Gebot des Papstes gelobt worden war sowie eine Aufstellung zahlreicher Äußerungen der beiden Bürgermeister Kerkhoff und Hasselbek, mit denen sie die Gemeinde getäuscht und irregeführt haben sollten. Anschließend wurden zwei Vikare vernommen, die als Zeugen der erwähnten Urkunde bekannt waren. Sie sagten aus, sie seien am 15. Juli 1486 vor den Rat beschieden worden, um den Vollzug einer Urkunde zu bezeugen. Die Aufständischen warfen dem Rat vor, er habe eine entscheidende Erklärung im Namen der Bürger und Einwohner Rostock urkundlich abgegeben, obwohl nachweislich zu dieser Zeit nur Mitglieder des Rats und die beiden Vikare im Rathaus anwesend waren. Schließlich wurde ein

---

[595] a. a. O., n. 217, § 32; Schnitzler, Universitätsgeschichte, S. 366.
[596] HR III, 2, n. 254, §§ 5-9, 11-14, n. 255.
[597] a. a. O., n. 217, §§ 34-36, n. 254, §§ 20-30.
[598] a. a. O., n. 270, §§ 1-14.

Gremium von je 30 Vertretern der Kaufleute und der Ämter gewählt,
die sogenannten „Sechziger", die damit an Stelle des Rats die Macht
in der Stadt an sich nahmen. Ein Teil der Ratsmitglieder wurde unter
Arrest gestellt [599].

So ergab sich für den wendischen Städtetag im März 1489 eine sehr
schwierige Situation, da Vermittlungsversuche mit den Herzögen un-
möglich waren, solange es einen verhandlungsfähigen Partner solcher
Bemühungen nicht gab. Denn der Rostocker Rat, soweit er sich zur
Zeit in Freiheit befand, übte keinerlei Einfluß auf die Bevölkerung
der Stadt aus. Das nahmen die Ratssendeboten der anderen Städte zum
Anlaß, die Rostocker zwar zu hören, ihnen aber wegen des Aufruhrs
in ihrer Stadt den üblichen Platz im Ratsstuhl zu verweigern. Nur der
dringlichen Bitte, von dieser Maßnahme abzusehen, weil es ihnen ihre
Bürger *und andere* als persönliche Schuld anrechnen würden, gaben
die Städte dann doch nach: die Rostocker Ratssendeboten sollten also
ihre gewohnten Plätze einnehmen, aber nur dieses eine Mal und ohne
die Gültigkeit der hansischen Beschlüsse einzuschränken. Mit erheblichen Bedenken beschlossen die Städte auf Rostocks Begehren, am
15. März eine Tagfahrt mit den Herzögen in Wismar zu beschicken.
Ferner wurde die Gemeinde Rostocks schriftlich aufgefordert, die ge-
fangengesetzten Bürgermeister und Ratsherren freizulassen und sich
dem Rate in gewohnter Weise unterzuordnen [600]. Die Verhandlungen
in Wismar blieben allerdings ohne jedes Ergebnis, weil Magnus II.
sich weigerte, mit Rostock zu verhandeln, bevor sein Rat wieder im
vollen Machtbesitz sei. Daher wurde Albert Krantz mit dem Hamburger Ratssekretär Nikolaus Schulte nach Rostock entsandt, um dort
zunächst eine Aussöhnung zwischen dem Rat und der Gemeinde zu
erreichen. Diese Mission führte am 23. März 1489 zu einem Vergleich:
der Rat versprach, auf die Strafverfolgung der Aufrührer zu verzichten und die Stadt aus *allen geistlichen und weltlichen* Schwierigkeiten zu befreien [601].

Gemäß dem Beschluß vom Dezember 1487 begannen am 29. August
des gleichen Jahres in Wismar Schiedsgerichtsverhandlungen unter der
Leitung des Königs Johann von Dänemark und brandenburgischer

---

[599] Krause, a. a. O., S. 7 f.; HUB 11, n. 273; Lange, Hans Runge, S. 103 f., 111 f.;
Koppmann, Stadt Rostock, S. 57; HR III, 2, S. 307.
[600] HR III, 2, n. 268, 270, §§ 1-6, 9-12, 14, 26.
[601] a. a. O., n. 271; Franck, S. 230; Krantz, Wandalia, XIV, 16 (über die Umstände
der Gesandtschaft nach Rostock): *magno sumptu, non minori periculo...*; Lange,
a. a. O., S. 116 f.

Räte als Vertretern des Kurfürsten. Anwesend waren außer den Herzögen von Mecklenburg die Herzöge von Sachsen-Lauenburg, Braunschweig-Lüneburg, die Bischöfe von Schwerin, Ratzeburg, Lübeck und Havelberg, zahlreiche Juristen und Angehörige des Adels sowie Ratssendeboten der wendischen Städte. Rostock hatte je drei Bürgermeister und Ratsherren und seinen Sekretär entsandt. Nachdem mehrere Tage vergeblich versucht worden war, einen gütlichen Vergleich herbeizuführen, erging am 7. September 1489 folgendes Urteil:

Die St. Jakobikirche zu Rostock solle ein Kollegiatstift bleiben. Über die Kosten der Romreise des Herzogs Magnus im Jahre 1486 möge der Papst entscheiden. Rostock wurden alle Privilegien, seine Gerichtsbarkeit und alle Lehnsgüter aberkannt. Es sollte eine Buße von 30 000 Rh.G. an die Herzöge zahlen, ihnen von neuem huldigen und kniefällig Abbitte leisten. Warnemünde und Tessin sollten Rostock verbleiben. Die vertriebenen Bürgermeister Kerkhoff und Hasselbek waren wieder aufzunehmen. Sie sollten ihren Besitz zurück und Ersatz aller Schäden erhalten. Die Entscheidung über die Buße wegen des Todschlags an Thomas Rhode wurde an die geistliche Gerichtsbarkeit verwiesen. Die Buße für die Hinrichtung Gerd Vreses sowie für einige andere Getötete sollte vorbehaltlich einer Klage ihrer Angehörigen abgegolten sein mit der Zahlung der genannten Buße.

Die Herzöge sollten die Sperre der Warnow aufheben, sobald Rostock alle Bedingungen dieses Urteils erfüllt habe. Sie seien nicht verpflichtet zu ersetzen, was ihre Amtleute, Untertanen oder ihre Verbündeten beschlagnahmt hätten. Ebenfalls nicht, was die Rostocker in dem für die Herzöge *gerechten krighe* an Aufwendungen eingebüßt hätten. Nur Strandgut, das nachweislich Eigentum Rostocker Bürger sei, sollte zurückerstattet oder bezahlt werden. Die Urheber des Rostocker Aufstands seien an die Herzöge auszuliefern.

Da die Rostocker Ratssendeboten sich geweigert hatten, das Urteil anzuhören, war ihre Stadt auch zur Zahlung der Kosten der Verhandlungen in Höhe von 6 000 Rh.G. verurteilt worden; dieser Betrag wurde dann jedoch auf 3 500 Rh.G. herabgesetzt [602]. Das Urteil war hart und zeigte, daß es von Fürsten und fürstlichen Räten gesprochen worden war. Seine Ausführung hätte einen vollen Sieg der Herzöge, für Rostock dagegen eine bedingungslose Unterwerfung mit sich gebracht und die Stadt finanziell schwer getroffen. Daran war jedoch

---

[602] Riedel, Codex III, 2, n. 273; Hegel, Urkundenanhang, n. 6-7; Franck, S. 233.

noch keineswegs zu denken; denn das Bekanntwerden des Urteils-
spruches hatte in Rostock sofort neue Unruhen ausgelöst. Der Rat
zögerte zunächst, ließ dann aber am 3. Dezember 1489 einige der Aufrührer festnehmen. Darauf mobilisierte Hans Runge seine Anhänger,
befreite die Gefangenen und setzte es durch, daß schließlich alle bisherigen Mitglieder des Rates abgesetzt wurden. Zwei Bürgermeister
und sechs Ratsherren flüchteten aus der Stadt[603]. Herzog Magnus war
somit trotz des Schiedsspruchs von Wismar seinem Ziel noch nicht
nähergekommen. Statt dessen mußte er die Kosten der Verhandlungen
selbst tragen[604].

Der wendische Städtetag im März 1490 mußte unter abermals er-
schwerten Bedingungen neue Vermittlungsversuche aufnehmen. Rostock selbst war nicht in Lübeck vertreten. Die aus der Stadt vertriebenen Ratsmitglieder baten die anderen Städte um Unterstützung und
forderten, Rostock aus der Hanse auszuschließen, Waren der Stadt
beschlagnahmen zu lassen und ihre Kaufleute nicht mehr in den Kon-
toren und Niederlassungen der Hanse zu dulden. Das wurde jedoch
mit der Begründung abgelehnt, daß die geschäftlichen Beziehungen
und andere Überlegungen es geraten erscheinen ließen, zur Zeit noch
nicht in dieser Weise gegen Rostock vorzugehen. Statt dessen schrieben
die Städte am 10. März 1490: Rostock möge sich zu den Forderungen,
die man mitteile, äußern und eine Erklärung der letzten Vorgänge
geben. Vor allem aber seien weitere Zwangsmaßnahmen gegen die Ent-
wichenen und ihre Familien zu unterlassen[605]. Der Rostocker Rat ließ
nicht nur dieses Schreiben unbeantwortet, sondern beschickte auch nicht
den folgenden Städtetag im Mai. Die wendischen Städte forderten
Rostock nun auf, die Schlichtung zwischen der Gemeinde und den aus
der Stadt Geflüchteten ihnen zu überlassen. Auch das wurde zunächst
abgelehnt[606]. Erst als sich im August der Druck der Fürsten auf Rostock wieder verstärkte, begann sich in der Stadt ein Wandel der Auffassungen abzuzeichnen. Der König von Dänemark wie auch die Herzöge von Mecklenburg hatten über Rostock eine Handelssperre verhängt. Außerdem hatte sich der Kurfürst von Brandenburg mit einer
sehr dringlich gehaltenen Warnung an Rostock gewandt, sich mit seinen
Herren zu versöhnen und dem Wismarer Urteilsspruch zu folgen.

---

[603] Koppmann, a. a. O., S. 61 f.; Lange, a. a. O., S. 118 ff.; HR III, 2, S. 330.
[604] HR III, 2, S. 330, A. 1.
[605] a. a. O., n. 325, §§ 44-51, n. 326-327.
[606] a. a. O., n. 355, §§ 13-20, n. 356, 372.

Weiter hatte sich die Lage dadurch verschärft, daß die Bürger der Stadt durch ständige Räubereien vor den Toren geschädigt wurden. Auch schien ein erneuter Angriff der Herzöge zu drohen. Sie hatten Danzig unter Ankündigung von Repressalien aufgefordert, keine Lebensmittel und andere Güter mehr an Rostock zu liefern [607]. Die wendischen Städte sicherten Rostock erst dann weitere Unterstützung zu, nachdem es sich verpflichtet hatte, die Vermittlung der Verbündeten anzunehmen oder sich ihrem Rechtsspruch zu unterwerfen. Die Herzöge erklärten sich mit dieser Regelung einverstanden und stellten ihre Kriegsvorbereitungen zunächst ein [608].

Doch nun drohten Differenzen zwischen den Städten die Herstellung des Friedens zu gefährden. Unter dem Druck Hans Runges und seines Anhangs hatte der Rostocker Rat zwei Wismarer Schiffe, die manövrierunfähig in der Warnow trieben, einbringen lassen mit der Begründung, Wismar habe den aus Rostock geflüchteten Ratsmitgliedern Asyl gewährt und die Fürsten unterstützt. Als alle gütlichen Verhandlungen zwischen beiden Städten ergebnislos geblieben waren, beklagte sich Wismar bei Lübeck, daß es als *Haupt der sechs wendischen Städte* nicht energisch genug gegen Rostock vorgegangen sei und sich auch nicht ausreichend um die Beilegung des Konflikts mit den Herzögen bemüht habe. Darauf gab Lübeck zur Antwort: es überlasse gern Vorteil, Nutzen und Gewinn, die die von Wismar erwähnte Stellung mit sich bringe, einer anderen Stadt. Lübeck sei angesichts seiner materiellen Aufwendungen und seines sonstigen Einsatzes in der Rostocker Angelegenheit äußerst befremdet über Wismars Haltung, das sich wohl doch noch sehr genau daran erinnern müsse, wie sich *gewisse andere* seiner Zeit verhalten hätten. Am 25. November 1490 konnte der Streit zwischen Rostock und Wismar beigelegt werden, nachdem die Geflüchteten Wismar wieder verlassen hatten [609].

Jetzt stand der wendische Städtetag im Dezember 1490 vor der Aufgabe, zwischen den aus Rostock geflüchteten Ratsmitgliedern, dem „alten" Rat und den an ihre Stelle getretenen Bürgermeistern und Ratsherren, dem „neuen" Rat, einen Vergleich herbeizuführen. Das gelang nach langwierigen Bemühungen am 17. Dezember. Beide Parteien versicherten, daß aller bisheriger Streit geschlichtet und vergessen

---

[607] a. a. O., n. 395-396; Riedel, Codex III, 2, n. 283; HR III, 2, n. 421; Krause, Veide, S. 18; Franck, S. 236.

[608] HR III, 2, n. 394-395, 397-398, 399, §§ 30-33, 40-42, n. 418.

[609] a. a. O., n. 419, 421-422.

sei und sie sich gemeinsam um den Frieden mit den Landesherren bemühen wollten. Wenn das erreicht sei, solle der „alte" Rat wieder in
den Ratsstuhl zurückkehren, der „neue" in seinem Amte verbleiben [610].
Mit diesem Kompromiß, der beiden Seiten schwergefallen sein mag,
war ein entscheidender Schritt getan, Rostock aus seiner gefährdeten
Situation herauszuführen. Für die Stadt hatte sich die Sperre der
Straßen inzwischen unangenehm bemerkbar gemacht. Es fehlte in diesem besonders harten Winter an Brennmaterial, und zahlreiche Einwohner der Stadt waren beim Holzsammeln in den umliegenden Wäl-
dern ergriffen und nach Ribnitz verschleppt worden [611]. Vor allem
aber war der gesamte Handel mit dem Binnenlande und Skandinavien
abgeschnitten.

Während der nun wieder einsetzenden Verhandlungen stellten die
Herzöge die unabdingbare Forderung, daß Rostock dem päpstlichen
Gebot hinsichtlich des Kollegiatstifts Gehorsam leiste, wie es der „alte"
Rat bereits 1486 gelobt habe. Angesichts dieser Forderung war der
soeben erzielte Friede zwischen den aus Rostock geflüchteten Ratsmitgliedern und dem amtierenden Rat aufs neue bedroht. Die einen
standen zu der Haltung, die sie vor vier Jahren eingenommen hatten,
während der „neue" Rat bestritt, daß damals die Zustimmung mit
Wissen der Gemeinde erfolgt sei [612]. Schließlich forderten die Herzöge
die wendischen Städte auf, zu entscheiden, ob der jetzige („neue")
Rostocker Rat die 1486 vom „alten" Rat ausgestellte Urkunde für sich
als bindend anerkennen müsse [613]. Obwohl sich Rostocks amtierender
Rat mit einer solchen Regelung einverstanden erklärt hatte, empfanden
die Städte es als bedenklich, in dieser Frage das Schiedsrichteramt zu
übernehmen. Da der „alte" Rat hier die gleiche Auffassung vertrat
wie die Fürsten, konnte das begonnene Einigungswerk sehr leicht
wieder zerbrechen, wenn die Städte in diesem Streit Partei nähmen.
Daher wurden Wismar und Stralsund beauftragt, sich bei den Herzögen und dem jetzigen Rostocker Rat um eine gütliche Einigung
wegen der geistlichen Stiftung zu bemühen [614].

In Rostock hatte sich der Rat inzwischen davon überzeugt, daß nur
ein Nachgeben und geduldige Verhandlungen mit Unterstützung der

---

[610] a. a. O., n. 424, §§ 1-43, 47-49, n. 425.
[611] Krause, a. a. O., S. 19 f.
[612] HR III, 2, n. 426-429, 430-431; Lange, a. a. O., S. 104.
[613] HR III, 2, n. 431-432.
[614] a. a. O., n. 433, 435, 437, 558-560.

anderen Städte einen Ausweg bieten konnten. Die radikalen Führer
des Aufstands vom Januar 1487, die sich seit 1489 auf den Sechziger-
Ausschuß stützten, sahen nun das Ende ihrer Macht nahen. Am 9.
April 1491 kam es zur entscheidenden Auseinandersetzung zwischen
Hans Runge und seinem Anhang sowie den Bürgern und Einwohnern,
die bereit waren, gemeinsam mit dem Rat die alte Ordnung in der
Stadt wiederherzustellen. Die Aufrührer befanden sich in einer hoff-
nungslosen Situation. Nachdem ihnen Erfolge versagt geblieben waren
und sich ihre Einschätzung der Lage als völlig unzutreffend erwiesen
hatte, verlief sich ihre Anhängerschaft schnell. So konnten Hans Runge
und acht andere Anführer des Aufruhrs festgenommen und zwei von
ihnen hingerichtet werden. Der Sechzigerausschuß löste sich auf, und
Rostock stand wieder unter uneingeschränkter Regierung seines
Rates[615].

Ohne Schwierigkeiten wurde jetzt eine Verständigung mit den Herzögen erzielt: am 13. Mai 1491 sollte in Wismar eine Entscheidung
durch die Verbündeten beider Seiten getroffen werden[616]. Im Verlaufe
einer Woche wurde dann folgender Vergleich erreicht: Rostock erklärte
sich endgültig mit der Errichtung des Kollegiatstifts einverstanden.
Es zahlte 21 000 Rh.G. ratenweise an die Herzöge als Buße, behielt
aber seine Privilegien und Landgüter. Lediglich die Dörfer Neuen-
hausen und Fahrenholz waren an die Herzöge zu übergeben. Rat, Bürger und Einwohner sollten den Herzögen schwören, ihre früheren
Eide gegenüber den Fürsten in vollem Umfange einzuhalten. Bürger,
die noch keine Erbhuldigung geleistet hätten, sollten es nachholen.
Rat und Bürger sollten die Herzöge kniefällig um Verzeihung bitten.
Damit sollte aller Streit vergessen sein *ohne Schaden für die Privilegien, Freiheiten und Gerechtigkeiten* der Stadt, welche die Herzöge
nach der Eidesleistung zu erneuern und zu bestätigen versprachen[617].

Am 11. Juni 1491 hielten die Landesherren gemeinsam mit den aus
Rostock geflüchteten Mitgliedern des „alten" Rats ihren Einzug in die
Stadt. Lübeck, Hamburg und Lüneburg verzichteten darauf, zu diesem
Anlaß Ratssendeboten zu delegieren. Auf die dringende Bitte des alten
und neuen Rates, dann aber wenigstens bei der Neubesetzung des Rats
am 17. Juni 1491 anwesend zu sein, antwortete Lübeck, daß es Ham-

---

[615] Krause, Veide, S. 20 f.; Lange, Hans Runge, S. 129 f.; Koppmann, Stadt Rostock,
S. 66 f.
[616] Krause, a. a. O., S. 23; HR III, 2, n. 563; Franck, S. 241.
[617] HR III, 2, n. 564 1491 Mai 20.

burg und Lüneburg nur mit Mühe dazu bewegen könne, doch selbst
Vertreter entsenden werde [618]. Auch mit dem Bischof von Schwerin
wurde eine Einigung erzielt, so daß Rostock vom Interdikt befreit
wurde. Für die Unkosten, die dem Bischof aus seiner Romreise und aus
dem Prozeß gegen Rostock erwachsen waren, sollten 800 Mk.lüb. gezahlt werden sowie 1 200 Rh.G. an die Domkirche zu Schwerin, um
Seelenmessen für den erschlagenen Thomas Rhode zu lesen. An der
Stelle, an der er getötet worden war, sollte außerdem ein Gedenkstein
errichtet werden [619].

i) Zum Ergebnis der „Domfehde"

Mit dem Wismarer Vergleich von 1491 war jedoch nur eine Einigung
hinsichtlich der Kollegiatkirche erzielt worden. Daneben blieben allerdings noch zahlreiche Differenzen offen. Trotzdem erscheint eine Zwi-
schenbilanz nicht überflüssig. Verglichen mit dem Schiedsspruch von
1489 durften die Bedingungen des Vergleichs von 1491 zwar noch
immer als hart, aber doch für Rostock als tragbar angesehen werden.
Denn die Stadt konnte ihre Privilegien und damit ihren Rechtsstatus
erhalten. Sie bewahrte ihre Gerichtshoheit und brauchte die Landgüter
ihrer Bürger nicht auszuliefern. Auch in anderen Forderungen waren
die Herzöge beträchtlich zurückgegangen: so verringerte sich die Buße,
die Rostock zu zahlen hatte, um nicht weniger als 9 000 Rh.G., und
die Kosten für die Wismarer Schiedsgerichtsverhandlungen in Höhe
von 3 500 Rh.G. wurden nicht einmal mehr erwähnt. Es war also den
Herzögen nicht gelungen, Rostock zu unterwerfen, wie sie beabsichtigt
hatten. Das Schiedsgerichtsurteil von 1489 hatte ihnen zwar umfangreiche Rechte und Ansprüche zuerkannt, doch waren sie nicht in der
Lage gewesen, die Vollstreckung zu erzwingen. Sie hatten als Ergebnis
eines langen und zähen Ringens nicht viel mehr erreicht, als die Errichtung des Kollegiatstifts gegen den Willen der Stadt durchzusetzen. Es
darf bezweifelt werden, ob die Buße, die Rostock auferlegt worden
war, die Aufwendungen der Herzöge in dem fast zehnjährigen Ringen
beträchtlich überstieg.

---

[618] a. a. O., n. 567-570.
[619] Lange, a. a. O., S. 106; Franck, S. 241 f.

Wie schon während der vorausgegangenen Auseinandersetzungen um die Bede und das Strandrecht zeigte sich im Verlaufe der „Domfehde" sehr deutlich, daß das gesamte Vorgehen gegen Rostock durch eine zielbewußt verfolgte politische Konzeption Herzog Magnus II. bestimmt gewesen war. Seine frühabsolutistischen Bestrebungen trafen auf den unerwartet harten Widerstand dieser Stadt, die mit allen Mitteln ihre Sonderstellung im Lande verteidigte. Sein Hauptziel, sie aus dem Zusammenhang der wendischen Städte zu lösen und auf den Stand einer mecklenburgischen Landstadt herabzudrücken, vermochte der Herzog nicht zu realisieren.

In der Folgezeit erwiesen sich die von den Fürsten vorgebrachten Begründungen, warum sie eine städtische Kirche zu einem Kollegiatstift zu erheben wünschten, als bloße Vorwände. Daß es ihnen z. B. keineswegs um das Wohl der Rostocker Universität und ihrer Professoren gegangen war, zeigte sich in aller Deutlichkeit bei der Besetzung und Dotierung der zwölf Kanonikate der neuen geistlichen Stiftung. Schon 1487 waren die ersten vier Präbenden an ehemalige fürstliche Beamten geistlichen Standes verliehen worden. Herzogliche Kanzler waren sowohl der Propst Thomas Rhode wie auch der Dechant Hinrich Pentzien gewesen. Der Scholastikus Laurentius Stoltenberch stand früher als Sekretär und der Kantor Johannes Thun als Schreiber im Dienste der Herzöge. An dieser Besetzungstaktik änderte sich auch später nicht viel [620]. Die Herzöge wünschten zwar als Stifter des geistlichen Kollegiums angesehen zu werden — ähnlich wie ihre Vorfahren als Begründer der Universität — aber sie beabsichtigten, genau wie jene, für diesen Zweck keine eigenen Mittel aufzuwenden. So wurde die Dotierung des Stifts dann in folgender Weise durchgeführt: die Kirche St. Jakobi wurde zur Stiftskirche erhoben. Die drei anderen städtischen Pfarrkirchen (St. Marien, St. Nikolai und St. Petri), deren Patronat in den Händen der Herzöge lag, sollten dem Kollegiatstift, dieses aber der Universität inkorporiert werden. Das alles hatte zur Folge, daß das Einkommen und die Pfarrhäuser der einzelnen Kirchspiele ihrem Zweck entfremdet und die Pfarrämter durch gering besoldete Kapläne verwaltet wurden [621]. In die vier Pfarrämter wurden nämlich die Inhaber der vier ersten Präbenden der Kollegiatkirche eingewiesen, hatten aber von ihren jährlichen Einkünften je 20 Rh.G.

---

[620] Grohmann, S. 40; Rische, S. 135.
[621] Schmaltz, S. 260.

zur Dotierung der vier nächsten Kanonikate abzutreten [622]. Die vier letzten sollten zwar nach der Stiftungsurkunde von den Herzögen getragen werden, doch entzogen diese sich der Verpflichtung, indem sie die Zahlung der Universität auferlegten mit der Begründung, daß der Vorschlag, das geistliche Stift zu errichten, von dort ausgegangen sei und die Professoren versprochen hätten, jährlich 100 Rh.G. zur Dotierung der Präbenden beizusteuern. Ferner sei die Universität — so meinten die Herzöge — ihnen auch Genugtuung in verschiedener Hinsicht schuldig. Dazu sei insbesondere zu rechnen, daß der Professor Berchmann im Jahre 1486 Rostock vor der päpstlichen Kurie vertreten habe, mehrere Appellationen der Stadt an geistliche Gerichte von der Universität unterstützt worden seien und diese schließlich im Jahre 1487, entgegen dem Wunsche der Herzöge, in Wismar zu bleiben, nach Lübeck gezogen sei [623]. Als bezeichnend für die Haltung der Universität darf erwähnt werden, daß sich unter den ersten Vorschlägen zur Besetzung der erwähnten Präbenden die Namen der den Fürsten sehr mißliebigen Professoren Berchmann und Meyer befanden [624].

Daß die mecklenburgischen Landesherren gegenüber Rostock so wenig erfolgreich blieben, darf nicht zuletzt als ein Erfolg der wendischen Städte angesehen werden. Anfänglich zwar hatten sie die Kontroverse um das Kollegiatstift als eine Angelegenheit betrachtet, die nur Rostock allein angehe. Lübeck vor allem maß diesem Streit nicht allzu viel Gewicht bei und war augenscheinlich bemüht, Rostock zum Nachgeben zu veranlassen. Wesentlich mehr Sorge machte man sich an der Trave um die Differenzen innerhalb des Rostocker Rates. Erst als die Gefahr bewaffneter Auseinandersetzungen nicht mehr zu übersehen war, wandten die Städte beträchtliche Mittel auf, um in zahllosen Vermittlungsversuchen einen gütlichen Ausgleich zwischen den streitenden Parteien herbeizuführen und eine Verschärfung oder Ausweitung des Konflikts zu vermeiden, der auch den Handel der nicht unmittelbar beteiligten Städte behindern und stören mußte. Nachdem die Verhandlungen im Sommer 1487 abgebrochen worden waren und die Herzöge Rostock angegriffen hatten, gelang es der Stadt, sich erfolgreich zur Wehr zu setzen. Die Verbündeten leisteten finanzielle Hilfe, warben Kriegsknechte und sandten Waffen und Ausrüstungsgegenstände, ohne allerdings selbst unmittelbar in die Auseinandersetzung einzugreifen.

---

[622] Weißbach, S. 85.
[623] Hofmeister, S. 81; Koppmann, a. a. O., S. 69; Krabbe, S. 189 f.
[624] Koppmann, a. a. O., S. 69, 71; Weißbach, S. 86.

Wie schon betont, galt die ausdrückliche Sorge, vor allem Lübecks, der Erhaltung bzw. der Wiederherstellung der inneren Ordnung in Rostock. Es warnte frühzeitig vor den möglichen Folgen der Meinungsverschiedenheiten innerhalb der Führung der Stadt und versuchte später, selbst unter Androhung härtester Zwangsmaßnahmen, dem Rat Rostocks wieder zu seiner vollen Macht zu verhelfen. Der Kompromiß, der schließlich zwischen den Mitgliedern des „alten" und des „neuen" Rates herbeigeführt wurde und der Männer im Ratsstuhl beließ, die durch den Aufstand hineingelangt waren, läßt erkennen, welche Bedeutung der Beendigung des innerstädtischen Konflikts beigemessen wurde. Daneben war Lübeck bemüht, die Einheit unter den Städten zu wahren und widersetzte sich mit Nachdruck allen Versuchen, wirklich entscheidende Zwangsmaßnahmen gegen Rostock einzuleiten. Die Städte standen Rostock bis zur Beendigung des Konflikts zur Seite. Diese Haltung mußte gewiß von dessen Gegnern mit Bedacht einkalkuliert werden. Schließlich sollte nicht übersehen werden, daß die Herzöge nur mit Hilfe der wendischen Städte zu einem Friedensschluß gelangen konnten.

Kapitel 8

DIE AUSEINANDERSETZUNGEN ROSTOCKS
MIT SEINEN LANDESHERREN
BIS ZUM ENDE DES JAHRHUNDERTS

Der Wismarer Vergleich im Mai 1491 brachte Rostock allerdings nur eine kurze Atempause; denn wenig später führte die Haltung Magnus II. zu neuen Spannungen und Konflikten. Rostock hatte zwar vereinbarungsgemäß am 11. Juni d. J. den Landesherren Abbitte geleistet und ihnen erneut gehuldigt. Vergeblich wartete dann aber der Rat auf die versprochene Gegenleistung: die Bestätigung und Erneuerung der städtischen Privilegien [625]. Statt dessen erging am 19. Dezember 1491 an Rostock die Mahnung, pünktlich die erste Rate der Buße zu entrichten (2 500 Rh.G.) sowie weitere 300 Rh.G. für die Unkosten der Herzöge während der letzten Verhandlungen. Die Stadt begegnete dem mit der Forderung, daß die Landesherren zunächst aber ihre Verpflichtung erfüllen müßten. Erst als die Herzöge am 2. Februar 1492 Rostocks Privilegien bestätigt hatten, wurde die geforderte Summe gezahlt und über den Rest der Buße ein Schuldschein ausgestellt [626].

Weniger erfolgreich war die Stadt dann in der Reihe der bald nicht mehr abreißenden kleineren und größeren Konflikte, mit denen die folgenden Jahre ausgefüllt blieben. Noch im Februar 1492 verweigerten die Herzöge Rostock die Erhebung einer Bierakzise, mit deren Ertrag es finanzielle Mittel zur Tilgung seiner vielfältigen Schuldverpflichtungen zu gewinnen hoffte. Dagegen erging an die Stadt die Forderung, sich mit 5 000 Mk.sund. an der Reichssteuer für einen Frankreichzug Maximilians I. zu beteiligen. Als Rostock die Zahlung nicht leistete und die Akzise trotz des Verbots einzuziehen begann, wurde es mit einer Ein- und Ausfuhrsperre bedroht, welche die Stadt empfindlich zu treffen vermochte, wie sich gegen Ende des „Domfehde" gezeigt hatte [627]. Noch im Verlaufe dieses Jahres wurde der Druck auf Rostock weiter verstärkt. Ausgehend von der Auffassung, daß Land-

---

[625] Koppmann, a. a. O., S. 73; HR III, 2, n. 564.
[626] Koppmann, ebenda; Witte, S. 290.
[627] Koppmann, a. a. O., S. 74; Witte, S. 291; vgl. Seite 132 dieser Arbeit.

güter Rostocker Bürger als Lehnsgüter anzusehen seien [628], verlangten
die Herzöge, daß deren Eigentümer Reiter und Kriegsmaterial zur
Unterstützung des Herzogs Heinrich des Älteren von Braunschweig-
Lüneburg gegen Braunschweig stellen sollten [629]. Zu dieser ausgesprochen provokativen Forderung, die an sich schon in Rostock nur auf
äußerste Ablehnung stoßen konnte, kam das Ersuchen, wegen der Hinrichtung des Schwaaner Vogts Vrese [630] eine Buße von 600 Rh.G. zu
erlegen und ein steinernes Gedenkkreuz zu errichten. Als sich die Stadt
all dem widersetzte, verfügten die Herzöge die Sperre der Ein- und
Ausfuhr sowie die Zerstörung der Rostocker Landwehr bei Goldenitz [631]. Weitere Druckmittel der Herzöge waren: die Ergreifung von
reisenden Rostocker Bürgern sowie der Befehl an die Bauern der Vogtei Ribnitz und des Landes Rostock, unter Strafandrohung weder
Pacht noch Bede an Rostock zu zahlen. Außerdem wurde auch der
Anspruch der Landesherren auf alles Strandgut wieder in Erinnerung
gebracht [632].

Die Situation für die bedrängte Stadt gestaltete sich um so schwieri-
ger, und die Herzöge sahen sich um so weniger zu irgendwelchen Rücksichten genötigt, als sich die wendischen Städte offensichtlich nicht geneigt zeigten, abermals für Rostock zu intervenieren [633]. Erst die
Handelssperre im September 1492, die die Verbindungswege zwischen
den Städten behinderte, gab den Anstoß, daß diese sich bei den Herzögen verwandten: angesichts dessen, daß Rostock durch die Zahlungsverpflichtungen des Wismarer Vergleichs stark belastet sei, sollten die
Herzöge der Stadt wieder freien Verkehr gewähren und sie im Genuß
ihrer Freiheiten und Rechte lassen [634]. Zu weiteren Schritten waren die
Städte jedoch nicht bereit. Als nämlich Rostock im Herbst 1492 bat,
ihm wenigstens in der Angelegenheit Vrese nicht Hilfe und Beistand
zu versagen, lehnten die im Oktober 1492 wegen der Notlage Braunschweigs in Mölln versammelten Ratssendeboten der wendischen Städte
auch das ab, um — wie sie ausführten — die bestehenden Spannungen
nicht noch mehr zu verschärfen. Sie waren nicht einmal bereit, auf

---

[628] Vgl. Seite 114 f. dieser Arbeit.
[629] HR III, 3, n. 109, S. 93.
[630] Vgl. Seite 96 dieser Arbeit.
[631] HR III, 3, n. 109.
[632] a. a. O., n. 147, S. 101, A. 1.
[633] a. a. O., n. 65, §§ 40-41.
[634] a. a. O., n. 115 1492 September 21.

Rostocks Antrag zu einer Tagfahrt zusammenzukommen [635]. Sicherlich gab die Situation jener Jahre zu mancherlei Besorgnissen Anlaß, wie bereits in anderem Zusammenhang gezeigt wurde [636]. Trotzdem überrascht dieses offensichtliche Zurückweichen der wendischen Städte in ihrem eigentlichen Einflußgebiet außerordentlich, zumal die Auseinandersetzungen, denen sich Rostock jetzt gegenübersah, kaum weniger ernst waren, als die des vorhergehenden Jahrzehnts.

Die Beobachtung, daß Rostock nicht auf wirksame Hilfe der Nachbarstädte rechnen konnte, mußte die Herzöge nur in ihrem Vorsatz bestärken, an ihren Forderungen durchaus festzuhalten. So war die Stadt schließlich gezwungen, im Dezember 1492 die Aufhebung der verfügten Zwangsmaßnahmen durch Ausstellung eines weiteren Schuldbriefs über 3 550 Mk.lüb. zu erkaufen [637]. Dieser Erfolg veranlaßte die Herzöge, ihre Erpressungstaktik schon wenig später auf andere Bereiche auszudehnen. Sie erhoben Ansprüche auf Landgüter Rostocker Bürger aufgrund von Urteilen ihres Hofgerichts, fochten das Eigentumsrecht an städtischem Grundbesitz und einigen Mühlen an und verweigerten der Stadt auch weiterhin die Erhebung der Akzise [638]. Eine willkommene Gelegenheit, Differenzen innerhalb der städtischen Bevölkerung für sich zu nutzen, ergab sich gegen Ende des Jahres 1494 dadurch, daß einige Bürger sich mit Klagen gegen Mitbürger an die Landesherren gewandt hatten, weil sie vom Rostocker Rat in ihren Ansprüchen, die sich auf Landgüter erstreckten, kein Recht zu erhalten vorgaben. Die Herzöge ließen sich diese Ansprüche abtreten und luden die Beklagten vor ihr Hofgericht. Der Rat reagierte gleichermaßen scharf: er verfestete die Kläger und erklärte gemeinsam mit der Bürgerschaft, für die Privilegien der Stadt Leben und Besitz wagen zu wollen. Die Orbör und der fällige Teil der Bußzahlung wurden zurückgehalten, und am 6. Januar 1495 erhob der Rat Klage beim Reichskammergericht [639].

Gegen den Rat richtete sich nun das Schreiben der Herzöge vom 3. Januar 1495, das sie an die Bürger und Einwohner Rostocks sandten und das hier ausführlicher zitiert sei. Sie sähen sich zu diesem Schritt gezwungen — so schrieben die Herzöge — weil die Anführer des Rates

---

[635] a. a. O., n. 131, 147-151.
[636] Vgl. Seite 66 ff. dieser Arbeit.
[637] Koppmann, Stadt Rostock, S. 75; Witte, S. 291.
[638] Koppmann, ebenda; vgl. Seite 114 ff. dieser Arbeit.
[639] Koppmann, a. a. O., S. 76.

(Kerkhoff, Hasselbek, Preen, Wilken und andere) die Landesherren hinterhältig verleumdet hätten. Es sei nämlich kein Privileg verletzt worden, sondern die Herzöge hätten nach altem Herkommen einige Bürger bei der Verfolgung von Ansprüchen unterstützt, die ihnen abgetreten worden seien. Da sich die Ansprüche auf Landgüter bezogen, erschien die Bereitschaft der Herzöge besonders verständlich! Mit dem Hinweis auf das „alte Herkommen" sollte die Auffassung des Herzogs Magnus unterstrichen werden, daß er das 1462 von seinem Vater an Rostock verliehene Privilegium de non evocando als aufgehoben betrachtete, wie er schon 1486 in Wilsnack erklärt hatte [640]. Bezüglich der namentlich erwähnten Ratsmitglieder hieß es in dem Schreiben der Herzöge dann weiter: vor einigen Jahren hätten jene bekanntlich selbst bei den Landesherren Zuflucht gesucht. Wenn sie jetzt anders dächten und ihren Mitbürgern nicht das gleiche Recht einräumen wollten, dann offenbar nur deshalb, weil die Herzöge nicht gestatteten, daß die Bürger und Einwohner mit der Akzise und anderen Neuerungen belastet werden sollten. Völlig grotesk mußte dann folgender Passus wirken: Es sei offensichtlich so, daß diese Ratsmitglieder wieder zwischen den Herzögen und der Bürgerschaft Zwietracht säen wollten wie damals wegen der Kollegiatkirche, als sie behauptet hätten, sie seien zwar für den „Dom", wenn aber die Gemeinde ihn haben wolle, dann würden sie ihr darin nicht zu willen sein . . . Schließlich forderten die Herzöge von der Stadt die Bede, von der Rostock bekanntlich schon 1482 befreit worden war [641] und kündigten an, in Kürze über alle diese Fragen in Rostock mit dem Rat zu verhandeln [642].

Dieser beantwortete die offenbare Herausforderung damit, daß er sich einen Besuch der Herzöge verbat, bis der derzeitige Streit unter Vermittlung der wendischen Städte beigelegt worden sei. Die Landesherren bestanden dagegen auf ihrem *Recht, jederzeit nach ihrem Gefallen in ihrer Stadt ein- und auszugehen* und betonten, daß sie mit Rostock in keinem Streit stünden; denn was sie mit Einzelpersonen aus Rostock zu klären hätten, sei nichts als eine Rechtsangelegenheit und beträfe ihr Ansehen, ihre Ehre und ihren Stand als Fürsten [643]. Statt einer weiteren Erörterung ließ der Rat den Herzögen und ihrem Gefolge am 17. März 1495 die Tore versperren. Wie die Dinge nun-

---

[640] Koppmann, a. a. O., S. 35; vgl. Seite 114 f. dieser Arbeit.
[641] Vgl. Seite 91 dieser Arbeit.
[642] Koppmann, a. a. O., S. 77.
[643] HR III, 3, n. 481; Koppmann, a. a. O., S. 78.

mehr standen, konnte Magnus II. nicht umhin, den Fehdehandschuh aufzunehmen. Er besetzte Warnemünde, arretierte Rostocker Schiffe und sperrte der Stadt abermals Ein- und Ausfuhr. Diesmal hatten die Spannungen einen solchen Grad erreicht, wie bisher nur im Sommer 1487.

Die wendischen Städte hatten sich auch zu Beginn dieser neuen Verwicklungen noch nicht zum Eingreifen genötigt gesehen. Im Februar 1495 hatte Lübeck empfohlen, Rostock möge seine Beschwerden auch an die übrigen Städte richten, weil es nicht allein über etwaige Maßnahmen entscheiden könne und vor allem auf Eintracht innerhalb der Stadt zu achten [644]. Die offenen Feindseligkeiten veranlaßten dann ein sehr schnelles Reagieren der Städte, die bereits am 10. April einen Stillstand und die Bereitschaft der Herzöge zu Vergleichsverhandlungen im Mai in Wismar erlangen konnten. Im Falle des Scheiterns sollte ein rechtlicher Austrag erfolgen [645]. Es war nicht zu verkennen, daß die Gegner Rostocks sich erheblich zurückhielten, sobald sie sich der Gesamtheit der Städte gegenübersahen! Wegen des Reichstages zu Worms 1495 verzögerten sich jedoch dann die weiteren Verhandlungen bis zum Spätherbst. In Worms empfingen die Herzöge nicht nur die Reichsbelehnung, sondern erwarben auch vom Kaiser einen Gebotsbrief gegen Rostock, sich seinen Erbherren nicht länger zu widersetzen sowie ein Mandat gegen Lübeck, Rostock nicht weiter beizustehen [646]. Nach der Heimkehr der Herzöge begannen im November 1495 Schlichtungsverhandlungen in Wismar. Sie erwiesen sich als sehr schwierig, weil sich beide Parteien nicht über die Reihenfolge der Verhandlungspunkte einigen konnten und es immer wieder zu heftigen Ausfällen des Herzogs Magnus kam [647]. So trennte man sich schließlich, ohne zu einem Ergebnis gekommen zu sein [648]. Am 7. Dezember bahnten sich erste Ansätze zu einem Vergleich an. Die Herzöge verpflichteten sich, Warnemünde und die von ihnen besetzten Landgüter wieder herauszugeben, während Rostock den ausgewiesenen Bürgern die Rückkehr gestattete. Einen gewissen Abschluß fanden die Auseinandersetzungen dann am 28. Februar 1496, als die Herzöge Rostock für die Dauer von 20 Jahren die Erhebung der Bierakzise genehmigten [649].

---

[644] HR III, 3, n. 479-480.
[645] a. a. O., n. 484-486, 529.
[646] Koppmann, a. a. O., S. 79; HR III, 3, n. 487-489.
[647] HR III, 3, n. 526-528.
[648] Koppmann, a. a. O., S. 80.
[649] Ebenda.

Für Rostock war damit zugleich der Abschluß einer Reihe härtester Kraftproben gekommen, die es über einen Zeitraum von etwa 20 Jahren mit seinen Landesherren zu bestehen gehabt hatte. Am Ende zeigte sich, daß Herzog Magnus II. sein Ziel nicht erreicht hatte, die faktische Autonomie der beiden Seestädte aufzuheben. Damit war zugleich der Versuch gescheitert, in Mecklenburg eine im Prinzip absolutistische Herrschaftsform durchzusetzen. Die Bischöfe und Prälaten des Landes hatten zwar diese Bestrebungen der Landesherren unterstützt, doch die Ritterschaft hatte die Mithilfe verweigert, vermutlich nicht zuletzt deshalb, weil eine Niederlage Rostocks auch das Vorspiel ihrer eigenen Unterwerfung gewesen wäre. Entscheidenden Widerstand gegen alle Versuche der Fürsten, den Landständen die überkommenen Freiheiten und Rechte zu nehmen, hatte indessen nur Rostock geleistet. Mit Unterstützung der wendischen Städte war es ihm möglich gewesen, seine Privilegien, seine Gerichtsbarkeit und vor allem sein Gewohnheitsrecht zu wahren, sich mit benachbarten Städten zu verbünden.

Der Tod Magnus II. (1503) beendete zugleich auch einen Abschnitt fürstlicher Politik gegenüber den wendischen Städten. Seine Erben und Nachfolger waren nicht in der Lage, seine Bestrebungen fortzusetzen. Die Landesteilung zwischen den Herzögen Heinrich V. (1503-1552) und Albrecht VII. (1503-1547) im Jahre 1520 sowie die 1523 von den Landständen geschlossene Union trugen wesentlich dazu bei, daß in Mecklenburg die Grundlagen einer landständischen Verfassung gelegt werden konnten [650]. Die Polizeiordnung von Jahre 1516 zeigt außerdem, welcher bedeutende Spielraum den beiden Hansestädten Rostock und Wismar auch weiterhin in der selbständigen Ordnung ihrer inneren Angelegenheiten geblieben war [651]. Die Stände nahmen seitdem bis in die neueste Zeit hinein fast unangefochten [652] entscheidenden Einfluß auf die Regierung Mecklenburgs, so daß sich dort eine absolutistische Regierungsform nicht durchzusetzen vermochte.

---

[650] Strecker/Cordshagen, S. 541, 538 f.
[651] Groth, S. 302.
[652] Strecker/Cordshagen, S. 544 (Verfassungskämpfe des 18. Jahrhunderts).

DRITTER TEIL

BEZIEHUNGEN ZWISCHEN STÄDTEN UND FÜRSTEN

Versuch einer systematischen Betrachtung

Kapitel 9

DIE HALTUNG DER FÜRSTEN

a) Ursachen und Anlässe der Konflikte mit den Städten

Die Beziehungen der wendischen Hansestädte zu den Fürsten des Hauses Oldenburg und den Herzögen von Mecklenburg waren in den vier letzten Jahrzehnten des 15. Jahrhunderts fast ständig durch Spannungen und oft sogar auch durch ernsthafte Konflikte belastet. Selten waren jedoch alle sechs Städte zugleich an den Auseinandersetzungen beteiligt. Vielmehr läßt sich feststellen, daß für Lübeck und Hamburg, zeitweilig auch für Lüneburg, das Verhältnis zum Hause Oldenburg von besonderer Bedeutung war, während Rostock und Wismar ihr Augenmerk vor allem ihren Landesherren zuwenden mußten. Stralsund als pommersche Stadt nahm dagegen eine gewisse Sonderstellung ein, soweit es sich um die Beziehungen der wendischen Städte zu beiden Fürstenhäusern handelte.

Am deutlichsten ist eine Haltung, die als typisch landesfürstlich bezeichnet werden darf, in Mecklenburg festzustellen. Doch sind hier wesentliche Unterschiede zwischen der Politik Herzog Heinrich IV. und seines Sohnes Magnus II. nicht zu übersehen. Wenn bei dem ersteren zwar auch schon das Bestreben zu erkennen war, z. B. Wismars unabhängige Stellung im Lande einzuschränken, so handelte es sich hier doch wohl nur um Versuche, sich gegen ein widerspenstiges Glied des Landes durchzusetzen und es angesichts des trostlosen Zustandes der fürstlichen Kassen zu Geldzahlungen zu zwingen [653]. In dem Maße, in dem Magnus II. schon zu Lebzeiten seines Vaters Einfluß auf die Regierung des Landes zu gewinnen begann, ging das Bestreben der Herzöge immer zielbewußter dahin, die Sonderrechte der Landstände einzuschränken, um ihre Stellung als Landesherren zu festigen und in Mecklenburg die Grundlagen eines absolutistischen Herrschaftssystems

---

[653] Vgl. Seite 75 ff. dieser Arbeit.

zu schaffen. Aus dieser Haltung heraus war Herzog Magnus prinzipieller Gegner einer selbständigen städtischen Politik, wie sie in besonderer Weise durch Lübeck und Hamburg vertreten wurde. Hier lag damit auch die Ursache der jahrzehntelangen Kontroversen mit Rostock, die in der Regel durch Versuche des Herzogs ausgelöst wurden, den städtischen Rechtsbereich anzugreifen [654]. Daher stand Magnus II. auch mehrfach auf der Seite anderer Fürsten, wenn es sich um Auseinandersetzungen mit Städten handelte. So durfte Christian I. mit ihm als Mitglied eines städtefeindlichen Fürstenbundes rechnen und zog mit ihm auch im Herbst 1474 an den Rhein [655]. Als dann 1492 die Herzöge von Braunschweig-Lüneburg gegen Braunschweig zogen, leistete Magnus II. ihnen Beistand [656].

Die Politik der Oldenburger Fürsten war, im ganzen gesehen, ebenfalls städtefeindlich. Doch war König Christian I. durch mehrere Momente gezwungen, immer wieder Anlehnung an Hamburg und Lübeck zu suchen. Die Wahl zum Landesherren Schleswig-Holsteins hatte ihm finanzielle Verpflichtungen auferlegt, die seine Kräfte und Möglichkeiten weit überstiegen. Zum anderen belasteten ihn seine vergeblichen Bemühungen, Schweden zur Rückkehr in die Nordische Union zu veranlassen, und schließlich hatte die Einstellung der Zahlungen an seinen Bruder Gerd heftige Auseinandersetzungen ausgelöst, sodaß Christian I. vor allem in Schleswig-Holstein auf die Hilfe beider Städte nicht verzichten konnte. Unter diesen Umständen mußte der König Lübeck und Hamburg als Gegenleistung zwar beträchtliche Zugeständnisse einräumen, war aber zugleich auch deshalb nie ein „Freund" dieser Städte. Das zeigte sich spätestens nach dem Abschluß der Streitigkeiten mit dem Grafen von Oldenburg und nachdem der König die Hoffnung auf Wiederherstellung der Kalmarer Union aufgeben mußte: Ende 1472 begann seine Annäherung an den Kurfürsten von Brandenburg und damit seine Abwendung von Lübeck und Hamburg, die aber erst zu Beginn des Jahres 1474 wirksam wurde [657]. Doch nach dem Scheitern seiner hochgespannten Pläne erstrebte König Christian I. wieder die Hilfe der beiden Städte gegen die Ritterschaft Schleswig-Holsteins. Eine politische Konzeption — besonders gegenüber den Städten — sucht man bei diesem Fürsten wohl vergeblich. Viele seiner

---

[654] Vgl. Seite 88 ff. dieser Arbeit.
[655] Vgl. Seite 49 f. dieser Arbeit.
[656] Vgl. Seite 141 dieser Arbeit.
[657] Vgl. Seite 36 ff. dieser Arbeit.

Pläne und Vorhaben, vor allem in den Jahren 1473-1475, erscheinen unausgereift, wenn nicht phantastisch. Nicht in seiner schleswig-holsteinischen Landespolitik wurde Christian den Städten gefährlich, sondern durch die Begünstigung des holländischen Handels in den nordischen Reichen sowie dadurch, daß er den hansischen Handel während der Jahre 1475-1478 absichtlich reduzierte [658].

Die Haltung seines Bruders, des Grafen von Oldenburg, sowie seines Sohnes Johann mußte den Städten eindeutiger erscheinen. Graf Gerd trat den Städten meist als adliger Freibeuter und Wegelagerer entgegen, der selbst Christian I. gegenüber keine Rücksicht kannte, wenn es um den eigenen Vorteil ging. Seine Konflikte mit den Städten wurden fast ohne Ausnahme durch reine Räubereien ausgelöst, und selbst das Bündnis mit dem Herzog von Burgund darf wohl kaum als p o l i t i s c h motiviert gewertet werden. Es sei denn, der Graf hätte damals für seinen Bruder Christian die Rolle eines Mittelsmannes übernommen [659]. Zu einer Gefahr für die Städte hätte Gerd von Oldenburg nur im Falle eines burgundischen Sieges werden können. Zu ernsthafter Beunruhigung in allen wendischen Seestädten gab dagegen für lange Jahre König Johann Anlaß, als er sie während der beiden letzten Jahrzehnte des 15. Jahrhunderts zur Verteidigung ihrer wirtschaftlichen Stellung in Dänemark und Norwegen zwang, zur gleichen Zeit also, da auch die Auseinandersetzungen Rostocks mit den Herzögen von Mecklenburg ihren Höhepunkt erreicht hatten.

Eine Übersicht über die A n l ä s s e , die erheblichere Streitigkeiten mit den Herzögen von Mecklenburg auslösten, zeigt, daß diese vorwiegend durch die absolutistischen Bestrebungen Herzog Magnus II. bedingt waren. Das führte zwangsläufig zu zahlreichen Rechtsstreitigkeiten. Hier wäre zunächst der Versuch des Herzogs zu nennen, im Lande seine uneingeschränkte Gerichtshoheit zur Geltung zu bringen. Rostock hatte sich aber seit der Mitte des 14. Jahrhunderts gerade auf diesem Gebiet weitgehende Selbständigkeit gesichert. Es verfügte seit 1358 über die volle Gerichtsbarkeit und hatte 1459 das Privileg erworben, Straßenräuber auch auf herzoglichem Gebiet ergreifen und über sie richten zu dürfen. 1462 hatte Herzog Heinrich IV. — wie schon mehrfach erwähnt — den Bürgern und Einwohnern wie auch den Gotteshäusern, Hospitalien und der Stadt selbst ihre Besitzungen bestätigt, insbesondere mit dem Recht, ihretwegen nicht außerhalb der Stadt vor

---

[658] Vgl. Seite 55 f. dieser Arbeit.
[659] Vgl. Seite 51 dieser Arbeit.

Gericht gezogen zu werden [660]. Diese Befreiung betrachtete Herzog
Magnus — wie er mehrfach erklären ließ — als kraftlos. Der Streit um
das „Privilegium de non evocando" gewann eine große Bedeutung im
Zusammenhang mit dem Anspruch der Landesherren, Landgüter Ro-
stocker Bürger nach dem Aussterben der Manneslinie als verfallene
L e h e n zu betrachten. Das Hofgericht der Herzöge entschied in allen
Fällen in diesem Sinne. Gestützt auf die These, Landgüter städtischer
Bürger trügen den Charakter von Lehen, verlangte Herzog Magnus
im Jahre 1492 von den Rostocker Eigentümern solcher Güter sogar
Heeresfolge gegen Braunschweig. Zu den Auseinandersetzungen um
die fürstliche Gerichtsbarkeit sind auch die Fälle zu zählen, in denen
Städte zur Selbsthilfe gegen adlige Straßenräuber gegriffen hatten wie
Wismar 1455 und Lübeck 1482. Als Rechtsstreitigkeiten sind vor allem
auch die wiederholten Kontroversen um das Strandrecht zu nennen,
die sich zu Beginn des Jahres 1485 zu einem offenen Konflikt auszu-
weiten drohten, als Rostock im Einverständnis mit den verbündeten
Städten einen herzoglichen Vogt als Räuber richten ließ. Herzog Magnus, der Strandgut im Gegensatz zu städtischen Privilegien als Eigentum der Landesherrschaft betrachtete, mußte diese Selbsthilfe als einen
besonders schweren Affront ansehen [661]. Sein Anspruch, auch über die
Kirchen in Rostock frei zu verfügen, nachdem er bereits mit Hilfe der
päpstlichen Kurie weitgehenden Einfluß auf die Geistlichkeit des Landes erlangt hatte, führte im Zusammenhang mit anderen Streitigkeiten
zu den härtesten Auseinandersetzungen, die eine der wendischen Städte
in diesen Jahrzehnten zu bestehen hatte.

Wiederholt versuchten Heinrich IV. wie auch Magnus II. Rostock
und Wismar das Recht streitig zu machen, sich mit „ausländischen"
Städten zu verbünden. Sie bezeichneten derartige Bündnisse als „Ver-
rat" an den Landesherren. Diese Bemühungen, wie überhaupt alle
entscheidenden Versuche, den mecklenburgischen Städten ihre Privilegien und Gewohnheitsrechte zu nehmen, blieben aber am Ende ohne

---

[660] Koppmann, Stadt Rostock, S. 16: 1358 November 29 Albrecht II. v. Mecklenburg
verkauft für 2 000 Mark Gericht und Gerichtsbarkeit innerhalb und außerhalb der
Stadt Rostock und auf dem Meere, soweit sich die Markscheiden erstrecken. Koppmann, a. a. O., S. 35: 1459 April 4 Herzog Heinrich IV. gestattet wegen zahlreicher
Räubereien in der Rostocker Heide die Übeltäter auch auf herzoglichem Grund und
Boden festzunehmen und über sie zu richten. 1462 Mai 24 bestätigt derselbe der
Stadt, den Gotteshäusern und Hospitalien, allen Bürgern und Einwohnern, die von
ihnen erworbenen Besitzungen außerhalb Rostocks, insbesondere mit dem Recht,
ihretwegen nur dort vor Gericht gezogen zu werden.
[661] Vgl. Seite 96 ff. dieser Arbeit.

den gewünschten Erfolg. Zuweilen waren Rechtsstreitigkeiten aber auch eng mit der Lösung finanzieller Probleme bei Fürsten wie Städten verbunden. So untersagten die Herzöge sowohl Wismar wie auch Rostock die Erhebung von Akzisen, forderten aber andererseits entgegen den städtischen Privilegien Zölle oder Beden. Gerade der Bedestreit der Jahre 1482/83 zeigte, daß auch derartige Anlässe zu bewaffneten Konflikten führen konnten. Die Zahl der Reibungspunkte zwischen Fürsten und Städten war in diesen Jahrzehnten in Mecklenburg außerordentlich groß. Sie erstreckten sich z. T. sogar auf das ureigenste Gebiet der Städte: den Handel, z. B. dann, wenn diese sich dem Versuch der Herzöge widersetzten, in den Jahren der steigenden Getreidepreise auf eigene Rechnung Kornexporte in die Teuerungsgebiete Westeuropas vorzunehmen [662]. Dieser knappe Überblick mag zeigen, daß in Mecklenburg fast in allen genannten Fällen die Herzöge die Spannungen auslösten oder provozierten. Meist entzündete sich der Streit an Rechtsfragen: uneingeschränkte Rechts- und Gerichtshoheit der Fürsten oder Privilegien und Gewohnheitsrechte der Städte? Das war die Kernfrage in der Mehrzahl der hier erwähnten Auseinandersetzungen.

Die Differenzen mit den Oldenburger Herren trugen durchaus nicht im gleichen Maße den typischen Charakter des Kampfes zwischen Städten und Fürsten wie in Mecklenburg. Das zeigen schon die meist anders gearteten Anlässe. Es wurde bereits betont, daß weder Christian I. — Graf Gerd darf in diesem Zusammenhang unberücksichtigt bleiben — noch sein Sohn Johann in Schleswig-Holstein eine Landespolitik betrieben hatten, die mit der des Mecklenburgers Magnus II. verglichen werden könnte. Sicherlich trug hierzu nicht wenig der Umstand bei, daß beide auch zugleich Könige der nordischen Reiche waren und nicht zu gleicher Zeit landespolitische Ziele und innerskandinavische Angelegenheiten zu verfolgen vermochten. Als Landesfürsten Schleswig-Holsteins bedeuteten die beiden ersten Oldenburger Unionskönige keine ernsthafte Bedrohung für die Städte. Hamburg, als holsteinische Stadt, vermochte sich ihnen gegenüber durchaus zu behaupten, wie schon die Form der „Annehmung" der Landesherrn deutlich erkennen läßt. Christian I. war gerade wegen seiner landespolitischen Verpflichtungen zeitweilig sehr stark auf die Hilfe Lübecks und Hamburgs angewiesen. Eine merkliche Entfremdung ergab sich erst dann,

---

[662] Steinmann, Finanzpolitik ,S. 118 f.

als sich der König nach dem endgültigen Verlust Schwedens mit seinem
Bruder ausgesöhnt hatte und verstärkt landespolitisch tätig wurde,
indem er Dithmarschen zu unterwerfen versuchte. Da Lübeck seit 1468
mit Dithmarschen verbündet war, und Christian I. sich der Hilfe
anderer Fürsten sowie des Kaisers zu bedienen bemühte, führten diese
Bestrebungen in den Jahren 1474/75 auch zu Konflikten mit den Städten, vor allem mit Lübeck. Nach dem Scheitern dieser Pläne betonte
Christian I. für etwa drei Jahre (1475-1478) gegenüber den wendischen
Städten seine Stellung als Unionskönig: er schränkte den Handel der
hansischen Kaufleute in Norwegen und Dänemark erheblich ein und
begünstigte ihre holländischen Konkurrenten, eine Politik, die sein
Sohn Johann in verstärktem Maße fast bis zum Ende des Jahrhunderts
fortsetzte. Da hierdurch die Städte in empfindlicher Weise auf wirtschaftlichem Gebiet getroffen wurden, reagierten sie nun in weit stär-
kerem Maße als Gemeinschaft, als dies etwa während der landespolitischen Auseinandersetzungen der Fall gewesen war.

b) Mittel und Taktik des Vorgehens
   gegen die Städte

   Die Mittel, mit denen die Fürsten sich gegen die Städte durchzusetzen versuchten, lassen eine Fülle unterschiedlicher Möglichkeiten
erkennen, die in vielfacher Abstufung von der Verweigerung oder
Entziehung städtischer Privilegien bis zur Anwendung offener Gewalt
reichen konnten. Für hansische Kaufleute war es bei der Ausübung
ihres Handels in den Gebieten fremder Fürsten unumgänglich notwendig, deren Genehmigung und Geleit zu erhalten sowie nach Möglichkeit auch zu erreichen, daß nichthansische Kaufleute und Schiffer
von diesen Ländern ferngehalten wurden. So war die Verleihung der
Handelsprivilegien für die Fürsten ein bedeutsames Machtinstrument,
zugleich aber auch meist eine willkommene Einnahmequelle. Geschickt
brachten besonders die dänischen Könige beides ins Spiel, indem sie
zeitweilig auch fremde Kaufleute begünstigten. Man könnte fast sagen,
daß die Zulassung oder aber die Beschränkung des holländischen Handels in den nordischen Reichen geradezu als Ausdruck der jeweiligen
Beziehungen zwischen den wendischen Städten und den oldenburgischen Unionskönigen gelten konnte. Wie die Auseinandersetzungen

während der beiden letzten Jahrzehnte des 15. Jahrhunderts in Mecklenburg zeigten, blieb die Verleihung oder die Bestätigung von Privilegien für die Herzöge ein bedeutendes Machtmittel gegenüber den
eigenen Städten. Kaiserliche Verleihungen und Mandate hatten bis zum
Ende des Jahrhunderts ebenfalls noch ein gewisses Gewicht bewahrt,
wenn es sich etwa darum handelte, daß Fürsten oder Städte Rechts-
ansprüche gegeneinander zu begründen, zu sichern oder zu verteidigen
trachteten. Die Erwerbung der mecklenburgischen und lüneburgischen
Zölle sowie die Übertragung der landesherrlichen Rechte über Dithmarschen an Christian I. (1473) ließen andererseits aber auch erkennen, wie sehr Erteilung und Ausfertigung, aber auch Vermittlung
kaiserlicher Urkunden und Gebote für alle Beteiligten fast zu reinen
Finanzgeschäften geworden waren, falls nicht unmittelbare Interessen
der kaiserlichen Hausmachtpolitik im Spiele waren wie zum Beispiel
während der habsburgisch-burgundischen Auseinandersetzungen 1474-
1475. Der eigentliche politische Wert der Privilegien und Mandate des
Kaisers erwies sich in der Regel als nicht sehr erheblich, wie sich unter
anderem auch im Verlaufe der Dithmarschenkrise gezeigt hatte.

Wie bereits betont worden ist, betrafen die Streitigkeiten zwischen
Städten und Fürsten in Mecklenburg vor allem den Rechtsbereich. Die
Idee von der uneingeschränkten Gewalt des Herrschers, wie sie von
Herzog Magnus II. vertreten worden war, fußte dem Anschein nach
auf Vorstellungen römischen Rechtes. Alle bedeutenderen Konflikte
(Bede, Strandrecht, Kollegiatstift) wurden mit Ansprüchen begründet,
die römisch-rechtlichen Auffassungen vom Herrscheramt und vom
Staat entsprachen. Hiervon zeugte u. a. auch die Forderung Magnus II.,
daß alle Untertanen — ohne Ausnahme — verpflichtet seien, gegebenenfalls vor dem herzoglichen Hofgericht zu erscheinen, obwohl
Rostock erst im Jahre 1462 ein Privileg zur Befreiung auch von der
herzoglichen Gerichtsbarkeit erworben hatte. In größerem Umfang
bediente sich der Herzog gegen Rostock auch der Hilfe geistlicher
Gerichte und kirchlicher Kollektivstrafen. Es war dies um so leichter
möglich, als er aufgrund besonderer Abmachungen mit der Kurie, weit-
reichenden Einfluß auf den gesamten Klerus des Landes erlangt
hatte [663]. Doch erst durch eine Reise nach Rom — und sicherlich nicht
ganz unbeträchtliche finanzielle Aufwendungen — erreichte Magnus II.
die endgültige Weisung des Papstes an Rostock, keinen weiteren Wider-

---

[663] Vgl. Seite 103 u. Anm. 493 dieser Arbeit.

stand mehr zu leisten. Unter Berufung auf diese Entscheidung des Oberhauptes der Kirche weigerten sich die Herzöge beharrlich, den Streit um das Kollegiatstift durch weltliche Gerichte überprüfen zu lassen.

Zu umfassenderen Fürstenbünden, die mit den städtischen Tohopesaten verglichen werden könnten, war es trotz mehrfacher Bemühungen nicht gekommen. Man gewinnt vielmehr den Eindruck, daß bei den Landesherren — ähnlich wie bei den Städten — eine gewisse Scheu vor mehrseitigen und langfristigen Bindungen anzutreffen war und daß Abkommen zu gemeinsamen Aktionen nur von Fall zu Fall getroffen wurden. In den Jahren 1473-1475 versuchte Christian I., zur Erreichung seiner Ziele Verbündete unter den benachbarten Fürsten zu gewinnen. Doch erwies er sich als „ein gelehriger, aber noch ungeschickter Schüler der in Italien entstehenden Diplomatie" [664]. Seine Bemühungen auf diesem Gebiet gelangten über tastende Ansätze nicht hinaus, nicht zuletzt deshalb, weil seine wichtigsten Verhandlungspartner: Kurfürst Albrecht von Brandenburg, Kaiser Friedrich III. und Herzog Karl der Kühne von Burgund sich ihm als überlegen erwiesen und ihrerseits den Dänenkönig für ihre eigenen Zwecke benutzten. Nur nach dem Scheitern der Trierer Verhandlungen zwischen dem Kaiser und Herzog Karl im Herbst 1473 konnte Christian I. sich die Spannungen zwischen beiden nutzbar machen und verhältnismäßig leicht die Erhebung Holsteins zum Herzogtum, die Einverleibung Dithmarschens und andere Verleihungen vom Kaiser erlangen. Weniger erfolgreich verlief der Versuch des Königs, lübische Ratssendeboten gemeinsam mit dem brandenburgischen Marschall v. Alvensleben nach Dithmarschen zu entsenden, um Lübeck von den Bauern zu trennen.

Auf seiner Reise an den Rhein im Herbst 1474 wurde Christian I. nicht nur von seinem Bruder Gerd, sondern auch von den Herzögen von Mecklenburg, Braunschweig-Lüneburg und Sachsen-Lauenburg begleitet. Sie alle waren zu dieser Zeit in Auseinandersetzungen mit den wendischen Städten verwickelt und teilten anscheinend die Hoffnung des Königs auf Hilfe durch den Herzog von Burgund. Offensichtlich nahmen diese Fürsten in den Bündnisplänen des Dänenkönigs eine besondere Stellung ein, wie sich während seiner Verhandlungen mit Kurfürst Albrecht von Brandenburg und auch bei späterer Gelegenheit gezeigt hatte. Der Ausgang des Krieges vor Neuß hatte dann aber

---

[664] Vgl. Seite 36 ff. dieser Arbeit; v. d. Ropp, Hanse und Reichskrieg, S. 48.

allen Spekulationen ein Ende bereitet, sofern sie an einen burgundischen Sieg geknüpft worden waren. Dieses Ergebnis mußte vor allem für den Grafen Gerd von Oldenburg eine erhebliche Enttäuschung mit sich gebracht haben, der seit dem November 1474 zum Verbündeten des Burgunderherzogs geworden war.

Im Laufe des Jahres 1492 entwickelte König Johann von Dänemark nach dem Vorbild seines Vaters umfangreiche diplomatische Tätigkeit, um Verbündete gegen Schweden und wahrscheinlich auch gegen die wendischen Städte zu gewinnen. Die Reisen seiner Gesandten in die Niederlande, nach England und Schottland gaben jedenfalls in den Städten Anlaß zur Sorge. Bezeugt ist indessen nur das Bündnis des Königs mit dem russischen Großfürsten Iwan gegen Schweden — gerade zu der Zeit, als auch die Niederlassung Nowgorod für die Hanse verlorenging [665].

Der oft als „Städtefeind" bezeichnete Kurfürst Albrecht von Brandenburg unterstützte weder die mecklenburgischen Herzöge, trotz ihrer wiederholten Bitten, noch war er bereit gewesen, sich mit König Christian zu verbinden. Von einer unbedingten Solidarität und Bereitschaft zu Bündnissen gegen die Städte konnte unter den Fürsten demnach nicht die Rede sein. Doch fehlte es nicht an gegenseitiger Unterstützung anderer Art. Häufig angewandte Mittel waren Ermahnungen oder Drohungen an die Adresse einzelner Städte. Auch durch Vermittlungstätigkeit oder die Übernahme schiedsrichterlicher Aufgaben leisteten die Fürsten einander Beistand. Wirksamer aber und für die Städte mit großen finanziellen Verlusten verbunden, erwiesen sich Handelssperren, die häufig angedroht und auch wiederholt gegen Rostock und Wismar angewandt worden waren. Bemerkenswert erscheint in diesem Zusammenhang, daß in fast allen Fällen die mecklenburgischen Herzöge durch ihre oldenburgischen Nachbarn aktiv unterstützt wurden, indem sie die genannte Zwangsmaßnahme auch auf ihren Herrschaftsbereich ausdehnten. So erwies sich dieses Kampfmittel als besonders wirksam, weil der Handel der Seestädte unmittelbar auf den skandinavischen Raum angewiesen war.

Bewaffnete Aktionen gegen die Städte fanden im Verhältnis zur Zahl der Konflikte in diesen Jahrzehnten verhältnismäßig selten statt. Derartige Unternehmungen brachten auch für die Fürsten erhebliche Schwierigkeiten mit sich, da sich die Ritterschaft z. B. in Mecklenburg

---

[665] HR III, 3, n. 453 ff.

weigerte, den Landesherren Heeresfolge zu leisten und auch benachbarte Fürsten nicht immer zur Unterstützung bereit waren. Die Anwerbung und Unterhaltung von Söldnern mußte die Finanzkraft der mecklenburgischen Herzöge erheblich belasten. Die Kämpfe um Rostock im Sommer 1487 hatten das überraschende Ergebnis, daß die Streitmacht der Herzöge nach anfänglichen Erfolgen bei der Einnahme und Verwüstung Warnemündes eine empfindliche Schlappe hinnehmen mußte. Zur Gewaltanwendung gegen Rostock kam es noch mehrfach, als die Herzöge gegen Ende des Jahrhunderts die Landwehr der Stadt bei Goldenitz abbrechen, Rostocker Bürger mit ihren Waren arretieren ließen und schließlich 1495 Warnemünde aufs neue besetzten und mehrere Rostocker Schiffe mit Beschlag belegten. Mit militärischen Mitteln konnten sich die Fürsten aber während der zweiten Hälfte des 15. Jahrhunderts in Norddeutschland noch nicht gegen die Städte durchsetzen. Dagegen zeigte sich, daß die städtische Wirtschaft, die größtenteils auf dem Handel beruhte, mit einem verhältnismäßig geringen Aufwand empfindlich geschädigt werden konnte.

Schließlich verdienen noch einige Züge fürstlicher Taktik erwähnt zu werden, die von den oldenburgischen wie mecklenburgischen Landesherren in gleicher Weise angewandt wurden. Hierzu gehört vor allem das Bemühen, Differenzen und Spannungen zwischen die Räte und die Einwohnerschaft der Städte zu tragen. So wandten sich die Fürsten häufig mit schriftlichen Mitteilungen und Aufforderungen unter Umgehung des Rates an die Bürger und Einwohner, um Mißtrauen und Argwohn zu säen. Meist wurden diese Versuche durchschaut und zurückgewiesen. Zuweilen, z. B. in Wismar, konnten die Herzöge Gegensätze innerhalb des Rats mit Erfolg für sich ausnutzen. Magnus II. bemühte sich vergeblich, Rostock von seinen Verbündeten zu isolieren, indem er sich z. B. 1485 nach dem Strafgericht über seinen Vogt zwar bereiterklärte, mit den f ü n f wendischen Städten zu verhandeln, nicht aber mit Rostock. Ebensowenig gelang es ihm, im Frühjahr 1487 die Städte zu einer Handelssperre gegen Rostock zu veranlassen. Andere derartige Versuche des Herzogs stießen in gleicher Weise auf Ablehnung.

Kapitel 10

STÄDTISCHE POLITIK
GEGENÜBER DEN FÜRSTEN

a) Gemeinsame Aktionen von Städten
und Fürsten

Wenn sich auch Städte und Fürsten im niederdeutschen Raum in der zweiten Hälfte des 15. Jahrhunderts oft feindselig gegenüberstanden, so war dies doch keine unveränderliche Grundsituation. Gelegentlich konnten sich beide Seiten auch zu gemeinsamen Aktionen zusammenfinden, wenn ihre Interessen übereinstimmten oder wenn sich eine gewisse Abhängigkeit voneinander ergab. In Mecklenburg lassen sich derartige Situationen kaum feststellen. Wenn der Wismarer Rat um 1465 die Unterstützung des Herzogs Heinrich gesucht hatte, dann geschah es nicht, weil es im Interesse der Stadt lag, sondern weil es galt, die Rückkehr des verfesteten Langejohann zu verhindern. Herzog Magnus II. hatte bekanntlich jedes Zugeständnis an die Städte abgelehnt.

Die Beziehungen Lübecks und Hamburgs zu König Christian I. ergeben demgegenüber ein völlig anderes Bild. Hier waren es mehrere Momente, die ein Zusammengehen der Städte mit dem Fürsten sogar für längere Zeit begünstigten: der gemeinsame Gegensatz zum Grafen von Oldenburg, die Verschuldung sowie die ständige Geldnot des Königs und schließlich dessen Zwangslage, daß während seiner Kämpfe um Schweden Schleswig-Holstein vor dem eigenen Bruder geschützt werden mußte. Der Umstand, daß Christian I. von 1465-1472 auf die Hilfe beider Städte angewiesen war, um seine Landesherrschaft zu behaupten, Lübeck und Hamburg indessen aber erheblichen Einfluß auf Schleswig-Holstein gewinnen und sich dort den Besitz umfangreicher Pfandherrschaften sichern konnten, erklärt hinreichend die Tatsache, daß der König für etwa sieben Jahre in einer verhältnismäßig engen Verbindung mit beiden Städten bleiben konnte. Nach dem Abschluß der Kämpfe um Schweden und nach der Versöhnung mit dem Bruder waren dann wichtige Voraussetzungen der bisherigen Gemeinsamkeit entfallen, daher trennten sich bald die Wege. Lübeck und Hamburg suchten darauf Anlehnung an den Bischof von Münster, einen geistlichen Fürsten, der mit beiden Oldenburger Herren in erheblichen Kontroversen stand. So setzten die Städte ihre bisher verfolgte Politik fort — nur mit einem anderen Bündnispartner. In seinen letzten Lebensjahren kehrte Christian I., nachdem sich erhebliche Mißstimmung unter der Ritterschaft der Herzogtümer gezeigt hatte, wieder an die Seite Lübecks und Hamburgs zurück.

In einzelnen Fällen konnte es sogar geschehen, daß Städte sich der Hilfe eines Fürsten bedienten, wenn es sich um Auseinandersetzungen mit einer anderen Stadt handelte. Das geschah vor allem während des Zollstreits, als Lübeck und Hamburg gemeinsam mit Christian I. über Lüneburg eine Handelssperre verhängt hatten. Ein ähnliches Beispiel liefert das Vorgehen gegen Wismar im Jahre 1466. Städte wie auch Fürsten waren in gleicher Weise daran interessiert, die Straßen frei von Räubern und Wegelagerern zu halten. Die Gegensätze auf anderen Gebieten verhinderten es jedoch, daß die Verhandlungen über bloße Ansätze hinauskamen. Denn meist standen sie sich als Gegner gegenüber.

b) Machtmittel der Städte

1. Verhandlungen

Als die Rostocker während einer Tagfahrt in Kopenhagen im Juli 1484 den Gesandten der anderen Städte klagten, welche Lasten ihnen die Herzöge von Mecklenburg mit der Errichtung einer Kollegiatkirche aufzubürden gedächten, warnten die Danziger Ratssendeboten vor einer gewaltsamen Auseinandersetzung: ein Krieg sei leicht zu beginnen, jedoch schwer in Ehren zu beenden [666]. Entsprechend diesem Prinzip versuchten auch die wendischen Städte die zahlreichen Konflikte mit benachbarten Landesherren möglichst auf gütlichem Wege beizulegen. Auf das Ersuchen einer Stadt richteten die Ratssendeboten der übrigen Städte meist ein Verwendungsschreiben an den betreffenden Fürsten und erklärten sich bereit, als Rechtsvermittler zur Verfügung

---

[666] Vgl. Seite 109 dieser Arbeit: Die Antwort erinnert an den oft zitierten Ausspruch Hinrich Castorps. Vgl. Neumann, S. 81 f.

zu stehen. Die Zahl solcher Schreiben und der Verhandlungen, die ihnen meist folgten, ist sehr groß. Allein wegen des Rostocker Kollegiatstifts waren die wendischen Städte auf etwa 30 Tagfahrten tätig gewesen, die teilweise beträchtliche finanzielle Aufwendungen mit sich brachten. Nicht wenig Mühe wurde darauf verwandt, nach dem Aufstand in Rostock (1487) einen bewaffneten Konflikt mit den Herzögen von Mecklenburg zu vermeiden und — als das nicht mehr möglich war — recht bald einen Waffenstillstand zu erreichen und wieder zu Verhandlungen zu gelangen.

Auch diese Verhandlungstätigkeit der Städte darf als ein gewichtiges politisches Machtmittel angesehen werden, das seinen Eindruck auf die Gegner der Städte selten verfehlte. Wie stark Rostock während der „Domfehde" hierdurch gestützt wurde, zeigte sich z. B. anläßlich der Wismarer Tagfahrt im September 1487, als seine Ratssendeboten sehr entschieden jede kollektive Verantwortung der Stadt ablehnten und ihrerseits den Forderungen der Herzöge Bedingungen entgegensetzten, unter denen allein sie bereit waren weiterzuverhandeln. Umgekehrt zeigte sich jedoch auch, daß die Fürsten zu rücksichtslosem Vorgehen ermutigt wurden, wenn sie etwa feststellten, daß eine Stadt zur Zeit nicht auf die Hilfe ihrer Nachbarn rechnen konnte. Als Beispiel dürfen die Kontroversen zwischen den Herzögen von Mecklenburg und Rostock im letzten Jahrzehnt des 15. Jahrhunderts genannt werden. Das Maß des Nachdrucks, mit dem die Städte den Fürsten im Einzelfall entgegentraten, wurde weitgehend durch den jeweiligen Anlaß bestimmt. Große Geschlossenheit zeigte sich in der Regel dann, wenn wirtschaftliche Interessen aller Städte wie z. B. beim Strandrecht berührt wurden oder wenn ein Mitglied der Städtegruppe in militärische Auseinandersetzungen verwickelt zu werden drohte. Auch Handelssperren gaben meist den Anstoß, sich intensiv für die bedrängte Stadt einzusetzen.

Größere Städte wie Lübeck und Hamburg waren in der Lage, ständige Geschäftsträger am Kaiserhof zu unterhalten. Dabei paßte sich die städtische Diplomatie den dort üblichen Praktiken an. So berichtete Dr. Milwitz dem Lübecker Rat über alle Vorgänge in der Umgebung des Kaisers und gewann mit Hilfe von Bestechungen Einblick in vertrauliche Dokumente der Kanzleien. Gegen entsprechende Zahlungen verschaffte er Lübeck die Privilegien, die es benötigte. In einzelnen Fällen war es wohl auch möglich, Einfluß auf die Formulierung kaiserlicher Urkunden zu nehmen, die eigentlich dazu bestimmt waren, Fürsten Rechtsvorteile gegenüber Lübeck zu verschaffen. Vor allem erwies es sich als wertvoll, daß der Lübecker Rat mehrfach von derartigen Schritten bereits informiert war, bevor er von dem Ergebnis solcher Bemühungen offiziell Kenntnis erhalten hatte.

Die städtischen Politiker bewährten sich meist als geschickte Verhandlungstaktiker, die plumpen Manövern ihrer Gegner leicht auszuweichen vermochten, wie sie z. B. Christian I. während der Dithmarschenkrise anzuwenden versuchte, indem er dem Lübecker Rat zumutete, kaiserliche Mandate nach Dithmarschen zu schaffen. Ebensowenig gelang es den mecklenburgischen Herzögen, die Städte zur Übernahme des Schiedsrichteramtes wegen des Kollegiatstiftes zu bewegen.

Schließlich sei in diesem Zusammenhang auch auf die städtische Bündnispolitik hingewiesen, die zuweilen erst die Voraussetzungen schuf, aus denen sich Verhandlungserfolge ergeben konnten. Hier darf an die Verhandlungen mit Christian I. und dem Grafen von Oldenburg im Oktober 1474 in Hamburg erinnert werden. Beide Brüder unterlagen dem Bündnis Lübecks und Hamburgs mit dem Bischof von Münster, ohne daß es zur Anwendung von Waffengewalt gekommen war.

2. Geld

Heinrich Reincke nennt das Geld das wichtigste Mittel, das Hamburg in seiner Territorialpolitik im 14. Jahrhundert einzusetzen vermochte und betont, daß sein Gewicht in dieser Zeit groß war, „da Kaiser und Reich, Landesherren und niederer Adel vor Geldnöten nicht ein noch aus wußten. Das Landesfürstentum und die Ritterschaft waren auf das Geld der Städte unbedingt angewiesen, und die Städte konnten dafür Sicherungen durch Übertragung von Land und Leuten verlangen, wo und wie sie wollten" [667]. Für das ausgehende 15. Jahrhundert hatte diese Feststellung nicht mehr in vollem Umfange Gültigkeit. So hatte in Mecklenburg die Landesherrschaft seit etwa 1477 begonnen, durch eine geordnete Finanzpolitik und die Zentralisierung der Verwaltung zu regelmäßigen eigenen Einnahmen zu gelangen und einen großen Teil der verpfändeten Ämter und Schlösser wieder einzulösen. Anleihen bei den Städten, zu denen noch Herzog Heinrich IV. recht oft Zuflucht nehmen mußte, waren daher bei Magnus II. nicht mehr zu beobachten.

---

[667] Reincke, Hamburgische Territorialpolitik, S. 47; Dollinger, S. 153.

Gegenüber Christian I. von Dänemark erwies sich jedoch die finanzielle Kraft Lübecks und Hamburgs noch für längere Zeit als sehr wirkungsvoll. Er mußte bei den Städten oder einzelnen Bürgern häufig um Geld nachsuchen. Als Sicherung wurden Wertgegenstände verpfändet, zeitweilig sogar der Schmuck der Königin! In anderen Fällen mußten sich Angehörige der Ritterschaft zum Einlager in Lübeck verpflichten, falls der König die geliehene Summe nicht fristgemäß zurückerstattete [668]. Bei sehr hohen Beträgen bestanden die Städte auf der Übertragung von Städten, Schlössern und Ämtern zur Pfandherrschaft. So konnten sich Lübeck und Hamburg erheblichen Einfluß auf die inneren Verhältnisse Schleswig-Holsteins sichern. Gegen entsprechende Geldzahlungen erreichten die Städte bei Christian I. aber auch andere Zugeständnisse. Lübeck erwirkte z. B. 1471 den Ausschluß holländischer Kaufleute aus dem Skandinavienhandel, und Lüneburg versuchte zur gleichen Zeit, gegen Zahlung von 3 000 Rh.G. ein Verbot des Baiensalzes in den Gewässern und Gebieten des Königs durchzusetzen. Später, als König Christian mit dem Kurfürsten Albrecht von Brandenburg in Bündnisverhandlungen eintrat, zeigte sich aber auch die Kehrseite der Darlehenspolitik, wie sie bis etwa 1472 von Lübeck und Hamburg verfolgt worden war. Wie erinnerlich beklagte sich der Dänenkönig gegenüber dem brandenburgischen Unterhändler Klitzing darüber, daß Städte und Adel ihre Pfänder nicht wieder herauszugeben gedächten, und sann auf gemeinsame Maßnahmen der Fürsten vor allem gegen die Städte. Die hohe Verschuldung — darauf hatte schon Rörig hingewiesen — konnte in den Fürsten den Wunsch wecken, „mit der Überwindung der Städte zugleich auch die lästigen Gläubiger loszuwerden [669].

Während gegenüber Christian I. Geld als Mittel aktiver Politik eingesetzt werden konnte — zu einer Ordnung seiner Finanzen gelangte der König erst gegen Ende seiner Regierungszeit [670] — ergab sich in Mecklenburg eine grundsätzlich andere Situation. Die Herzöge waren nicht mehr auf Anleihen der Städte angewiesen, und die beiden Seestädte des Landes befanden sich ihnen gegenüber in der Defensive: Rostock und Wismar mußten sich wiederholt von Forderungen ihrer Landesherren freikaufen [671]. Zwar vermochte Rostock während der

---

[668] Aus der großen Zahl der überlieferten Belege: LUB 9, n. 860; LUB 10, n. 102, 156; LChr. 5, 1, S. 18, 19, A. 1.
[669] Rörig, Werden und Wesen, S. 131.
[670] Arup, S. 430 ff.
[671] Vgl. Seiten 79, 85, 92 dieser Arbeit.

Auseinandersetzungen, die sich bald nach dem Wismarer Vergleich von 1491 ergeben hatten, die Bestätigung seiner Privilegien dadurch zu erzwingen, daß es eine Zahlung an die Herzöge zurückhielt, bis diese ihren Verpflichtungen nachgekommen waren. Doch wurde diese Taktik bald unwirksam, da es der Stadt künftig an Situationen fehlte, ihrerseits Bedingungen an die Fürsten zu stellen.

3. Wirtschaftliche Zwangsmaßnahmen

Während die Herzöge im Verlaufe der Streitigkeiten mit den Städten wirtschaftliche Zwangsmaßnahmen wie Handelssperren, Verweigerung der Privilegien oder Privilegienverleihungen an nichthansische Kaufleute häufig und meist mit Erfolg anwenden konnten, ergab sich für die Städte kaum Gelegenheit, in gleicher Weise gegen die Landesherren vorzugehen. Welche Problematik Kampfmittel dieser Art für die Städte aufwarfen, zeigte sich beispielsweise, als Lübeck 1491 an die anderen Städte die Frage richtete, ob sie sich an einer Handelssperre gegen Dänemark und Norwegen beteiligen würden. Das Ergebnis war, daß die Verbündeten sich weigerten und Lübeck aus Sorge, daß *andere in de neringe unde de van Lubeke daruth quemen*, schließlich auch selbst davon Abstand nahm [672]. Wirtschaftliche, nicht politische Gesichtspunkte bestimmten vorrangig die Haltung der Städte, auch gegenüber den Fürsten. Eine Handelssperre bedeutete für sie eine Probe, der ihre Solidarität oft nicht standhielt. Der Rückgang des eigenen Handels, der damit zwangsläufig verbunden sein mußte, war ein Opfer, das keine Stadt leichten Herzens bringen konnte [673]. In dem erwähnten Falle war außerdem noch mit Sicherheit anzunehmen, daß die Nutznießer eines solchen Schrittes die holländischen Kaufleute gewesen wären. Auf der anderen Seite war auch nicht zu übersehen, daß Landesherren, wie etwa die Herzöge von Mecklenburg, durch wirtschaftliche Zwangsmaßnahmen kaum getroffen werden konnten. So erwiesen sich Vorkehrungen Lübecks, Rostocks und Wismars gegen den Eigenhandel der Herzöge auf die Dauer als wenig wirkungsvoll [674].

Auch sonst bewegten sich ähnliche Aktionen der Städte in einem recht bescheidenen Rahmen. Als sie sich gegen die Zölle bei Ribnitz und Grevesmühlen dadurch zu wehren suchten, daß sie die mecklenburgi-

---

[672] Vgl. Seite 66 dieser Arbeit.
[673] Dollinger, S. 149.
[674] Steinmann, Finanzpolitik, S. 118 ff.; Koppmann, Klipphäfen, S. 106.

schen Straßen mieden und statt dessen den Wasserweg benutzten, errichteten die Herzöge Zollstellen an den Zugängen Rostocks und Wismars zur Ostsee. — Lübeck verbot zwar 1488 den Umlauf dänischen Geldes, mußte aber anschließend in Kauf nehmen, daß König Johann von Dänemark den Zoll auf Schonen in lübischem Gelde forderte. So blieb den Städten auf diesem Gebiet wesentlicher Erfolg meist versagt.

4. Bündnisse

Bündnisse der Städte untereinander, aber auch gelegentlich mit weltlichen und geistlichen Landesherren, bildeten ein weiteres wichtiges Mittel städtischer Politik. Die Städtebünde wurden in der Regel „Tohopesaten" genannt. Diese Bezeichnung, die seit dem Beginn des 15. Jahrhunderts verwandt wurde, erfuhr meist eine nähere Umschreibung als *vorstrickinghe, vorbund, vordracht* oder *voreninghe* [675]. Der Nennung der beteiligten Städte und der Kennzeichnung des Vertrages als Tohopesate folgte die Bezeichnung ihres Zweckes. Anschließend wurden Einzelbestimmungen festgelegt wie z. B. über das Verhalten bei Angriffen Außenstehender auf Mitglieder des Bündnisses. Hierzu gehörte vor allem die Verpflichtung, notwendig werdende Tagfahrten zu beschicken, um möglichst einen gütlichen Vergleich herbeizuführen und beim Scheitern derartiger Versuche, einander mit bewaffneter Macht zur Seite zu stehen. Ferner wurde die Zahl der Bewaffneten festgelegt, die zu stellen waren bzw. die Höhe der Beiträge zur Werbung von Söldnern, das Verhältnis zu anderen Verträgen, Strafen bei Vertragsbruch, die Dauer des Bündnisses sowie die Modalitäten der Verlängerung oder Erneuerung. Den Schluß bildeten Beglaubigung und Besiegelung [676].

Wirtschaftliche Überlegungen hatten für die Städte stets den Vorrang vor allem anderen. Diese Beobachtung wird auch durch ihre Bündnispolitik bestätigt. Die wendischen wie alle Hansestädte entschlossen sich daher nur widerstrebend zu politischen Bindungen, die ihnen die Verpflichtung zu militärischer Hilfeleistung auferlegten. Daher entstanden Tohopesaten meist nur dann, wenn die Handelsinteressen einer kleineren oder größeren Zahl von Städten in gleicher Weise bedroht erschienen.

---

[675] Bode, in HGbll. 45, 1919, S. 222; Dollinger, S. 144.
[676] Als Beispiel kann das Bündnis zwischen Lübeck und Wismar von 1461 April 23 dienen: LUB 10, n. 37.

Zu umfassenden Bündnissen „hansischen" Charakters bestand besonders wenig Neigung. Zwar sind zwischen 1460-1500 mehrere Ansätze in dieser Richtung zu verzeichnen, doch führte keiner zu einem Ergebnis. 1461 wurden Beratungen im Kreise der wendischen Städte geführt, fanden aber selbst hier wenig Echo [677]. Das Widerstreben gegen verbindliche politisch-militärische Verpflichtungen, vor allem in einem größeren Rahmen, wurde besonders auf dem Hansetage 1476 in Bremen deutlich. Der Kompromißvorschlag, der schließlich zustandekam, erwies sich wegen seiner völligen Unverbindlichkeit als praktisch wertlos [678]. 1494 wurde zwar ein brauchbarer Bündnisentwurf erarbeitet, der eine gewisse Zentralisierung der Maßnahmen gegen die gerade zu dieser Zeit anwachsende Bedrohung ermöglicht hätte, doch unterblieb diesmal der Abschluß, weil die meisten Städte einer solchen Bindung auswichen.

Auch die wendischen Städte untereinander zeigten im allgemeinen dazu wenig Neigung. Zwischen 1460-1475 kamen nur Bündnisse zustande, die einzelne Städte umfaßten oder von kurzer Dauer waren. Eine Ausnahme bildete lediglich die Verbindung zwischen Lübeck und Hamburg vom Jahre 1466, der sich acht Jahre später auch Lüneburg anschloß [679]. Erst in der zweiten Hälfte der siebziger Jahre, als sich mit der verstärkten Aktivität der mecklenburgischen und Oldenburger Landesherren während des Burgunderkrieges auch in Norddeutschland die Gefahr fürstlicher Koalitionen abzuzeichnen begonnen hatte, schlossen die wendischen und eine Reihe von sächsischen Städten sich zusammen. Doch schon das Nachlassen der gemeinsamen Bedrohung verhinderte 1482 die Verlängerung des Vertrages [680]. Die Auseinandersetzungen um das Strandrecht in Mecklenburg sowie die Gefährdung des hansischen Handels in Nordeuropa veranlaßten aber die wendischen Städte nur ein Jahr später, durch mehrere Bündnisse engeren politischen Zusammenhalt zu suchen [681].

---

[677] HR II, 5, n. 68, § 4, n. 70; vgl. Seite 180 dieser Arbeit.
[678] Vgl. Seite 187 dieser Arbeit.
[679] Vgl. S. 16 f., Anm. 49 u. S. 184 dieser Arbeit. Zum Vergleich des Stils der hamburgischen und der lübischen Politik: Reincke, Hamburg am Vorabend der Reformation, S. 23, vor allem aber 25: „Hamburg ... kehrte sich ab von den Wegen älterer Hansepolitik, stellte sich vielmehr nun auf eine konsequente Politik der Schwäche, der Anlehnung, des Lavierens und der Neutralität".
[680] Vgl. Seite 188 dieser Arbeit.
[681] Vgl. Seite 189 ff. dieser Arbeit.

Die wendische Städtegruppe bildete ebensowenig wie die Hanse eine politische Einheit. Das hatte bereits der Überblick über ihre Beziehungen zu den Oldenburger und mecklenburgischen Landesherren gezeigt. Da jede Stadt vor allem auf ihren wirtschaftlichen Vorteil und die eigene Sicherheit bedacht war, deckten sich nur selten die politischen Interessen aller sechs Städte. Auch ihre unterschiedliche staatsrechtliche Stellung sowie die Zugehörigkeit zu verschiedenen Territorien erwiesen sich als ein Hemmnis langfristiger engerer Bindungen [682].

Dagegen ergaben sich verhältnismäßig stabile Gruppierungen zwischen einzelnen Städten. Die Nachbarschaft zu Schleswig-Holstein und Mecklenburg, Berührungspunkte in ihrer Territorialpolitik gegenüber Sachsen-Lauenburg und Schleswig-Holstein sowie gemeinsame Handelsinteressen in Nordeuropa bildeten im wesentlichen die Basis der lübisch-hamburgischen Beziehungen, in denen beide Städte meist die „wohlerwogene Mitte eigener Politik" zu wahren wußten [683], wie sich z. B. in ihrer Haltung gegenüber König Christian I. im Jahre 1460 gezeigt hatte [684]. Die Verbindung Lüneburgs mit ihnen beruhte vor allem auf dem Handel mit lüneburgischem Salz und wurde durch die Zollstreitigkeiten (1472/73) nur vorübergehend belastet. Von 1474 bis zum Ende des Jahrhunderts gehörte Lüneburg dem Bündnis Lübecks und Hamburgs ununterbrochen an.

Wismar und Rostock waren durch die gemeinsame territoriale Zugehörigkeit zu Mecklenburg in besonderer Weise aufeinander angewiesen, da sie bei bestimmten Fragen wie etwa Zoll- und Bedeforderungen der Landesherren nur bedingt auf die Hilfe der anderen Städte rechnen konnten. So kam es zu ihren Bündnissen von 1475 und 1482 [685]. In anderen Situationen, wie zum Beispiel während der Streitigkeiten Wismars mit Herzog Heinrich IV. oder Rostocks Fehde um das Kollegiatstift sah sich auch hier jede Stadt auf sich selbst gestellt. Wie erinnerlich, versuchte sich Wismar 1487/88 jeder Hilfe für das bedrohte Rostock zu entziehen aus Furcht vor Verwicklungen mit den eigenen Landesherren.

Die pommersche Stadt Stralsund trat 1476 dem Bündnis der wendischen und sächsischen Städte bei, 1483 auch der wendischen Tohopesate. Sie beteiligte sich maßgeblich an den Vermittlungsverhandlungen zwi-

---

[682] Vgl. Dollinger, S. 144, 153; Rörig, Werden und Wesen, S. 132.
[683] v. Brandt, Geist und Politik, S. 135.
[684] Vgl. Exkurs, S. 182 ff.
[685] Vgl. Exkurs, S. 180 ff.

schen den mecklenburgischen Herzögen und Rostock, versuchte jedoch, ähnlich wie Wismar, jede unmittelbare Unterstützung für Rostock zu vermeiden.

Die Bedeutung der überwiegend regional begrenzten Bündnisse für den Erfolg städtischer Politik gegenüber den Fürsten ist nicht leicht abzuschätzen. Ihre Wirksamkeit zeigte sich während der zahlreichen Konflikte dieser Jahrzehnte kaum in der Aussendung militärischer Hilfe. Trotzdem war das bloße Vorhandensein einer derartigen politischen Verbindung ein Machtfaktor, den die Gegner einzukalkulieren hatten. So wandten sich wiederholt die mecklenburgischen Herzöge gegen die Bündnisse Rostocks und Wismars mit den anderen wendischen Städten und mußten es hinnehmen, daß ihre Ritterschaft ihnen mit dem Hinweis auf die wendische Tohopesate von 1483 die Gefolgschaft gegen Rostock verweigerte. Es besteht kein Zweifel, daß sich die Herzöge auch im weiteren Verlauf dieser Auseinandersetzungen deshalb mehrfach Zurückhaltung auferlegen mußten. Obwohl die städtischen Bündnisse stets zeitlich begrenzt, wenig stabil und nicht immer sicher in ihrer Wirksamkeit waren, dürfen sie doch als realer Machtfaktor in den politischen Beziehungen zwischen Städten und Fürsten angesehen werden.

Außerhalb des Rahmens der städtischen Tohopesaten bewegte sich in dieser Zeit nur die Bündnispolitik Lübecks und Hamburgs gegenüber dem Hause Oldenburg. Beide Städte reagierten besonders intensiv auf die Vorgänge im benachbarten Schleswig-Holstein, in dem sie sich, bedingt durch die derzeitige Situation des Landesherrn, umfangreichen Pfandbesitz und beträchtlichen politischen Einfluß zu sichern vermochten. Ein Bündnis Lübecks mit Dithmarschen (1468), sowie Verbindungen Lübecks und Hamburgs mit der schleswig-holsteinischen Ritterschaft und König Christian I. (1470) waren die notwendige Konsequenz der Politik, die beide Städte hiermit eingeschlagen hatten. Nachdem König Christian sich gegen Dithmarschen und das mit ihm verbündete Lübeck zu wenden begonnen hatte, verbündeten sich Lübeck und Hamburg mit dem Bischof Heinrich von Münster, dem nominellen Landesherren Dithmarschens, der auch in anderer Hinsicht im Gegensatz zu König Christian und dem Grafen von Oldenburg stand. Damit wurde — ohne Anwendung von Waffengewalt — erreicht, daß sich beide Brüder im Oktober 1474 zu einem Stillstand bereitfinden mußten, der für den König zugleich mit dem Scheitern seiner Dithmarschenpläne verbunden war. Bündnisse mit weltlichen und geistlichen Fürsten konnten also die städtischen Tohopesaten ergänzen und ihre Wirksamkeit verstärken. Sie zeigen, daß führende Politiker Lübecks und Hamburgs die wechselnden Machtverhältnisse vorteilhaft zu nutzen verstanden.

5. Militärische Machtmittel

„Im 14. und 15. Jahrhundert war städtische Wehrmacht der landesherrlichen fraglos überlegen; verglichen mit den erst langsam sich zusammenfindenden Ritterheeren und dem noch viel umständlicheren Aufgebot der Landwehren besaßen die Städte eine örtlich eng zusammengeballte, gut ausgerüstete, für den Wehrdienst schon organisierte stets bereite Mannschaft, die schnell in Bewegung gesetzt werden konnte und auch an Zahl den territorialen Streitkräften zum mindesten ebenbürtig war" [686]. Doch nur in wenigen Fällen entschlossen sich die Städte zur Anwendung militärischer Gewalt. Die Fälle, in denen es wirklich geschah, können daher als Hinweise dafür dienen, was den Städten in ihrer „Außenpolitik" besonders verteidigungswert erschien.

Das Fürstentum, also die Person des Landesherrn, sein Herrschaftsgebiet waren kaum Angriffsziele. Dagegen spielten wirtschaftliche Motive eine bedeutende Rolle. Das zeigte sich z. B. an der Haltung Hamburgs gegenüber den Vorgängen in Schleswig-Holstein. Es beeilte sich, König Christian 1470 zur Hilfe zu kommen; denn der Aufstand der Bauern in den Elbmarschen bedrohte auch seine Pfandherrschaft über das Amt Steinburg. Im September 1472 galt die Entsendung bewaffneter Hilfe nicht nur der Vertreibung des Grafen von Oldenburg, sondern auch zugleich der lästigen Konkurrenz des Hafens Husum. Hamburg und Lübeck wandten beträchtliche Mittel für die Abwehr des Grafen Gerd auf, dessen Räubereien eine ständige Schädigung des städtischen Handels mit sich brachten.

Die Verteidigung der städtischen Freiheit im allgemeinen Sinne wie im konkreten Einzelfalle zeigte sich in dem Eingreifen Lübecks in den Reichskrieg gegen Burgund wie auch in den Auseinandersetzungen Rostocks mit seinen Landesherren. Die Entsendung lübischer Truppen während des Neußer Krieges galt mit Sicherheit der Gefahr, die ein burgundischer Sieg für die niederdeutschen Städte mit sich bringen konnte. Die Schnelligkeit, mit der Lübeck, entgegen sonstigen Gepflogenheiten, eine verhältnismäßig große Zahl von Kriegsknechten an den

---

[686] Reincke, Hamburgische Territorialpolitik, S. 49.

Rhein entsandte, ließ erkennen, welche Bedeutung der Entscheidung
dieses Kampfes beigemessen wurde. Im Sommer 1487 wurde Rostock
durch seine Landesherren genötigt, seine Freiheit mit Waffengewalt zu
verteidigen. Es erwies sich den Fürsten überlegen und zwang sie, wenig
später wieder zu Verhandlungen zurückzukehren. Als nicht zu unter-
schätzendes militärisches Machtmittel der Städte dürfen schließlich auch
ihre Befestigungsanlagen angesehen werden, die sich in dem hier betrachteten Zeitraum durchaus noch als voll wirksam erwiesen hatten.

Kapitel 11

STÄDTEGEMEINSCHAFT UND EINZELSTADT

Der Erfolg städtischer Politik gegenüber den Fürsten hing in beträchtlichem Umfange davon ab, wie weit jede einzelne Stadt bereit war, ihre eigenen Interessen denen der Gemeinschaft mit anderen Städten unterzuordnen oder in welchem Maße sie unter Umständen auf die Hilfe dieser anderen Städte rechnen konnte. Beide Fragen waren für die Aktionsfähigkeit der Städte in gleicher Weise entscheidend. Wie sich bereits wiederholt gezeigt hatte, war die Bereitschaft zu einmütigem Handeln vor allem dann gegeben, wenn gemeinsame wirtschaftliche Interessen auf dem Spiel standen wie etwa während der Auseinandersetzungen um das Strandrecht. Bei keiner anderen Gelegenheit wurden so scharf formulierte Beschlüsse gefaßt und so harte Gegenmaßnahmen angedroht. Doch unmittelbar nachdem Rostock das Strafgericht an dem herzoglichen Vogt vollzogen hatte, begann sich der so stark erscheinende Zusammenhalt bereits zu lockern, so daß Rostock Mühe aufwenden mußte, die Verbündeten zur Erfüllung ihrer Verpflichtungen zu bewegen. Eine ähnliche Geschlossenheit war zeitweilig auch zu erkennen, als die wendischen Städte nach dem Regierungsantritt des Königs Johann von Dänemark um die Bestätigung ihrer Handelsprivilegien in den nordischen Reichen bangen mußten. Aber zu wirklichen Gegenmaßnahmen konnten sie sich auch in diesem Falle nicht entschließen, weil sie eine noch stärkere Einschränkung ihres Handels befürchteten [687].

Eine merkliche Zurückhaltung der Gemeinschaft war vor allem dann festzustellen, wenn es sich um Auseinandersetzungen einzelner Städte mit ihren Landesherren handelte. So sahen sich die mecklenburgischen Städte häufig auf sich selbst gestellt. Hier darf an die Zoll- und Bedestreitigkeiten erinnert werden, die Rostock und Wismar zu Sonderbündnissen veranlaßten. Aber selbst die mecklenburgischen Städte standen einander nicht unter allen Umständen bei, wie mehrfach festzustellen war. Nur die Bedrohung beider gab den Anstoß zu gemein-

---

[687] Vgl. Seite 164 dieser Arbeit.

samem Handeln. Der Zusammenhalt innerhalb der Städtegemeinschaft
wurde außerdem auch dadurch belastet, daß fast alle Städte ihre wirtschaftlichen Sonderinteressen ohne merkliche Rücksicht aufeinander
verfolgten. Derartige Anlässe führten wiederholt zu teilweise sogar
harten Kontroversen zwischen einzelnen Städten.

Das war in besonders auffallender Weise während der Zollstreitigkeiten zu beobachten. Lübeck hatte zwar den Egoismus Lüneburgs
beklagt, auch von den anderen Städten Zoll zu fordern, dann aber in
aller Stille für sich selbst ein kaiserliches Exemtionsprivileg erworben
und 1478 ohne Verständigung mit den Nachbarstädten eine Befreiung
von den mecklenburgischen Zöllen erwirkt. Stralsund und Rostock
zeigten wenig Verständnis für diese Haltung, zumal vorher beschlossen
worden war, nur gemeinsam vorzugehen[688]. Gegen Lüneburg wandten
sich Lübeck und Hamburg sogar mit Unterstützung König Christians
und erzwangen durch eine Handelssperre die Aufhebung der Zölle —
doch nur für sich selbst, ohne auch die anderen, ebenfalls betroffenen
Städte zu berücksichtigen[689].

Auch die Auseinandersetzungen Rostocks, Wismars und Stralsunds
mit den Lübecker Bergenfahrern müssen in diesem Zusammenhang
erwähnt werden. Das Bestreben, alle nach Bergen bestimmten Waren
in Lübeck verfrachten zu lassen, stieß in den genannten Städten auf
heftigen Widerstand und führte schließlich sogar zu einem förmlichen
Bündnis, unter Androhung von Repressalien gegen die Frachtordnung
der Bergenfahrer vorzugehen[690]. Auch in anderen Fällen verfolgte
Lübeck seine eigenen Ziele, ohne bestehende Absprachen oder berech-
tigte Forderungen anderer zu würdigen. So einigte es sich 1460 zum
Nachteile Hamburgs einseitig mit König Christian über die Bestätigung seiner Privilegien, setzte zum Schaden Lüneburgs 1471 den
Handel mit Baiensalz fort oder verweigerte Hamburg die Zahlung
der Abgaben, die diese Stadt als „Tonnen- und Krangeld" forderte[691].

---

[688] Vgl. Exkurs, S. 181 u. Seite 86 ff. dieser Arbeit.

[689] Vgl. Seite 35 dieser Arbeit.

[690] Bruns, Bergenfahrer, S. XXI; HR II, 5, S. 117, n. 197, 200-201; HUB 8, n. 1127.
Vgl. Seite 78 f. dieser Arbeit.

[691] Das Tonnengeld sollte zur Bestreitung der Ausgaben dienen, die die Kennzeichnung des Elbfahrwassers mit sich brachte. Lübeck verweigerte auch die Zahlung der
Gebühr für die Benutzung der Kräne in Hamburg, erhob aber von den Hamburger
Schiffen einen Zoll an der Holstenbrücke. HUB 8, n. 1105, 1224, 1237, 1247; HUB
9, n. 44, 48, 56, 58; HUB 10, n. 538, 615, 708.

Anfangs wurde betont, daß das Verhältnis zwischen Städtegemeinschaft und Einzelstadt für den Erfolg städtischer Politik gegenüber
den Fürsten nicht ohne Bedeutung sein konnte. Wie sich aber zeigte,
standen wenige gemeinsame Aktionen einer verhältnismäßig großen
Zahl von Fällen gegenüber, in denen sich Spannungen, Differenzen
oder sogar erhebliche Streitigkeiten zwischen den Städten zeigten oder
einzelne von ihnen ohne wirksame Hilfe blieben. In dem Maße, in
dem sich „der Wirtschaftsegoismus einzelner Städte und Städtegrup-
pen" [692] stärker erwies als das Bedürfnis und die Einsicht, einander
zu unterstützen, wenn städtische Freiheit gefährdet war, mußte die
Fürstenmacht zwangsläufig an Boden gewinnen.

Es wäre verfehlt, politisches Denken führender Männer spätmittel-
alterlicher Hansestädte an den Kriterien folgender Jahrhunderte oder
gar unserer Gegenwart zu messen. Vielmehr scheint hier anwendbar,
was vor nicht langer Zeit über Rechtsdenken und Raumbewußtsein
städtischer Chronisten gesagt worden ist: „Der Flächenraum ... ist
mehr oder weniger weit, je nach Stellung und Überblick des Chronisten, ein mit den Sinnen erfahrener, ist gleichsam handgreiflich. Zum
Wesen des visuell erfahrenen Raumes gehört der Standort des Beob-
achters als seine Mitte, die für das Bewußtsein, dem das Ferne im
Nahen sichtbar wird, die Mitte eines sehr großen Bereiches ist". Diese
Mitte bildete die e i g e n e Stadt, die aus der Kraft ihres Rechtes
lebte [693]. Daher trafen städtische Politiker ihre Entscheidungen vor
allem im Interesse dieser einen Stadt und berücksichtigten die Probleme der ohnehin locker gehaltenen Gemeinschaft mit anderen Städten nur insoweit, wie sie selbst unmittelbar berührt wurden.

---

[692] v. Brandt, Geist und Politik, S. 153.
[693] Schmidt, S. 86, 98, 103 f.

Kapitel 12

ZUSAMMENFASSUNG

Die Tatsache, daß fast alle Hansestädte zu Territorien geistlicher oder weltlicher Fürsten gehörten, ließ auch in Norddeutschland die Beziehungen zwischen Städten und Landesherren zu einem der wichtigsten Probleme werden, vor welche die Hanse in der zweiten Hälfte des 15. Jahrhunderts gestellt wurde [694]. Zwar darf nicht übersehen werden, daß das Verhältnis der wendischen Städte zu den Angehörigen des Hauses Oldenburg und den Herzögen von Mecklenburg nur einen Ausschnitt des gesamten, vielfältigen Geschehens dieser Jahrzehnte darstellt, doch ergibt sich am Ende der Untersuchung vielleicht ein Eindruck, in welchem Kräfteverhältnis sich Fürsten und Städte in diesem Teil des niederdeutschen Raumes gegenüberstanden.

Wie sich gezeigt hatte, sahen sich auch hier die Städte konfrontiert mit dem Vordringen fürstlicher Politik. Am zielbewußtesten trat diese im letzten Drittel des Jahrhunderts in Mecklenburg in Erscheinung. Herzog Magnus II. versuchte dort, anscheinend nach dem Vorbild der Kurfürsten von Brandenburg [695], seine Stellung als Landesherr gegen die widerstrebenden Stände — nötigenfalls mit Gewalt — durchzusetzen und seiner Herrschaft gewisse absolutistische Züge zu verleihen [696]. Er konzentrierte weitgehend die Verwaltung des Landes und bemühte sich um regelmäßige Einnahmen aus Steuern und Zöllen. Er betrachtete seine Herrschaft sehr betont als ein von Gott übertragenes Amt [697]. Dieser Wandel in der Staatsauffassung gegenüber seinen Vorgängern läßt sich während der gesamten Regierungszeit dieses Herrschers beobachten und entspricht den allgemeinen Tendenzen der Entwicklung vom mittelalterlichen Personenverbands- zum modernen Flächenherrschaftsstaat, dessen Oberhaupt keine Rechte und keine staatlichen Funktionen innerhalb des von ihm beherrschten

---

[694] Dollinger, S. 152; v. Brandt, Die Hanse und die nordischen Mächte, S. 12.
[695] Steinmann, Finanzpolitik, S. 123; Reincke, Hamburgische Territorialpolitik, S. 96; Grohmann, S. 43.
[696] Reincke, ebenda.
[697] Hartung, S. 62 f.

Gebiets anerkennt, die er nicht selbst verliehen hat und die nicht von ihm hergeleitet werden. Unvereinbar mit die Auffassung war es vor allem, eigene Hoheitsrechte und -funktionen der Stände des Landes zu dulden [698]. Hieraus ergaben sich die eigentlichen Ursachen der Auseinandersetzungen zwischen der Hansestadt Rostock und den Herzögen von Mecklenburg in den beiden letzten Jahrzehnten des Jahrhunderts.

Es war den Herzögen jedoch nicht möglich, Rostock seine Privilegien und Gewohnheitsrechte zu nehmen und es von den anderen wendischen Städten zu trennen. Die in Mecklenburg gegebenen Möglichkeiten reichten nicht dazu aus, um diese Ziele fürstlicher Politik zu realisieren. Die finanziellen Quellen der Herzöge erwiesen sich als zu schwach, die Ritterschaft des Landes weigerte sich außerdem, zur Stärkung der Macht der Landesherren beizutragen, und nur ein Teil der Fürsten, die um Hilfe angerufen worden waren, war zur Unterstützung der Herzöge bereit. Nicht zuletzt ergab sich ein erhebliches Hindernis auch dadurch, daß das Bündnis der wendischen Städte die Fürsten zur Vorsicht mahnen mußte. Für die Entwicklung in Mecklenburg gilt in vollem Umfange die Feststellung Heimpels, daß im 15. Jahrhundert die fürstliche Souveränität weder Vergangenheit noch Gegenwart, sondern ein Zukunftstraum war [699].

Parallel zu den Bemühungen des Herzogs Magnus in Mecklenburg liefen ähnliche Bestrebungen in anderen norddeutschen Territorien. Am deutlichsten ausgeprägt erscheinen sie in Brandenburg, wo Kurfürst Johann die Städte der Altmark 1488 zu bedingungsloser Unterwerfung und praktisch zum Ausscheiden aus der Hanse zwang [700]. 1493 versuchten die Herzöge von Braunschweig-Lüneburg — allerdings ohne Erfolg — die Stadt Braunschweig niederzuringen. Selbst Fürsten kleinerer Länder, wie etwa die Herzöge von Sachsen-Lauenburg, waren — ebenfalls vergeblich — bestrebt, mit Hilfe anderer Fürsten gegen Lübeck und Hamburg vorzugehen [701].

Die Beziehungen der wendischen Städte zum Hause Oldenburg trugen nicht so eindeutig den Charakter des Gegensatzes zwischen Städten und Fürsten wie in Mecklenburg. Vor allem der Umstand, daß Schleswig-Holstein seit der Wahl Christians I. zum Landesherrn

---

698 Mayer, S. 289-294.
699 Heimpel, Der Mensch in seiner Gegenwart, S. 18.
700 Rörig, Die Stadt, S. 675.
701 Schulze, Sachsen-Lauenburg, S. 152, 156, 212.

durch Personalunion enger mit den nordischen Reichen verbunden war, führte hier für die Städte zu einer wesentlich komplizierteren Situation. Das zeigte sich vor allem zwischen 1465-1472, als der König während langwieriger Kämpfe um Schweden auch zugleich Auseinandersetzungen mit seinem Bruder sowie mit den Gläubigern und Bürgen aus dem Kreise der Ritterschaft zu bestehen hatte, die 1460 seine Wahl zu Ripen unterstützt und ermöglicht hatten. Besonders seit 1470, als sich die Spannungen zwischen Christian I. und dem Grafen Gerd von Oldenburg zu einem förmlichen Kampf um die Landesherrschaft ausgeweitet hatten, sah sich der König in steigendem Maße zu einer intensiven politischen Anlehnung an Lübeck und Hamburg gezwungen, auf deren Finanzkraft er bereits in den vorhergehenden Jahren in großem Umfange angewiesen gewesen war.

Die Städte konnten aus dieser Situation des Königs zunächst beträchtliche Vorteile ziehen, sahen sich dabei aber der mißtrauisch-ablehnenden Haltung des Adels gegenüber und konnten nicht verhindern, daß Christian I. — bedingt durch seine prekäre finanzielle Situation — dem Bruder Machtbefugnisse einräumte, die ihre eigenen Positionen im Lande erheblich gefährdeten. Die maßlose Ausnutzung seiner Rechte versetzte den Grafen von Oldenburg allerdings schon nach sehr kurzer Zeit in eine völlige Isolierung und ermöglichte es den Städten, alle seine Gegner in einem Bündnis zu vereinigen. Diesem Erfolg in Schleswig-Holstein stand jedoch der schwerwiegende Rückschlag gegenüber, den die Städte in ihrer Gesamtheit erlitten, als Lübeck und Lüneburg 1471 — entgegen der Neutralität, die die wendischen Städte bisher gewahrt hatten — Christian I. in seinem Kampf gegen Schweden unterstützt hatten.

Zu einer Konfrontation Lübecks und Hamburgs mit Christian I., als dem Landesherrn Schleswig-Holsteins, kam es dann vorübergehend, als der König sich nach dem Scheitern seiner Skandinavienpolitik (1471) und der endgültigen Niederlage seines Bruders (1472) für den Rest seines Lebens vorwiegend der Landespolitik Schleswig-Holsteins zuzuwenden begann. Seine Bündnisverhandlungen (1473) und die Bemühungen bei Kaiser Friedrich III. lassen erkennen, daß er nicht nur die Erhebung Holsteins zum Herzogtum sowie die Einverleibung Dithmarschens anstrebte, sondern daß er auch die Absicht hatte, gegen den Adel des Landes wie auch gegen Lübeck und Hamburg vorzugehen. Die Motive dieser Wendung sind vermutlich weniger in einer politischen Konzeption zu suchen, die mit den Bestrebungen Magnus II.

von Mecklenburg verglichen werden könnte. Dafür fehlen die Anzeichen. Es darf eher angenommen werden, daß der König bestrebt
war, vor allem die „lästigen Gläubiger" loszuwerden (Rörig). Während es ihm nicht gelang, dieses Ziel gegenüber den Städten zu realisieren, erfolgte tatsächlich eine „Abrechnung" mit der Ritterschaft
(1480) — doch wiederum mit der Hilfe Lübecks und Hamburgs!

Die Konflikte der wendischen Städte mit König Johann von Dänemark erwuchsen bis zum Ende des Jahrhunderts weniger aus seiner
Landespolitik in Schleswig-Holstein als aus der Notwendigkeit, be-
ginnenden nationalen Strömungen Rechnung zu tragen, die sich in
Dänemark wie zeitweilig auch in Norwegen gegen den deutschen
Kaufmann richteten. Sie werden nicht nur durch Einschränkungen des
hansischen Handels bezeugt, wie sie bereits vorübergehend von Christian I. verfügt worden waren (1475-1478), sondern auch durch die
Gründungen der Universitäten Upsala (1477) und Kopenhagen (1479).
1498, nach dem Siege über Schweden, ordnete König Johann an, daß
niemand an *fremden* Universitäten studieren dürfe, der nicht mindestens drei Jahre Kopenhagen oder Upsala immatrikuliert gewesen
sei [702].

Hatten landespolitische Erwägungen König Christian I. veranlaßt,
während seiner letzten Lebensjahre die Behinderungen des deutschen
Handels weitgehend fallenzulassen, so sah sich sein Sohn zunächst
nicht zu derartigen Rücksichten gezwungen und bereitete den Städten
für mehr als eineinhalb Jahrzehnte in Nordeuropa einen harten
Stand. Darüber hinaus unterstützte der König auch die Herzöge von
Mecklenburg gegen Rostock durch wiederholte Ermahnungsschreiben,
seine schiedsrichterliche Tätigkeit in Wismar (1489) sowie vor allem
durch eine Handelssperre (1490). Als er dann um die Jahrhundert-
wende gegen Dithmarschen vorzugehen begann, schränkte er die Feindseligkeiten gegen die wendischen Städte in Skandinavien erheblich ein.
Auch bei dieser Gelegenheit zeigte sich, daß die Oldenburger Fürsten
nicht in der Lage waren, in Schleswig-Holstein und in Nordeuropa zu
gleicher Zeit wirksam tätig zu werden. Als einen Erfolg ihrer Landespolitik durften sie allerdings betrachten, daß es ihnen gelang, 1482 das
Amt Steinburg, 1491 Fehmarn und 1496 Stadt und Schloß Kiel aus
der Pfandherrschaft Hamburgs und Lübecks zu lösen und somit beiden
Städten wichtige Positionen ihrer Territorialpolitik zu nehmen [703].

---

[702] Reg. dipl. hist. Dan., I, 1, n. 4717, 5139; Kjersgaard/Hvidtfeldt, S. 143 ff.
[703] Reincke, a. a. O., S. 97; Wetzel, Lübecker Briefe, S. XXVII; Jessen, S. 159.

Nicht zuletzt dem Siege der Dithmarscher (1500) war es zu verdanken, daß König Johann von Dänemark und sein Bruder am Ende des Jahrhunderts wenigstens nicht als Landesherren Schleswig-Holsteins zu einer ernsthaften Gefahr für die wendischen Städte werden konnten.

So ist nicht zu übersehen, daß die letzteren sich in der zweiten Hälfte des 15. Jahrhunderts gerade in ihrem unmittelbaren Einflußgebiet gegenüber den Fürsten merklich in der Defensive befanden und daß sich vor allem zwischen 1480-1500 die Schwächen ihrer Situation wiederholt deutlich gezeigt hatten. Wirtschaftlich und militärisch verfügten die Städte zwar noch über das stärkere Potential, erwiesen sich aber auch besonders auf wirtschaftlichem Gebiet als sehr verletzlich. Wenn es den Fürsten nicht gelingen konnte, erheblichere Erfolge zu erringen, dann nicht zuletzt deshalb, weil sie untereinander keinen stärkeren Zusammenhalt aufweisen konnten als ihre Gegner, die Städte.

DIE BÜNDNISSE DER WENDISCHEN STÄDTE
(1460-1500)

Bündnisse waren für die wendischen Städte ein wesentliches Mittel, um Angriffe auf ihren Handel sowie auf ihre Freiheit und Selbständigkeit abzuwehren. Die folgende Übersicht berücksichtigt neben den Tohopesaten, die tatsächlich abgeschlossen wurden, auch Bündnisentwürfe, die nicht zur Ausführung gelangten.

S t r a l s u n d war als pommersche Stadt und durch seine Lage von den Auseinandersetzungen mit den Oldenburger Fürsten und den Herzögen von Mecklenburg weniger berührt worden als die anderen wendischen Städte. Daher verband es sich nur vorübergehend mit pommerschen Städten und blieb dann bis 1476 ohne jedes Bündnis. Fehden in Pommern, in die sich auch die mecklenburgischen Herzöge eingemischt hatten, allgemeine Unsicherheit im Lande und Seeräubereien [704] veranlaßten Stralsund, im Februar 1461 mit Greifswald und Demmin ein Bündnis zur Sicherung des Handels zu Wasser und zu Lande zu schließen [705]. Ratsmitglieder der beteiligten Städte sollten besonderen Schutz genießen, wenn sie von Fürsten und Herren oder *anderen butenluden* verdächtigt oder angefeindet würden. Sie sollten keineswegs ausgeliefert oder vertrieben werden [706]. Bemerkenswert erscheint ferner, daß ausdrücklich betont wurde, Bürger oder Einwohner nicht vor geistliche Gerichte ziehen zu lassen [707]. Im Dezember 1462 schloß Stralsund mit Greifswald und Demmin ein weiteres Bündnis, dem nun auch Anklam beigetreten war [708]. Einige Bestimmungen von 1461 wurden übernommen, andere verschärft [709]. Dieser Vertrag richtete sich vor allem ebenfalls gegen Raub und Gewalttaten, er verbot jede Unterstützung der daran Beteiligten und verpflichtete

---

[704] HUB 8, n. 897, 901, 938, 942, 945; HR II, 5, n. 77-80, 95, 109, 121, § 16, S. 39 f.
[705] HUB 8, n. 1006, §§ 1-4.
[706] a. a. O., § 5, S. 609, A. 1.
[707] a. a. O., § 6.
[708] a. a. O., n. 1206.
[709] a. a. O., § 7, S. 742, A. 5.

alle Verbündeten zu festem Zusammenhalt. Nur mit ihrem Einverständnis durften Krieg und Fehde eröffnet werden [710].

R o s t o c k und W i s m a r , als mecklenburgische Städte, waren
an sich in besonderer Weise aufeinander angewiesen. Doch führte die
Bedrohung nur einer von ihnen keineswegs zu einem Bündnis. Auseinandersetzungen Herzog Heinrichs IV. von Mecklenburg mit Wismar,
Differenzen des Herzogs mit Lübeck, die Parteinahme Christians I.
von Dänemark gegen Wismar sowie verschiedene Übergriffe anderer
Fürsten [711] waren der Anlaß, daß die wendischen Städte im März 1461
über den Abschluß eines Bündnisses berieten, dem 46 Hansestädte
angehören sollten [712]. Die Bereitschaft zu einem solchen hansischen
Bündnis war aber selbst unter den wendischen Städten sehr gering.
Stralsund war — wie erwähnt — zu dieser Zeit mit einigen pommerschen Städten verbündet. Zwischen Lübeck und Rostock bestand etwa
seit dem Sommer 1460 eine Verstimmung wegen der Benutzung der
Fitten auf Schonen [713]. Die Beziehungen zwischen Lübeck und Hamburg waren z. Zt. vermutlich noch dadurch belastet, daß Lübeck, entgegen den Absprachen, die zwischen beiden Städten im März 1460
getroffen worden waren, bei Christian I. die Bestätigung seiner Privilegien erlangt hatte [714]. Da schließlich nur Lübeck und Wismar unmittelbar bedroht waren, schlossen nur diese beiden Städte am 23.
April 1461 für fünf Jahre ein Bündnis zu gegenseitigem Beistand gegen
widerrechtliche Angriffe und Schädigung durch Fürsten und Herren.
Sie verpflichteten sich, einander bei etwaigen Verhandlungen zur
Verfügung zu stehen. Im Falle einer Fehde wollte Lübeck zwei, Wismar ein Drittel des notwendigen Kontingents an Kriegsknechten aus-
rüsten [715]. Schon vier Tage später berichtete Wismar, daß es die erb-
gesessenen Bürger und Zunftmeister aufs Rathaus gerufen habe und
daß der Entwurf der Tohopesate angenommen worden sei [716]. Die
ungewöhnliche Eile, die Wismar in diesem Falle an den Tag legte,
verrät den Wunsch, der Bedrohung möglichst schnell und wirksam zu
begegnen. Das Bündnis zerfiel aber schon im Laufe des Jahres 1464,
nachdem Lübeck sich auf die Seite des aus Wismar geflüchteten Bürger-

---

[710] a. a. O., §§ 8-11.
[711] Vgl. Seite 76 ff. dieser Arbeit.
[712] HR II, 5, n. 68, § 4, n. 70, S. 34, A. 2.
[713] HUB 8, n. 956, 1020, S. 619, A. 1, 623, A. 1, n. 1049, § 10.
[714] Vgl. Seite 8 dieser Arbeit.
[715] LUB 10, n. 37; HUB 8, n. 1027.
[716] HUB 8, n. 1029.

meisters Langejohann gestellt hatte, während der Wismarer Rat sich bemühte, die Unterstützung Herzog Heinrichs IV. zu erlangen[717].

Im Verlaufe der Zollstreitigkeiten mit den Herzögen von Mecklenburg hatte sich gezeigt, daß die wendischen Städte auf die neuen Zölle in sehr unterschiedlicher Weise reagierten. Ihre Kaufleute mieden zwar die mecklenburgischen Straßen, zu durchgreifenden Maßnahmen konnten sich die Städte jedoch nicht entschließen. Lüneburg stand zeitweilig wegen seines eigenen Zolls in beträchtlichen Spannungen zu Lübeck und Hamburg. Hamburg wiederum war durch die umstrittenen Zollstellen selbst wenig betroffen, und Lübeck hatte sich generell von allen Zöllen im Umkreis von 20 Meilen befreit. Die Zölle, die Herzog Magnus II. während seines Aufenthalts am Rhein im Mai 1475 vom Kaiser erworben hatte — sie sollten an den Wasserwegen nach Wismar und Rostock erhoben werden — belasteten nur diese beiden Städte. So beschränkte sich der wendische Städtetag im Juli 1475 darauf, die Herzöge zur Aufhebung aller Zollstellen aufzufordern, die seit 1472 in Mecklenburg errichtet worden waren[718]. Deshalb verbanden sich nur Rostock und Wismar am 30. Juli 1475 gegen die Zölle vor ihren Häfen. Sie einigten sich auf eine Klage vor dem Reichskammergericht und versicherten, alle Kosten sowie die Lasten eines eventuellen Kampfes mit den Herzögen gemeinsam zu tragen[719]. Das Bündnis endete, nachdem es beiden Städten gelungen war, im April 1476 gegen Zahlung von 200 Rh.G. die Aufhebung der Zölle zu erreichen. Auch während der Auseinandersetzungen um das Strandrecht und die von den Herzögen geforderte Bede sahen sich die beiden mecklenburgischen Städte zunächst ohne Hilfe der anderen wendischen Städte[720]. Aus diesem Grunde verbanden sich Wismar und Rostock am 18. April 1482 zur Sicherung der Straßen zu Wasser und zu Lande sowie zur Abwehr des Strandrechts für die Dauer von 20 Jahren. Sie sicherten sich gegenseitige Unterstützung zu bei den notwendigen Verhandlungen und ebenfalls für den Fall einer bewaffneten Auseinandersetzung mit den Landesherren[721].

Eine besonders enge politische Zusammenarbeit ist über die gesamten vier Jahrzehnte (1460-1500) zwischen L ü b e c k und H a m b u r g , besonders gegenüber König Christian I. und dem Grafen Gerd von

---

[717] Vgl. Seite 79 ff. dieser Arbeit.
[718] HR II, 7, n. 305; vgl. Seite 85 ff. dieser Arbeit.
[719] HUB 10, n. 436; HR II, 7, S. 461, A. 2.
[720] HR III, 1, n. 365, §§ 35-36. Vgl. Seite 91 ff. dieser Arbeit.
[721] HUB 10, n. 961, §§ 1-6.

Oldenburg zu beobachten [722]. Unmittelbar nach der Wahl Christians I.
zum Landesherrn Schleswig-Holsteins im März 1460 wurde deutlich,
daß beide Städte durch diese Entwicklung merklich beunruhigt waren.
Vor allem zeigte sich Hamburg an einem Bündnis mit Lübeck interessiert, weil es in dem Dänenkönig künftig auch seinen Landesherren
sehen mußte [723]. Beide legten bald darauf zwei Bündnisentwürfe
vor [724]. Übereinstimmend richteten sich diese gegen Unrecht und Gewaltanwendung durch Fürsten, Herren, Adel *und andere*. Eine Stadt
sollte der anderen bei Verhandlungen Hilfe leisten oder sie im Falle
eines bewaffneten Konflikts unterstützen. Das Bündnis sollte eine
Dauer von 6 Jahren haben [725]. Lübecks Entwurf enthält aber einige
bemerkenswerte Einschränkungen, die sich auf das Wirksamwerden des
Bündnisses beziehen [726]. Es vertrat nämlich den Standpunkt, daß beide
Städte besondere Interessengebiete hätten und die Kontingente von
Bewaffneten entsprechend bemessen werden müßten: die Stadt, auf
deren *eggen landes* ein Konflikt ausbräche, müsse zwei Drittel, die
andere den Rest stellen [727]. Nur für den Fall, daß der Gegner von
Lübeck und Hamburg gleich weit entfernt sei, sollte ein gleich großes
Aufgebot erfolgen. Als hamburgisches Interessengebiet betrachtete Lü-
beck die Nordsee und die Küstenstreifen südlich der Deutschen Bucht.
Ausdrücklich sollte aber jede Unterstützung im Falle einer Fehde
Hamburgs mit Dithmarschen oder einer Auseinandersetzung wegen des
Getreidehandels auf der Elbe entfallen [728]. Noch deutlicher präzisierte
Lübeck seine Vorbehalte in einem weiteren Entwurf [729]: beide Städte

---

[722] Vgl. Kapitel 2 dieser Arbeit.
[723] HUB 8, n. 879.
[724] a. a. O., n. 881 (1460 März 16) Lübischer Entwurf; a. a. O., n. 882 (1460 März
16) Hamburger Entwurf.
[725] a. a. O., n. 881, §§ 1-3, 11.
[726] a. a. O., §§ 4-7.
[727] a. a. O., § 4.
[728] a. a. O., §§ 5-7.
[729] a. a. O., n. 883 Vorschläge Lübecks für die Tohopesate mit Hamburg. Die §§ 1-3
tragen den Vermerk *Recepta;* a. a. O., n. 884 Lübecker Entwurf; n. 885 Hamburger
Entwurf. Präambel des lüb. Entwurfs: ... *so wi uns under eenander na lude enes
anderen breves gheheven up datum desses zulfften vruntliker wise tohopesatet vor-
enighet unde vorstricket hebben* ... Präambel des hamb. Entwurfs: ... *so wi uns
under enander na lude ener tohopesate sesz jar lanck durende gemaket up data
desses breves vruntliker wise voreniget unde vorstricket hebben* ... — Während
sich die lüb. Fassung ausdrücklich auf eine andere Tohopesate bezieht (anscheinend
n. 881), bleibt dies bei Hamburg offen. Auch fehlt dort vor *voreniget* das Wort
tohopesatet. Auch der Schluß des Hamburger Entwurfs läßt vermuten, daß dieser
als selbständiges Abkommen (ohne n. 881 oder 882) gedacht war.

unterstützen einander mit gleich großen Aufgeboten gegen Christian I. in seiner Eigenschaft als Landesherr Schleswig-Holsteins, gegen den Herzog von Sachsen-Lauenburg oder andere Fürsten [730]. Bei Streitigkeiten mit Mecklenburg oder anderen Gegnern *uppe der eggen landes* wollte Lübeck den größeren Teil entsenden, bei Unternehmungen von der Elbe aus zur Nordsee oder gegen Braunschweig-Lüneburg sollte umgekehrt verfahren werden [731]. Auch in diesem Entwurf erklärte sich Lübeck frei von jeder Leistung gegen Dithmarschen oder aus Anlaß der Getreidehandelspolitik Hamburgs [732]. Schließlich heißt es dann, daß beide Städte nur gemeinsam mit König Christian I. verhandeln wollten [733].

Hier treten sowohl die gemeinsamen Interessen beider Städte: der Konflikt mit König Christian und dem Herzog von Sachsen-Lauenburg wie auch unverkennbar die Gegensätze in ihrer Politik hervor. Während Hamburg bestrebt war, für das Elbegebiet und Holstein den Getreidestapel an sich zu ziehen, woraus sich zugleich auch häufige Auseinandersetzungen mit Dithmarschen ergeben hatten [734], war Lübeck nicht bereit, Hamburg in daraus erwachsenden Streitigkeiten zu unterstützen, da es an einem freundschaftlichen Verhältnis zu Dithmarschen in ganz besonderer Weise interessiert war: die Bauern konnten wichtige Verbündete gegen die oldenburgische Herrschaft in Schles-

---

[730] Nach dem Lübecker Vorschlag sollten Herzog Heinrich v. Mecklenburg und Herzog Johann von Sachsen-Lauenburg nur dann als Feinde der Städte gelten, wenn sie deren Gegner unterstützen würden: HUB 8, n. 883, § 9. Die Bestimmungen des § 1 bieten in den beiden Entwürfen folgende Unterschiede im Wortlaut:

Lübeck (a. a. O., n. 884, § 1):	Hamburg (a. a. O., n. 885, § 1):
... *were id zake, dat de here koning*	... *were id sake, dat de here koning*
(*Cristiernn* = durchstrichen)	
van Dennemarcken etc. von weghenne	*van Dennemarcken etc. edder jemant*
des hertichdommes to Sleszwiick unde	*van siner gnaden riken, herschuppen*
greveschopp to Holsten etc.	*effte landen undersaten,*
(Original unterstrichen)	
edder de here hertoghe van Sassen effte	*edder de here hertoge van Sassen effte*
jemant van den eren edder zus anders	*jemant van den sinen effte anders we-*
we ...	*me* ...

Bemerkenswert erscheint also, daß der Lübecker Entwurf den König v. Dänemark sehr betont in seiner Eigenschaft als Landesherr Schleswig-Hosteins bezeichnet, während Hamburg als holsteinische Stadt dies vermeidet. Vgl. Anm. 679.

[731] a. a. O., n. 884, §§ 2-3.

[732] a. a. O., § 5.

[733] a. a. O., § 4.

[734] a. a. O., n. 918; HUB 10, n. 981; vgl. Wiskemann, S. 40. Vgl. Seiten 9 und 69 dieser Arbeit.

wig-Holstein werden[735]. Zum Scheitern der Bündnisverhandlungen,
die bis in den Herbst 1460 weiterverfolgt werden können, hatte sicherlich auch der Umstand beigetragen, daß Lübeck — entgegen münd-
lichen Zusagen an Hamburg — bereits im April dieses Jahres eine
grundsätzliche Einigung mit Christian I. erzielt hatte[736].

Das Erscheinen des Grafen Gerd von Oldenburg in Holstein und
sein Bestreben, hier die Landesherrschaft an sich zu reißen, veranlaßten
Lübeck und Hamburg gemeinsam mit Lüneburg im Sommer 1465 neue
Bündnisverhandlungen aufzunehmen. Lüneburg schien zunächst bereit,
sich den beiden anderen Städten anzuschließen, meldete dann aber
doch recht bald einige Bedenken an. Es scheute die finanziellen Verpflichtungen, die sich durch Seekriegsunternehmungen ergeben könnten
und empfand sein Kontingent an Bewaffneten als zu hoch[737]. Schließlich verzichtete Lüneburg auf die Teilnahme an dieser Tohopesate, die
am 13. Januar 1466 nur zwischen Lübeck und Hamburg in Kraft
trat[738]. Sie richtete sich gegen widerrechtliche Angriffe durch Fürsten,
Herren sowie Angehörige des Adels und verpflichtete beide Städte,
einander als Rechtsvermittler zur Verfügung zu stehen. Bei Überfällen
und anderen Gewalttaten, insbesondere bei Sperrung der Häfen, Gewässer und Ströme sollte bewaffnete Hilfe zu gleichen Teilen geleistet
werden. Insbesondere wurden Bestimmungen für die Ausrüstung von
Seekriegsunternehmungen aufgenommen[739]. Das Bündnis bewährte
sich in den folgenden Jahren während der Auseinandersetzungen mit
dem Grafen Gerd als sehr wirksam[740]. Daher waren beide Städte
bereit, es im März 1472 um sechs weitere Jahre zu verlängern[741]. Noch
vor Ablauf dieser Frist trat auch Lüneburg bei, das jetzt angesichts der
politischen Aktivität König Christians und der heraufziehenden burgundischen Gefahr auf alle Einwände verzichtete und die Vertrags-
bedingungen unverändert annahm[742]. Wegen der zahlreichen kritischen Situationen der folgenden Jahrzehnte verlängerten die drei
Städte ihr Bündnis bis zum Ende des Jahrhunderts noch zweimal[743].

---

[735] Vgl. Seite 17 dieser Arbeit.
[736] Vgl. Seite 8 dieser Arbeit.
[737] HUB 9, n. 185, 219, §§ 1-3; vgl. n. 207, §§ 2, 4, n. 221, 235.
[738] a. a. O., n. 207, 237.
[739] a. a. O., n. 237, §§ 1, 2, 5.
[740] Vgl. Seite 17 ff. dieser Arbeit.
[741] HR II, 6, n. 505, § 15; HUB 10, n. 110.
[742] HUB 10, n. 343, 1474 September 27; Nirrnheim, Hinrich Murmester, S. 53.
[743] HUB 10, n. 843, S. 527, A. 1; HUB 11, n. 402, 405.

Die Ereignisse der Jahre 1474/75 hatten auch bei anderen Städten den Wunsch nach politischem Zusammenschluß geweckt. Bevor es aber im Herbst 1476 zu einem Bündnis der wendischen und einer größeren Anzahl sächsischer Städte kam, waren schon mehrjährige ergebnislose Verhandlungen vorausgegangen, deren wichtigste Etappen hier erwähnt seien. Nach ersten Besprechungen der wendischen Städte im Februar 1469 hatte Rostock seine Bereitschaft erklärt, ein Bündnis abzuschließen, falls auch Stralsund, Wismar und Lübeck dazu bereit seien: die Lage im Lande und das Verhalten der Landesherren lasse einen solchen Schritt wohl notwendig erscheinen[744]. Im September 1470 lag dann ein Entwurf vor, der eine sechsjährige Tohopesate der wendischen Städte, Bremens, Magdeburgs, Braunschweigs, Halles, Stendals, Salzwedels, Göttingens, Stades, Buxtehudes, Ülzens, Halberstadts, Hildesheims, Goslars, Einbecks, Helmstedts und Northeims vorsah[745]. Die Verbindung sollte der Erhaltung des Landfriedens und der Abwehr *unrechter Gewalt* dienen. Sie sah gemeinsame Aktionen zu Wasser und zu Lande, jedoch nicht zur See vor[746]. Für den Fall, daß gütliche Verhandlungen mit etwaigen Gegnern erfolglos bleiben sollten, wurde für die wendischen Städte die Zahl der Bewaffneten wie folgt festgelegt:

Lübeck	20
Hamburg	15
Rostock	8
Stralsund	10
Wismar	5
Lüneburg	12 [747].

Bei einem Angriff durch Fürsten, die zugleich Landesherren der verbündeten Stendte waren, sollten diese Städte zwar gleich allen anderen an Vermittlungsverhandlungen teilnehmen, sich jedoch im Falle eines bewaffneten Konflikts neutral verhalten[748]. Außer Stralsund, das eine Beteiligung sofort ablehnte, weil es sich wenig Nutzen von diesem Bündnis versprach, waren die sächsischen wie auch alle wendischen Städte zum Beitritt bereit gewesen[749]. Bremen billigte das Bündnis

---

[744] HUB 9, n. 562, S. 444, A. 2-3.
[745] a. a. O., n. 757.
[746] a. a. O., §§ 1-2.
[747] a. a. O., §§ 3-5, 14.
[748] a. a. O., § 10.
[749] HR II, 6, n. 373-374, S. 367; HUB 9, n. 767, 769, 771-775, 777-779, 790-792.

nicht, weil es keine Hilfe zur See vorsah [750]. Dieser Auffassung schlossen sich wenig später auch Lübeck und Hamburg an, nachdem Hamburg bei den sächsischen Städten vergeblich eine Unterstützung gegen den Grafen von Oldenburg gefordert und außerdem sein Kontingent an Bewaffneten als zu hoch bezeichnet hatte [751]. Bald darauf wurde es still um das Bündnisvorhaben. Auch bei den anderen wendischen Städten schien das Interesse erloschen zu sein [752]. Die Ursachen für das Scheitern der Bündnisverhandlungen sind z. T. in den unterschiedlichen Auffassungen der Land- und Seestädte zu sehen, wie sie schon 1465 während der Verhandlungen Lübecks und Hamburgs mit Lüneburg hervorgetreten waren: die einen fürchteten die hohen Kosten der Seekriegsunternehmungen, die vor allem im Hinblick auf den hansisch-englischen Konflikt zu erwarten waren, die anderen legten wiederum wenig Wert auf ein Bündnis, das gerade die Hilfe zur See versagte. Ausschlaggebend dürfte dann aber wohl die Haltung Hamburgs gewesen sein, der sich Lübeck im wesentlichen angeschlossen hatte. Bei beiden Städten scheinen jedoch nicht nur die von Hamburg vorgebrachten Gründe das Hauptmotiv gewesen zu sein, sondern wohl mehr der Umstand, daß sich gerade in dieser Zeit ein besonders gutes Einvernehmen mit König Christian I. von Dänemark gezeigt hatte [753]. Vier Jahre später jedoch ergab sich dann eine völlig veränderte Situation: König Christian hatte sich in aller Stille mit seinem Bruder versöhnt und während des burgundischen Vordringens am Rhein eine diplomatische Aktivität entwickelt, welche die Städte aufs äußerste beunruhigte. Auch die mecklenburgischen Herzöge waren mit dem Dänenkönig und anderen Fürsten an den Rhein gezogen. Nach dem Ende des Krieges vor Neuß hatte Christian I. dann den Handel der hansischen Städte in seinen Reichen empfindlich eingeschränkt [754]. Daher legte Lübeck auf dem Bremer Hansetag im August 1476 mit dem Hinweis auf die Gefahren, die allen Städten von den Fürsten drohten, den Entwurf einer hansischen Tohopesate vor, deren Wortlaut allerdings nicht überliefert ist [755]. Da die Auffassungen der anwe-

---

[750] HUB 9, n. 768.

[751] HUB 10, n. 4, S. 3, A. 1, n. 5, §§ 1-2, 9.

[752] HUB 9, n. 782.

[753] Vgl. Seite 15 ff. dieser Arbeit.

[754] Vgl. Seite 55 ff. dieser Arbeit.

[755] HR II, 7, n. 389, § 16. In Bremen waren folgende Städte vertreten: Lübeck, Rostock, Magdeburg, Braunschweig, Halle, Stendal, Stade, Osnabrück, Halberstadt, Hildesheim, Goslar, Einbeck, Soest, Hannover, Minden, Paderborn, Bremen, Buxtehude, Hamburg, Lüneburg, Münster, Deventer, Zwolle, Groningen, Kampen.

senden Ratssendeboten stark auseinandergingen und die Vertreter der westfälischen und süderseeischen Städte einem Bündnis überhaupt ablehnend gegenüberstanden, wurde auf Lübecks Vorschlag eine Kommission beauftragt, einen neuen Entwurf auszuarbeiten [756]. Dieser enthielt aber keine konkreten Maßnahmen gegen die Fürsten, sondern verpflichtete lediglich die beteiligten Städte, einem Mitglied der Tohopesate mit Verwendungsschreiben zur Seite zu stehen. Im übrigen sollten alle nach freiem Ermessen und den jeweiligen Gegebenheiten handeln [757]. Da dieses Ergebnis die Städte, die an einem wirksamen Bündnis interessiert gewesen waren, nicht befriedigen konnte, wurden — anscheinend noch in Bremen — weitere Beratungen aufgenommen, an denen sich annähernd alle Städte beteiligten, die auch an dem Entwurf von 1470 mitgewirkt hatten [758]. Die Verhandlungen führten jetzt rasch zum Ziel. Am 11. November 1476 trat bereits ein Bündnis der wendischen und sächsischen Städte mit einer Dauer von sechs Jahren in Kraft [759]. Seine Bestimmungen erscheinen im Vergleich zu dem Entwurf von 1470 knapper und schärfer formuliert. Während damals die Sicherung des Landfriedens im Mittelpunkt gestanden hatte, richtete sich dieser Vertrag vor allem gegen Übergriffe der Fürsten: Entziehung städtischer Privilegien und Belastung der Städte mit neuen Abgaben jeder Art. Auch sollten gegenüber den eigenen Landesherren keine Ausnahmen gelten. Der Anschlag blieb, wie er 1470 vorgesehen war. Bemerkenswerterweise fehlten jetzt aber Bestimmungen, welche die Landstädte von der Hilfeleistung bei Unternehmungen zur See befreiten [760].

Während der Dauer dieser Tohopesate ergaben sich außer den Streitigkeiten mit dem Grafen von Oldenburg und den Auseinandersetzungen in Mecklenburg um die Bede und das Strandrecht keine ernsthafteren Konflikte der wendischen Städte mit den mecklenburgischen und Oldenburger Landesherren [761]. König Christian hatte sogar in seinen letzten Lebensjahren (1478-1481) wiederum die Hilfe Lübecks und Hamburgs in Anspruch genommen [762]. Dagegen war es 1478

---

[756] HR II, 7, S. 598, n. 389, §§ 17-21, 30, 32.
[757] a. a. O., n. 389, § 37, n. 392.
[758] Neu hinzugekommen war Hannover, dagegen fehlten Salzwedel, Buxtehude, Helmstedt, Northeim.
[759] HUB 10, n. 512 1476 Oktober 31; HR II, 7, S. VII.
[760] HUB 10, n. 512, §§ 3-6.
[761] Vgl. Seiten 59 f. u. 88 f. dieser Arbeit.
[762] Vgl. Seite 57 f. dieser Arbeit.

zwischen den Städten zu erheblicher Mißstimmung gekommen, als Lübeck die Zollstreitigkeiten mit den mecklenburgischen Herzögen zum Abschluß gebracht hatte, ohne die Verbündeten zu konsultieren. Diese Spannungen sowie der Umstand, daß z. Zt. keine erheblichen Verwicklungen mit den Fürsten zu befürchten waren, ließen bei den wendischen Städten 1482 wenig Neigung aufkommen, die wendisch-sächsische Tohopesate zu erneuern. Daher hatten Rostock und Wismar — wie bereits erwähnt[763] — im April 1482 ein zwanzigjähriges Bündnis geschlossen, das eine Sonderbestimmung enthielt, die in anderen städtischen Tohopesaten nicht zu finden ist: falls eine der beiden Städte oder ihr Rat auf Tagfahrten oder bei anderen Gelegenheiten *in jenigher mathe wurde vorachtet effte jeghen eere unde reddelicheit tho na gheredeth,* dann sollte die andere in gebührlicher Weise für sie eintreten[764]. So blieben Rostock, Wismar wie auch Stralsund den weiteren Beratungen über die Verlängerung des Bündnisses von 1476 fern, zumal Lübeck ausdrücklich erklärt hatte, daß es selbst nicht daran interessiert sei[765]. Schließlich war es nur Lüneburg, das sich als einzige der wendischen Städte mit den sächsischen Städten verband und darüber hinaus mit Magdeburg und Braunschweig ein Bündnis für die Dauer von zehn Jahren einging[766].

So bestanden also im Frühjahr 1482 unter den wendischen Städten mehrere Bündnisgruppierungen, die sich als Folge der auseinandergehenden wirtschaftlichen und politischen Interessen gebildet hatten. L ü b e c k und H a m b u r g blieben weiterhin in ihrem Bündnis von 1466 vereint, dem seit 1474 auch L ü n e b u r g angehörte, das sich auch noch mit den sächsischen Städten verbündet hatte. R o s t o c k und W i s m a r sahen sich während ihrer Auseinandersetzungen mit den mecklenburgischen Herzögen auf sich selbst angewiesen. So war es schließlich S t r a l s u n d, das im Herbst 1482 als einzige der wendischen Städte auf eine Erneuerung der wendisch-sächsischen Tohopesate in ihrem ursprünglichen Umfange drang[767].

---

[763] HUB 10, n. 961.
[764] a. a. O., § 7, S. 594, A. 1.
[765] HR III, 1, n. 365, §§ 35-36.
[766] Das Bündnis von 1476 wurde schließlich von folgenden Städten für die Dauer von vier Jahren erneuert: Magdeburg, Braunschweig, Lüneburg, Goslar, Hildesheim, Halberstadt, Göttingen, Stendal, Hannover, Einbeck, Ülzen: HUB 10, n. 1007-1009 (1482 September 17).
[767] HR III, 1, n. 403.

Wenige Monate später begann dann sich auch bei den übrigen wendischen Städten ein Stimmungsumschwung abzuzeichnen. Nachdem nämlich König Johann von Dänemark zu Beginn des Jahres 1483 seine Bestätigung als dänischer und norwegischer König erlangt hatte, setzten harte und langwierige Auseinandersetzungen um die Erneuerung der hansischen Privilegien in seinen Reichen ein. Zur gleichen Zeit wurde auch der Streit um das Strandrecht in Mecklenburg zu einer Angelegenheit, die alle Städte in gleicher Weise berühren mußte. Und schließlich geriet Lübeck selbst in einen Konflikt mit Herzog Magnus II., als es einen adligen Straßenräuber nach städtischem Recht bestrafen wollte [768]. Diese Momente ließen auch unter den anderen Städten den Wunsch nach engerer Bindung wach werden [769]. Bereits am 11. November 1483 trat daher ein Bündnis der sechs wendischen Städte in Kraft [770], dessen Bestimmungen sich weitgehend an die der Tohopesaten von 1474 und 1476 anlehnten [771]. Es sollte die beteiligten Städte, ihre Bürger, Einwohner und Untertanen vor Übergriffen und Gewalttaten der Fürsten, Ritter und Herren schützen [772]. Der Vertrag verpflichtete die Verbündeten, einander bei gütlichen Vermittlungsversuchen und bewaffneten Konflikten Hilfe und Unterstützung zu leisten [773]. Die Wirksamkeit dieser Tohopesate zeigte sich vor allem während der Auseinandersetzungen Rostocks mit seinen Landesherren [774]. Wenn sich die anderen wendischen Städte auch zu Beginn des Konflikts um das Kollegiatstift zurückhaltend gezeigt hatten und Wismar wie auch Stralsund sich zeitweilig ihren Bündnisverpflichtungen zu entziehen suchten [775], so fehlte es anderseits doch nicht an Unterstützung für die bedrängte Stadt. Zwar wurden keine Bewaffneten ausgesandt, doch sorgten Lübeck und Hamburg für die Anwerbung sowie den Transport von Kriegsknechten und setzten sich dafür ein, die notwendigen Kredite zur Verfügung zu stellen [776]. Ferner brachten alle Städte beträchtliche Hilfe durch die Teilnahme an den zahlreichen Tagfahrten aus Anlaß der Domfehde. Da außerdem auch jahrelang ein gespanntes

---

[768] Vgl. Seiten 62 ff. u. 92 ff. dieser Arbeit.
[769] HR III, 1, n. 410-411, 417, 428, 459.
[770] a. a. O., n. 482, §§ 14-15; LChr. 5, 1, S. 309 u. A. 1.
[771] Vgl. Seiten 184, 187 dieser Arbeit.
[772] HUB 10, n. 1108, § 3.
[773] a. a. O., §§ 5-6.
[774] Vgl. Seite 95 ff. dieser Arbeit.
[775] Vgl. Seite 128 f. dieser Arbeit.
[776] Vgl. Seite 128 f. dieser Arbeit.

Verhältnis zum Norden Europas bestand, erschien es im März 1486 allen Städten notwendig, ihr Bündnis um weitere fünf Jahre zu verlängern[777].

Daß Lübeck und Hamburg jetzt das Bedürfnis verspürten, sich noch wirksamer zu schützen, zeigt das Bündnis, das sie im September 1483 auch mit den sächsischen Städten eingingen. Den Anlaß gab die Bedrohung Magdeburgs durch den dortigen Erzbischof. Lübeck, Hamburg und Lüneburg erneuerten damit das Bündnis von 1476[778]. Abweichend von den bisherigen Tohopesaten wurde die Möglichkeit vorgesehen, sich eines Fürsten als Rechtsvermittlers zu bedienen, dessen Honorierung die Verbündeten gemeinsam tragen wollten[779]. Auch zeigt der Vertragstext Wendungen, wie sie bisher nicht üblich gewesen waren. Die Ratssendeboten — so heißt es hier — hätten ihrer Sorge Ausdruck gegeben, wegen der *mannichfoldigen angest, vorwaldinge, drenginge, und vorkortinge erer olden herkomenden, loffliken wonheiden, friiheiden, rechticheiden und privilegien* zu Unwillen und Verdruß zu kommen. Daher hätten sie beschlossen, einander beizustehen *van gebodene wegene Godes almechtich und na inneholdinge und uthwiiszinge naturelikes und des gemeynen gesetteden rechtes*[780]. Statt daß — wie meist üblich — erst die Modalitäten der Vermittlungsverfahren fixiert wurden, heißt es dann weiter: *... und qwemet, dare Got vor sii, dat jemant van uns steden ... van vorsten und heren, geistlik effte werlik, forder jennighe bedrenginge in vorkortinge erer friiheit edder mit groten volke overthen und beleggen wolden, so dat de heren darna stünden, sodane stad to vorkortende in erer friiheit, se to wiinnende edder gentzliken vorderven wolden...,* dann wollten die Verbündeten einander mit der festgelegten Zahl von Bewaffneten zu Hilfe kommen[781].

Auch im letzten Jahrzehnt des Jahrhunderts verringerten sich in Norddeutschland die Auseinandersetzungen zwischen Städten und Fürsten nicht, sondern verschärften sich in zunehmendem Maße. So setzten die mecklenburgischen Herzöge ihre Angriffe gegen Rostock

---

[777] HR III, 2, n. 11, § 42, n. 23, 26, §§ 1-5; HUB 11, n. 75-76.
[778] HR III, 1, n. 467.
[779] HUB 10, n. 1100; HR III, 1, n. 573; HR III, 3, S. 93, n. 130, 132, 136-146, 157, 162, 189-190, 193, 195 zeigen die Wirksamkeit dieser Bündnisse während der Auseinandersetzungen Braunschweigs und Lüneburgs mit ihren Landesherren. — Friedland, Lüneburg, S. 39.
[780] HUB 10, n. 1100.
[781] Lübeck 20, Hamburg 15, Lüneburg 12 Bewaffnete: a. a. O., n. 1100.

unvermindert fort und traten mit den Braunschweiger Herzögen gegen
die Stadt Braunschweig an. Auch König Johann von Dänemark ließ
den Städten keine Atempause [782]. Daher hatte der Hansetag vom Mai
1494 in Bremen die Aufgabe, sich auch ausführlich mit gemeinsamen
Maßnahmen der Städte gegen die Fürstengefahr zu befassen. Die Einladung der wendischen Städte an Danzig sei wegen ihres bemerkenswerten Inhalts hier ausführlicher zitiert [783]: Die Gemeinschaft der
Hansestädte (*de eyninge der eerliken hanzestedere mit mannigerhande
privilegien, gnaden unde vryheyde ... privilegiet, bewedemet unde
befryet*) sei seit geraumer Zeit erheblich zersplittert. Teils seien die
Städte ihrer Selbständigkeit und ihrer Macht, teils sogar ihre Bürger
der persönlichen Freiheit beraubt worden. Vermögen, Zinsen, Kapital-
erträge, von denen sie lebten und ihre Städte instandhalten müßten,
seien ihnen entfremdet worden. Das alles sei erst kürzlich bedeutenden
Mitgliedern der Hanse widerfahren, und man müsse befürchten, daß
dies noch weiteren Städten zustoßen werde. Die Absender hätten erfahren, *dat men itzundes sulcke vorbuntnisse, voreyninge unde anslege
gemaket schole hebben, dardurch men noch furder tasten wille in ernst-
liker meyninge unde upsate, etwelcke mercklike stede antolangende,
... dardurch men meynt der anderen eerliken stede int gemeyne wol
mechtich to werdende unde na willen to hebbende ...* Einzelheiten
darüber zu schreiben, erscheine nicht angezeigt. Eine Änderung dieses
Zustandes sei nur möglich durch ein gemeinsames Handeln aller Städte,
die noch dazu in der Lage seien. Nach dem Hinweis auf den Vorschlag,
einen gemeinsamen Schutzherrn zu gewinnen [784], heißt es dann weiter:
es sei bekannt, daß auch die Niederlassungen der Hansekaufleute im
Auslande bedrängt seien wie jetzt kürzlich der Stahlhof in London,
der von Gesindel umlagert und überfallen worden sei. Darüber hinaus
werde der Kaufmann zu London gehindert, bei Androhung des Verlusts seiner Ware und einer Buße von 20 000 Pf.St. keine Güter aus
England nach Burgund und einigen benachbarten Gebieten auszuführen oder von dort nach England zu bringen. Im Gegensatz zu den
erteilten Privilegien seien die Kaufleute und Schiffer in den Reichen
des Königs von Dänemark, besonders auf der Schonenfahrt, in den
dortigen Niederlassungen mit Zöllen und anderen Abgaben schwer
belastet worden, ebenfalls mit dem Zoll zu Helsingör. Auch dem Kauf-

---

[782] Vgl. Seiten 62, 140 ff. dieser Arbeit. — HR III, 3, n. 256-258, 272, §§ 1-3.
[783] HR III, 3, n. 274.
[784] a. a. O., n. 272, §§ 1-2.

mann zu Nowgorod, Brügge und Bergen ergehe es nicht anders. Dazu
kämen noch Seeräuberei und Überfälle auf den Landstraßen, denen
Reisende, Pilger und Kaufleute ständig zum Opfer fielen. Daher möge
Danzig den Hansetag mit bevollmächtigten Mitgliedern seines Rates
beschicken. Ein beigelegter Zettel unterstreicht die von Lübeck und den
wendischen Städten geschilderte Situation. Danzig wurde gebeten,
Thorn, Elbing und Königsberg von dem Inhalt des Schreibens münd-
lich in Kenntnis zu setzen, soweit es geraten erscheine. Es sei nicht
zweckmäßig, alle Hansestädte in der gleichen, ausführlichen Weise zu
informieren [785].

In kaum einem Schriftstück dieser Jahrzehnte wird die Situation der
Hanse so umfassend, vor allem aber nicht in derartig düsterer Farbe
gekennzeichnet. Tatsächlich hatten gerade die letzten Jahre gezeigt,
daß es sich jetzt nicht nur um Vorstöße einzelner Landesherren gegen
Städte handelte, sondern daß bei zahlreichen Fürsten ein Wandel des
politischen Selbstverständnisses eingesetzt hatte. In der Mark Brandenburg war der Städtefreiheit bereits am Ende des neunten Jahrzehnts
ein völliges Ende beschieden worden [786]. In Mecklenburg mußten sich
die Städte Wismar — und vor allem Rostock — seit 1480 fast ununterbrochen gegen ihre Landesherren zur Wehr setzen, um ihre Freiheiten
und Privilegien zu wahren. Auch gegenüber König Johann von Dänemark war noch kein Ende der bereits über ein Jahrzehnt andauernden
Auseinandersetzungen abzusehen. Seine Gesandtschaften nach Westeuropa und nach Rußland hatten die Städte in höchstem Maße alar-
miert [787]. Dazu kamen die Schwierigkeiten, denen sich hansische Kaufleute überall in ihren Niederlassungen gegenübersahen [788]. Auffällig
erscheint schließlich, daß den wendischen Städten nur verhältnismäßig
wenige Mitglieder der Hanse noch als zuverlässig genug erschienen,
um ihnen den gewichtigsten Anlaß des Bremer Hansetages offen zu
schreiben.

Nur 18 Städte entsandten im Mai 1494 ihre bevollmächtigten Ratsmitglieder nach Bremen. Nicht einmal alle wendischen Städte waren

---

[785] In gleicher Weise wurde auch an Köln geschrieben: a. a. O., n. 275. Die übrigen
Einladungsschreiben erwähnen nur die Schwierigkeiten in England, Dänemark,
Norwegen und Rußland: a. a. O., n. 276.
[786] Schultze, Mark Brandenburg, S. 163 ff.
[787] Vgl. Seite 67 dieser Arbeit.
[788] HR III, 3, n. 330-332 (Nowgorod), n. 333-335 (England), n. 336 (Norwegen),
n. 337 (Flandern).

dort vertreten [789]. Großen Raum nahmen die Beratungen über gemeinsame Maßnahmen gegen die Fürsten ein. Schon zu Beginn wies der Sprecher Lübecks auf die grundsätzliche Schwierigkeit hin, die allen hansischen Bündnisbemühungen im Wege stünden: *ene stede haddes tho water to donde, de andere to lande, de durde andersyn . . . .*[790]. Der Vorschlag Braunschweigs, für die beabsichtigte Tohopesate einen fürstlichen Schutzherrn zu wählen, fand kaum Beachtung [791]. Schließlich wurde aber folgender Entwurf vorgelegt [792]: Ein Bündnis von zehnjähriger Dauer sollte dem Schutz des Kaufmanns gegen fürstliche Gewalt zu Wasser und zu Lande dienen [793]. Ihm sollten 67 Städte angehören, die in ein wendisches, sächsisches und ein westfälisches Drittel gegliedert waren [794]. In jedem Drittel war eine Kasse zu errichten, in welcher ein gemeinsamer Kriegsschatz gesammelt werden sollte. Bei Streitigkeiten mit Fürsten sollten jeweils die Hauptstädte der Drittel (Lübeck, Köln, Braunschweig) als Rechtsvermittler wirken und mit den drei nächstgelegenen Städten Verbindung aufnehmen. Sofern die Kräfte eines Drittels nicht ausreichten, war eine Beratung der drei Hauptstädte vorgesehen, welche die Entscheidung über weitere Hilfeleistungen zu treffen hatten. Ferner sah der Entwurf Strafen vor für den Fall, daß Gegner der Städte von Mitgliedern des Bündnisses unterstützt werden sollten: Verhansung einer Stadt, Verfestung einzelner Bürger, Einwohner oder Gäste, die in allen Hansestädten befolgt werden sollte. Außerdem wurden Kriegsdienste für die Fürsten mit harter Strafe bedroht, auch sollten aufrührerische Elemente (*quade upsatissche edder partyesche lude*) in keiner Stadt Aufnahme finden, sondern

---

[789] a. a. O., n. 344.

[790] a. a. O., n. 353, § 34.

[791] a. a. O., §§ 34, 38.

[792] a. a. O., §§ 33-39, 43, 45-48, 105-113, 120.

[793] a. a .O., n. 355 (hier: S. 287).

[794] a. a. O., n. 353, § 43; n. 355 (hier: S. 287) Mitglieder des geplanten Bündnisses: wendisches Drittel mit der Hauptstadt Lübeck und den Städten Bremen, Hamburg, Rostock, Stralsund, Wismar, Lüneburg, Riga, Dorpat, Reval, Stettin, Stade, Danzig, Thorn, Elbing, Königsberg, Braunsberg, Kulm, Greifswald, Kolberg, Stargard, Anklam, Gollnow, Kiel, Ülzen, Buxtehude; westfälisches Drittel mit der Hauptstadt Köln und den Städten Osnabrück, Münster, Deventer, Zwolle, Groningen, Kampen, Minden, Herford, Paderborn, Lemgo, Dortmund, Zütphen, Harderwyk, Wesel, Duisburg, Elborg, Stavoren Roermonde, Arnheim, Bolsward, Soest, Nymwegen; sächsisches Drittel mit der Hauptstadt Braunschweig und den Städten Magdeburg, Halle, Berlin, Göttingen, Halbersadt, Hildesheim, Goslar, Einbeck, Hannover, Hameln, Quedlinburg, Aschersleben, Helmstedt, Northeim, Stendal, Salzwedel; vgl. Bode, HGbll. 51, 1926, S. 41 f. (zum Bündnisentwurf von 1441).

überall verfolgt werden[795]. Die Ratssendeboten einigten sich dann
dahingehend, daß in den Dritteln Versammlungen der Städte stattfinden sollten, um über die Tohopesate zu beraten und die jährlichen
Beiträge festzulegen. Über die Beratungen sei absolutes Stillschweigen
zu wahren, und es sei dafür zu sorgen, daß künftig nur Mitgliedern der
Gemeinschaft der Genuß der hansischen Privilegien möglich sei[796]. Für
den Fall, daß bis Juli 1494 keine Einigung innerhalb der Drittel zu-
standekäme, wurde für den 1. Mai 1495 ein weiterer Hansetag in
Lübeck in Aussicht genommen. Städte, deren Ratssendeboten dort nicht
mit ausreichender Vollmacht erschienen, sollten die hansischen Rechte
verlieren[797].

Die Bündnisverhandlungen des Bremer Hansetages von 1494 verdienen in der langen Reihe ähnlicher Beratungen besonders beachtet
zu werden. Wie schon das Einladungsschreiben der wendischen Städte
an Danzig erkennen läßt, zwangen die Entwicklungstendenzen dieser
Zeit in größerem Maße als es wohl je zuvor notwendig gewesen war,
die Gesamtsituation der Hanse in umfassender Weise zu überdenken.
Der Hansetag bestätigte im ganzen durchaus die Schlußfolgerung, die
bereits von den wendischen Städten gezogen worden war, nämlich:
der vielfachen Bedrohung des hansischen Handels mit gemeinsamen
Mitteln zu begegnen. Dieses politische Moment trat in vielen Einzel-
zügen der Verhandlungen wie auch des Bündnisentwurfs selbst stark
in Erscheinung. Die Absicht, Zentralkassen zu schaffen, aus denen im
Bedarfsfalle Beihilfen an die bedrohten Städte gezahlt werden konnten, entsprach den realen Verhältnissen wesentlich mehr als die sonst
übliche Festsetzung der Kontingente an Bewaffneten, die in den hier
betrachteten vier Jahrzehnten anscheinend in keinem Falle ausgesandt
worden waren. Wie das Beispiel Rostocks und Braunschweigs jedoch
gezeigt hatte, brauchten die Städte während der bewaffneten Auseinandersetzungen mit den Fürsten in erster Linie G e l d , um Kriegsmaterial und Söldner beschaffen zu können. Die Bemühungen der
Städte um die Einhaltung einer gewissen Solidarität (Strafandrohung
bei Unterstützung der Gegner, Maßnahmen gegen Aufruhr, Stillschweigen über den Inhalt der Verhandlungen) weisen ebenfalls auf
die vorwiegend politische Zielsetzung des Vertragsentwurfs hin. Die
nachträglichen Verhandlungen in den Dritteln verliefen jedoch ent-

---

[795] HR III, 3, n. 355 (hier: S. 288 f.).
[796] a. a. O., n. 353, §§ 112-113, 120, 158, n. 363.
[797] a. a. O., n. 353, § 120.

täuschend für alle Städte, die an die Beratungen in Bremen größere
Hoffnungen geknüpft hatten. Bis zum April 1495 waren in Lübeck nur
wenige verbindliche Erklärungen eingegangen[798]. Selbst die wendischen Städte machten in dieser Hinsicht keine Ausnahme[799]. So endeten schließlich die Bemühungen um ein hansisches Bündnis — ähnlich
wie die vorausgegangenen — wiederum ergebnislos. Teils, weil viele
Städte aus „Rücksicht" auf ihre Landesherren zu einem solchen Bündnis
nicht mehr fähig waren[800], hauptsächlich aber wohl deshalb, weil die
meisten unter ihnen politischem Denken im Grunde ohne Verständnis
gegenüberstanden. So bestätigte sich auch hier die Feststellung, die
Wilhelm Bode über „Hansische Bundesbestrebungen in der ersten
Hälfte des 15. Jahrhunderts" getroffen hatte: „Die Bundesbestrebungen bedeuten das Eindringen des politischen Elements in die wirtschaftliche Rechtseinheit der Hanse. Aber diese Politisierung ist etwas Äußer-
liches geblieben, weil die eigenartige geographische Zerrissenheit und
der einseitige Handelscharakter der Hanse mit ihr unvereinbar waren".

Handelte es sich bei den bisher genannten Bündnissen und Bündnisentwürfen um rein städtische Tohopesaten, so ist noch im folgenden
eine Reihe von Bündnissen zu nennen, die Lübeck und Hamburg mit
weltlichen und geistlichen Fürsten sowie mit anderen Partnern geschlossen hatten. Im Oktober 1465 ergriff König Christian I. von
Dänemark in seiner Eigenschaft als Landesherr Schleswig-Holsteins
anläßlich der Auseinandersetzungen mit seinem Bruder Gerd die Initiative zu einem sechsjährigen Vertrag mit Lübeck, Hamburg und
Lüneburg[801]. Der Entwurf sah gegenseitige Vermittlungtätigkeit bei
Streitigkeiten mit Dritten vor und untersagte Feindseligkeiten zwischen den Untertanen beider Seiten[802]. Da die Städte damals bereits
seit Jahren mit dem Grafen von Oldenburg in Fehde standen, und
ihn ebenfalls nicht als Landesherrn Schleswig-Holsteins wünschten,
zeigten sie sich an dem Vorschlag des Königs durchaus interessiert.
Die schleswig-holsteinische Ritterschaft, die sich schon 1460 gegen die
Einmischung Lübecks und Hamburgs in die Politik des Landes ge-

---

[798] a. a. O., n. 363-376, 424-430, 436-444, 446-451.
[799] a. a. O., n. 374.
[800] Vgl. Anm. 798.
[801] HUB 9, n. 205, §§ 2-6; vgl. Seite 15 f. dieser Arbeit.
[802] HUB 9, n. 205, §§ 1-3.

wandt hatte, verhinderte jedoch den Abschluß dieses Vertrages [803].
Der König mußte sich fügen, weil er seit seiner Wahl zu Ripen maß-
geblichen Mitgliedern des Adels hohe Summen schuldete und deshalb
nicht freier Herr seiner Entscheidungen war [804]. Aus diesem Grunde
mußte Christian I. auch seinem Bruder weitgehende Zugeständnisse
machen und ihn u. a. zum Statthalter Schleswig-Holsteins ernennen.
Die Ausübung der Regentschaft durch den Grafen Gerd von Oldenburg veranlaßte die Ritterschaft dann allerdings sehr rasch, ihre Haltung gegenüber beiden Städten zu revidieren und sie dringlich um
Hilfe zu bitten. Lübeck hatte inzwischen bereits erste Gegenmaßnahmen eingeleitet und Bündnisverhandlungen mit Dithmarschen aufgenommen, zu dem es — im Gegensatz zu Hamburg [805] — meist
freundschaftliche Beziehungen unterhalten hatte, weil es den politischen Wert einer „Flankenposition" Dithmarschens gegen die Oldenburger Herren [806] wohl schon frühzeitig erkannt hatte. Im November
1468 verbündete sich Lübeck mit Dithmarschen für die Dauer von
zehn Jahren gegen Überfälle und Gewaltanwendung durch „Fürsten
und Herren". Beide verpflichteten sich, einander bei Vermittlungsverhandlungen zu unterstützen und im Falle einer Fehde die gleiche
Anzahl von Bewaffneten zu entsenden [807]. In zusätzlichen Erklärungen
beider Seiten wurde der Umfang der Bündnishilfe genauer fixiert: der
Vertrag wurde in jedem Falle wirksam bei Auseinandersetzungen mit
dem König von Dänemark und seinem Bruder, dem Grafen von
Oldenburg, ebenso bei jedem Angriff von anderer Seite, dessen Anlaß
dieses Bündnis war. D i t h m a r s c h e n war nur dann zur Hilfeleistung verpflichtet, wenn bei einer Fehde Lübecks mit den Herzögen
von Mecklenburg oder Sachsen-Lauenburg diese Fürsten von den
Oldenburger Herren unterstützt werden sollten. Bei lübischen Unternehmungen zur See lag eine bewaffnete Hilfe im Ermessen Dithmarschens. L ü b e c k war dagegen frei von der Verpflichtung, den Bündnispartner bei Fehden *jenseits der Elbe* zu unterstützen, falls nicht die
Oldenburger Herren auf der Seite der Gegner Dithmarschens standen.
Mit dieser Einschränkung war von lübischer Seite offensichtlich u. a.
auch die Möglichkeit eines Konfliktes zwischen Hamburg und Dith-

[803] a. a. O., n. 208, 215, 217, 227, 232, 265; vgl. Daenell, S. 213; HUB 8, S. 540.
[804] Vgl. Seite 14 dieser Arbeit.
[805] Vgl. Seite 18 dieser Arbeit. Stoob, Dithmarschen, S. 125 ff.; über Hamburgs
Stapelpolitik: Gönnenwein, S. 72; Wiskemann, S. 35; Reincke, Hamburg, S. 30-31.
[806] Stoob, a. a. O., S. 128.
[807] LUB 11, n. 387-388; vgl. Seite 18 f. dieser Arbeit; Stoob, Hansehaupt, S. 15.

marschen bedacht worden, der wegen der hamburgischen Getreide-
handels- und Stapelpolitik und dem dithmarsischen Kornhandel mit
den Niederländern ständig zu befürchten war [808]. Ein weiterer Schach-
zug der lübischen Politik dann bestand darin, im Juli 1469 Dithmarschen und die Ritterschaft Schleswig-Holsteins zu einem dreijährigen
Bündnis zusammenzuführen. Der Lübecker Rat sollte im Falle eines
Angriffs gegen beide bestimmen, welche Maßnahmen zu treffen waren
und bei etwaigen Differenzen zwischen ihnen das Amt des Schiedsrichters übernehmen [809]. Die zuletzt genannten Bündnisse richteten sich im
Prinzip sowohl gegen den Grafen von Oldenburg wie auch gegen den
König selbst, weil dieser sich gegenüber dem Bruder zum Schaden der
Städte wie auch der Ritterschaft äußerst nachgiebig und unentschlossen
gezeigt hatte. Erst nach der endgültigen Auseinandersetzung zwischen
Christian I. und dem Grafen Gerd im Sommer 1470 und der Amts-
enthebung des letzteren waren die Städte Lübeck und Hamburg bereit,
sich enger an den König anzuschließen. Sie verbündeten sich mit ihm
am 9. Oktober 1470 zu gegenseitigem Beistand, doch mit der Ein-
schränkung, daß C h r i s t i a n I. nicht verpflichtet sei, gegen Eng-
land, Schottland oder Burgund zu ziehen oder Tagfahrten in diesen
Ländern zu beschicken. L ü b e c k und H a m b u r g brauchten dem
König dagegen nicht nach Dänemark, Schweden und Norwegen zu
folgen [810]. Am 11. Oktober wurde dieser Vertrag ergänzt durch ein
Bündnis der beiden Städte mit dem König und der Ritterschaft für die
Dauer von drei Jahren [811]. Es sollte der Sicherung der Landesherrschaft
Christians I. dienen. Die Verbündeten versicherten, einander gegen
Fürsten, Ritter, Herren und *andere* beizustehen, ebenfalls gegen Ver-
schwörungen und Erhebungen ihrer Untertanen. Somit war das Abkommen nicht nur gegen den Grafen von Oldenburg gerichtet, mit
dessen Rückkehr in das Land gerechnet werden mußte, sondern auch
gegen die aufständischen Bauern der Elbmarschen, die auch die Pfandherrschaft Hamburgs über das Amt Steinburg bedrohten [812]. Lübeck
und Hamburg wurde insbesondere die Wahrung ihrer Rechte und
Privilegien sowie der Schutz ihrer Bürger in Schleswig-Holstein zugesichert. Ferner sollten sie nicht mit zusätzlichen Zöllen belastet wer-

---

[808] Vgl. Anm. 805.

[809] LUB 11, n. 465; Stoob, Geschichte Dithmarschens, S. 59; LUB 11, S. 507 (Anmerkung).

[810] HR II, 6, n. 400.

[811] Hille, Registrum, n. 195; vgl. Seite 25 f. dieser Arbeit.

[812] Vgl. Seite 26 ff. dieser Arbeit.

den [813]. Erwähnung verdient schließlich auch die Bestimmung, die das
Verhältnis der Ritterschaft zu beiden Städten beleuchtet: Lübeck und
Hamburg versprachen, kein Mitglied des Bündnisses mit Gewalt in
eine der Städte zu holen, sondern gegebenenfalls Klage *an gebühr-
lichem Orte* zu erheben [814]. Die Bündnisse wurden schon wenig später
wirksam, als Lübeck und Hamburg gemeinsam mit Christian I. den
Aufstand der Bauern in den Elbmarschen niederschlugen sowie im
folgenden Jahre, als Graf Gerd von Oldenburg mit Hilfe der Friesen
einen letzten Versuch unternahm, sich mit Gewalt in den Besitz des
Landes zu setzen [815]. 1471 und 1472 schlossen dann Lübeck und Hamburg noch zwei weitere Abkommen mit dem König, die der Ausrüstung von Schiffen gegen die Seeräubereien des Grafen von Oldenburg dienten [816].

Als Folge der Politik Christians I. in den Jahren 1473/74 begann
sich seine Verbindung mit Lübeck und Hamburg allmählich zu lösen[817].
Nachdem bekanntgeworden war, daß er sich mit dem Bruder versöhnt
hatte und sich gegen Dithmarschen und die Städte zu wenden an-
schickte, suchten diese sofort nach neuen Verbündeten. Die gemeinsame
Gegnerschaft zum Grafen von Oldenburg führte sie mit dem Bischof
Heinrich von Münster zusammen. So entstand im Mai 1474 ein Bündnis Lübecks, Hamburgs, Bremens, Stades und Buxtehudes sowie des
Bischofs von Münster gegen den Grafen und *seine Helfer* [818]. Die
Städte verpflichteten sich, Gerd von Oldenburg zusammen mit dem
Bischof die Fehde anzusagen. Lübeck und Hamburg versprachen außerdem, 400 Kriegsknechte nach Stade zu entsenden. Der Bischof war
dagegen bereit, Lübeck und Hamburg mit der gleichen Zahl von Bewaffneten zur Hilfe zu kommen, falls sie wegen dieser Fehde *von
Dritten* angegriffen werden sollten. Damit hatten die Städte zugleich
gegen beide Brüder aus dem Oldenburger Hause wirksame Vorkehrungen getroffen. Die Verbindung trug entscheidend dazu bei, daß
König Christian und Graf Gerd sich im Oktober 1474 zum Abschluß
von Stillstandsvereinbarungen bereitfinden mußten, die für den König

---

[813] Hille, Registrum, n. 195.
[814] Ebenda.
[815] Vgl. Seite 31 dieser Arbeit. — Arup, S. 359, 370.
[816] HR II, 6, n. 429; HUB 10, n. 108, S. 64, A. 2.
[817] Vgl. Seite 36 ff. dieser Arbeit.
[818] Vorher war eine Einigung über die Behandlung von Strandgut im Bereiche des
Erzstifts Bremen erfolgt: HUB 10, n. 313; HR II, 7, S. 400, A. 1. — Das Bündnis:
HR II, 7, n. 191 1474 Mai 28.

den Verzicht auf ein gewaltsames Vorgehen gegen Dithmarschen bedeuteten[819]. So unterstützen die Städte den Freiheitskampf der Bauern nicht durch Waffenhilfe, sondern durch eine erfolgreiche diplomatische Aktion.

Da sich König Christian seit 1478 den Städten Lübeck und Hamburg gegenüber wieder versöhnlicher gezeigt hatte — denn er war wegen gewisser landespolitischer Ziele auf ihre Hilfe angewiesen — zeigte sich Lübeck nicht mehr an der Verlängerung des jetzt ablaufenden Bündnisses mit Dithmarschen interessiert[820]. Erst als 15 Jahre später die Auseinandersetzungen mit König Johann von Dänemark die Städte fühlbar beunruhigten, wurde der Vertrag von 1468 in vollem Umfange erneuert; Ende 1493 traten ihm auch Lüneburg und Hamburg bei[821]. Dieses Bündnis wurde noch ergänzt durch Verhandlungen der wendischen Städte mit Schweden, mit dem sie jedoch aufgrund früherer Erfahrungen[822] möglichst ein reguläres Bündnis vermeiden wollten. Die Besprechungen führten erst nach dem Scheitern der Bündnisverhandlungen des Bremer Hansetages im Juni 1494 zum Abschluß eines Vertrages, der aber wegen seiner sehr zurückhaltenden Formulierung weder für die Städte noch für Schweden erhebliche Bedeutung erlangen konnte[823]. Das Bündnis Dithmarschens mit den drei Städten Lübeck, Lüneburg und Hamburg bewährte sich nicht in gleicher Weise wie das lübisch-dithmarsische von 1468. Als die Oldenburger Fürsten im Februar 1500 mit bewaffneter Macht gegen die Bauern vorrückten, war Hamburg mit ihnen verfeindet. Lübeck versuchte zwar zu vermitteln, solange es möglich war, es griff aber nicht an der Seite Dithmarschens nach dem Wortlaut des Bündnisses in die Kämpfe ein. Doch sofort nach der Niederlage der Fürsten, die in den Städten mit Erleichterung aufgenommen wurde, bemühten sich die drei Städte um die Herstellung des Waffenstillstands[824].

So nahmen Lübeck und Hamburg als die wirtschaftlich stärksten Mitglieder der wendischen Städtegruppe auch in der städtischen Bünd-

---

[819] Vgl. Seite 48 ff. dieser Arbeit.
[820] Stoob, Hansehaupt, S. 16.
[821] Stoob, Geschichte Dithmarschens, S. 82; ders., Hansehaupt, S. 16; Waitz, Geschichte, S. 75; Lüneburg: 1493 Oktober 23, Hamburg: 1493 Oktober 28 = Stoob, Geschichte Dithmarschens, S. 82.
[822] Vgl. Seite 29 f. dieser Arbeit.
[823] HR III, 2, n. 23, 26, §§ 8-12, 31-35, 51-52, 66-69, n. 27; HR III, 3, n. 216-217, 405-406.
[824] Waitz, Geschichte, S. 84.

nispolitik eine Sonderstellung ein, die sie zeitweilig zu gleichberechtigten Partnern weltlicher und geistlicher Fürsten werden ließ. Die lübisch-hamburgischen Bündnisse, die im letzten Teil dieser Übersicht erwähnt wurden, waren während der Regierungszeit König Christians I. vorwiegend von territorialpolitischen Zielsetzungen bestimmt gewesen. Mit dem Regierungsantritt seines Sohnes Johann verloren diese Gesichtspunkte jedoch bald an Bedeutung, zumal beide Städte ihre holsteinischen Pfandherrschaften bald einbüßten [825] und die wendischen Städte in ihrer Gesamtheit bemüht sein mußten, ihre wirtschaftlichen Positionen in Nordeuropa zu verteidigen.

---

[825] Reincke, Hamburgische Territorialpolitik, S. 97; vgl. Seite 177 dieser Arbeit.

QUELLEN

(Die Kursivierung gibt an, wie zitiert wird.)

B a c h m a n n , Adolf: *Briefe und Acten* zur österreichisch-deutschen Geschichte im Zeitalter Kaiser Friedrich III. Bd. 2, 1885 (Fontes rer. Austr. II, 44).

B a c h m a n n , Adolf: *Urkundliche Nachträge* zur österreichisch-deutschen Geschichte im Zeitalter Kaiser Friedrich III. 1892 (Fontes rer. Austr. II, 46).

B r u n s , Friedrich: Die Lübecker *Bergenfahrer* und ihre Chronistik, 1900 (Hans. Gesch. Qu., NF., Bd. 2).

B r u n s , Friedrich: Die *Aufzeichnungen* des Protonotars Joh. Wunsdorp über Straßenraub 1477-83, HGbll. 1902, S. 205-215.

C h m e l , Joseph: *Regesta* chronologico-diplomatica *Friderici* IV. Romanorum Regis (imperatoris III.), Wien 1838-40 (Fotomech. Nachdruck 1962).

C h r i s t e n s e n , William: *Missiver* fra Kongerne Christiern I. s og Hans Tid, 2 Bde., Kopenhagen 1912-14.

C h r i s t e n s e n , William: *Rep. dipl. reg. Dan.* Repertorium diplomaticum regni Danici mediaevalis, Ser. secunda, Tom. 1, 2, Kopenhagen 1928-29.

C r u l l , Friedrich: Die *Rathslinie* der Stadt Wismar, 1875 (Hans. Gesch. Qu. Bd. 2).

D a h l m a n n , Friedrich Christoph: Johann Adolfi's, genannt *Neocorus*, Chronik des Landes Dithmarschen, Bd. 2, 1910.

G r a u t o f f , Ferdinand Heinrich: Die Lübeckischen Chroniken in Niederdeutscher Sprache, Bd. 2, 1830.

H a g e d o r n , Anton: *Johann Arndes Berichte* über die Aufnahme König Christian I. im Jahre 1462, ZVLG. 4, 1884, S. 283-310.

H i l l e , Georg: *Registrum* König Christian des Ersten, 1875 (Urkundensammlung d. Schl. Holst. Ges. f. vaterl. Gesch. Bd. 4).

H i r s c h , Th.: Caspar *Weinreichs Danziger Chronik,* 1870 (SS. rer. Pruss. IV).

H ö f l e r , Constantin: *Fränkische Studien* IV, Archiv f. Kunde österr. Geschichtsquellen, B. 7, 1851, S. 1-146.

HR: Hanserecesse, II. Abt., Bd. 4-7, 1883-92, III. Abt., Bd. 1-4, 1881-90.

HUB: Hansisches Urkundenbuch, Bd. 8-11, 1899-1916.

K o p p m a n n , Karl: *Beziehungen Hamburgs* zu Christian I. von Dänemark und Gerhard von Oldenburg, 1462-72, ZSHG 1, 1870, S. 221-234.

K o p p m a n n , Karl: *KR* = Kämmereirechnungen der Stadt Hamburg, Bd. 2-10, 1873-1952.

K r a n t z , Albert: *Wandalia,* 1519.

K r a n t z , Albert: *Saxonia,* 1580.

K r a n t z , Albert: Regnorum Aquiloniarum, *Daniae,* Sueciae Norvagiae *Chronica,* 1583.

K r a u s e , Karl Ernst Hermann: Van der Rostocker *Veide.* Rostocker Chronik von 1487 bis 1491, Progr. Gr. Stadtschule Rostock, 1880.

K r u s e , Ernst Christian: *Johann Petersens Chronic* oder Zeitbuch der Lande zu Holstein, Stormarn, Ditmarschen und Wagrien, 2. Th., 1828.

L a p p e n b e r g , Johann Martin: Hamburgische Chroniken in niedersächsischer Sprache, 1861.

L a p p e n b e r g , Johann Martin: Die *Chronik der nordelbischen Sassen,* 1865 (Qu. Slg. Schl. H. Bd. 3).

L a p p e n b e r g , Johann Martin: *Tratzigers Chronica* der Stadt Hamburg, 1865.

LChr.: Die Chroniken der deutschen Städte vom 14. bis ins 16. Jahrhundert, Bd. 30-31 (Lübeck Bd. 4-5), 1910-11.

L i s c h , Georg Christian Friedrich: *Lateinische Chronik* über die Rostocker Domhändel 1484-1487, MJbb. 43, 1878, S. 187-188.

LUB: Lübeckisches Urkundenbuch, I. Abt., Bd. 9-11, 1893-1905.

M i c h e l s e n , A. L. J.: Urkundenbuch zur Geschichte des Landes Dithmarschen, 1834.

N e r g e r , Karl: Nikolaus Rutze, Dat bôkeken van deme rêpe, Progr. Gymn. u. Realgymn. Rostock, 1886

N i r r n h e i m , Hans: *Sieben Schriftstücke* zur Geschichte der Beziehungen Christians I. von Dänemark zu Hamburg, ZSHG 70/71, 1943, S. 360-369.

OUB: Oldenburgisches Urkundenbuch, Bd. 2-3, 1914-1935.

PC: Politische Correspondenz des Kurfürsten Albrecht Achilles, Hrg. Felix Priebatsch, Bd. 1-3, 1894-98 (Publ. aus d. Kgl. preuß. Staatsarchiven Bd. 59, 67, 71).

Qu. Slg. Schl. H.: Quellensammlung der Schleswig-Holstein-Lauenburgischen Gesellschaft für vaterländische Geschichte, 1862 ff.

Reg. dipl. hist. Dan.: Regesta diplomatica historiae Danicae, Ser. I, Tom. 1-2, Kopenhagen 1847-70.

R e i n c k e , Heinrich: *Dokumente* zur Geschichte der hamburgischen Reichsfreiheit, 1961 (Veröff. aus d. Staatsarchiv der Freien und Hansestadt Hamburg, Bd. VII, Teil 1).

R i e d e l , F. A.: *Codex* diplomaticus Brandenburgensis, II. Abt. Bd. 5, III. Abt. Bd. 1-2, 1838-69.

R ü t h n i n g , Gustav: Hermann Hamelmann, *Oldenburgische Chronik,* 1946.

S a ß , Ernst: Die *Reimchronik* über die Rostocker Domhändel, MJbb. 45, 1880, S. 33-52.

W a i t z , Georg: *König Christian* und sein Bruder Gerhard, Nordalbingische Studien 5, S. 57-102; 6, S. 111-127, 1848 f.

W a i t z , Georg: Zur Geschichte der *Streitigkeiten* zwischen König Christian I. und seinem Bruder Gerhard, Qu. Slg. Schl. H., Bd. 2, 1, S. 1-11, 1863.

W a i t z , Georg: *Uebersicht* der Verhandlungen die sich auf den Versuch König Christian I. zur Erwerbung Ditmarschens beziehen, Qu. Slg. Schl. H., Bd. 2, 1, S. 21-29, 1863.

W a i t z , Georg: *Correspondenz* König Christian I. und seiner Gemahlin Dorothea mit der Stadt Lüneburg und anderen, Qu. Slg. Schl. H., Bd. 2, 1, S. 12-20, 1863.

W a i t z , Georg: *Landtage* unter den ersten Oldenburgern, Qu. Slg. Schl. H., Bd. 2, 1, S. 30-53, 1863.

W e g e n e r , C. F.: *Diplomatarium* Christierni Primi, Kopenhagen 1856.

W e h r m a n n , Carl: *Anwesenheit der Herzöge* von Meklenburg in Lübeck im Jahre 1478, ZVLG 2, 1867, S. 366 ff.

v. W e s t p h a l e n , Ernst Joachim: *Monumenta inedita* rerum Germanicarum . . ., T. 1-4, 1739-45.

W e t z e l , August: Die *Lübecker Briefe* des Kieler Stadtarchivs 1422-1534, 1883.

LITERATUR

(Die Kursivierung gibt an, wie zitiert wird.)

A r u p , Erik: Den finansielle side af erhvervelsen af hertugdømmerne 1460-1487, Historisk Tidsskrift (dansk), 7. R., 4, 1902-04, S. 217-388, 399-489.

B a e t h g e n , Friedrich: Schisma- und Konzilszeit, Reichsreform und Habsburgs Aufstieg, in: Gebhardt, Handbuch der deutschen Geschichte, Bd. 1, 1954, S. 505-583.

B e c k s t a e d t , Alfred: Die Bemühungen Lübecks als Vorort der Hanse um Aufhebung des Strandrechts in den Ostseegebieten bis zur Mitte des 15. Jahrhunderts, Phil. Diss. Straßburg 1909.

B e h r , Hans-Joachim: Die Pfandschloßpolitik der Stadt Lüneburg im 15. und 16. Jahrhundert, 1964.

BGR: Beiträge zur Geschichte der Stadt Rostock, 1895 ff.

v. B i p p e n , Wilhelm: Der Zollstreit zwischen Hamburg und Ostfriesland in der zweiten Hälfte des 15. Jahrhunderts, HGbll. 1884, S. 119-136.

B o d e , Wilhelm: Hansische Bundesbestrebungen in der ersten Hälfte des 15. Jahrhunderts, *HGbll.* 45, 1919, S. 173-246, *HGbll.* 46, 1920/21, S. 174-193, *HGbll.* 51, 1926, S. 28-71.

v. B r a n d t , Ahasver: *Grenzen und Möglichkeiten* einer hansischen Gesamtgeschichte, HGbll. 72, 1954, S. 91-100.

v. B r a n d t , Ahasver: *Die Hanse und die nordischen Mächte* im Mittelalter, 1962.

v. B r a n d t , Ahasver: *Geist und Politik* in der lübeckischen Geschichte, 1954.

C a r s t e n s , Werner: *Christian I. und Henning Poggwisch,* ZSHG 64, 1936, S. 145-160.

C a r s t e n s , Werner: *Die Wahl König Christians I.* von Dänemark zum Herzog von Schleswig und Grafen von Holstein im Jahre 1460, ZSHG 60, 1931, S. 231-264.

C a r s t e n s , Werner: *Beiträge* zur Entstehung des schleswig-holsteinischen Staates, ZSHG, 74/75, 1951, S. 1-58.

C r u l l , Friedrich: Die Händel Herrn *Peter Langejohanns,* Bürgermeisters zu Wismar, MJbb. 36, 1871, S. 55-106.

D a e n e l l , Ernst Robert: Die Blütezeit der deutschen Hanse von der zweiten Hälfte des 14. Jahrhunderts bis zum letzten Drittel des 15. Jahrhunderts, Bd. 2, 1906.

Dat se bliven: Dat se bliven ewich tosamende ungedelt — Festschrift der Schleswig-Holsteinischen Ritterschaft zur 500. Wiederkehr des Tages von Ripen am 5. März 1960, Hrg. Dr. Henning v. Rumohr, 1960.

D i x , Hans: Das Interdikt im ostelbischen Deutschland, Phil. Diss. Marburg 1913.

D o l l i n g e r , Philippe: Die Hanse, 1966.

F o r s t r e u t e r , Kurt: Zu den Anfängen der hansischen Islandfahrt, HGbll. 85, 1967, S. 111-119.

F r a n c k , David: Des Alt- und Neuen Mecklenburgs ... Achtes Buch, 1754.

F r e n s d o r f f , Ferdinand: Die Hanse am Ausgang des Mittelalters, HGbll. 1893, S. 75-101.

F r i e d l a n d , Klaus: Der Kampf der Stadt *Lüneburg* mit ihren Landesherren. Stadtfreiheit und Fürstenhoheit im 16. Jahrhundert, 1953.

F r i e d l a n d , Klaus: Probleme der *Hanseforschung* im letzten Jahrzehnt, GWU 14, 1963, S. 484-491.

F r i e d l a n d , Klaus: *Kaufleute und Städte* als Glieder der Hanse, HGbll. 76, 1958, S. 21-41.

G e r h a r d t , Martin u. Walter H u b a t s c h : Deutschland und Skandinavien im Wandel der Jahrhunderte, 1950.

G ö n n e n w e i n , Otto: Das Stapel- und Niederlagsrecht, 1939.

G r o b e c k e r , Manfred: Studien zur Geschichtsschreibung des Albert Krantz, Phil. Diss. Hamburg 1964.

G r o h m a n n , Wilhelm: Das Kanzleiwesen der Grafen von Schwerin und der Herzöge von Mecklenburg-Schwerin im Mittelalter, MJbb. 92, 1928, S. 1-88.

G r o t h , Paul: Die Entstehung der meklenburgischen Polizeiordnung vom Jahre 1516, MJbb. 57, 1892, S. 151-162.

GWU: Geschichte in Wissenschaft und Unterricht, 1950 ff.

H a m a n n , Manfred: Der Einfluß der verschiedenen Bevölkerungsklassen auf das mittelalterliche *Stadtregiment.* Gezeigt am Beispiel der wendischen Hansestädte im Gebiet der DDR. Phil. Diss. 1953 (masch.).

H a m a n n , Manfred: *Wismar - Rostock - Stralsund - Greifswald* zur Hansezeit. Ein Vergleich in: Vom Mittelalter zur Neuzeit, Festschrift Sproemberg, 1956, S. 90-112.

H a m a n n , Manfred: *Das staatliche Werden* Mecklenburgs, 1962.

Hansische Studien: Hansische Studien. Heinrich Sproemberg zum 70. Geburtstag, 1961.

H a r r i n g e r , Günter: Der Streit des Hauses Braunschweig-Lüneburg mit den Hansestädten Hamburg und Lübeck um den Gammersdeich (1481-1620), ZHG 51, 1965, S. 1-48.

H a r t u n g , Fritz: Deutsche Verfassungsgeschichte vom 15. Jahrhundert bis zur Gegenwart, 1954[6].

H a s h a g e n , Justus: Staat und Kirche vor der Reformation, 1931.

H a s s e , Paul: Zu Christians I. Reise im Jahre 1474, ZSHG 7, 1877, S. 91-116.

H e g e l , Carl: Geschichte der meklenburgischen Landstände bis zum Jahre 1555, 1856.

H e i m p e l , Hermann: *Deutschland* im späteren Mittelalter, 1957.

H e i m p e l , Hermann: *Der Mensch in seiner Gegenwart*, 1957.

H e i m p e l , Hermann: *Karl der Kühne* und Deutschland, Elsaß-Lothringisches Jahrbuch, 21, 1943, S. 1-54.

H e n n i n g s , Hans Harald: Die Wähler von Ripen — Der schleswig-holsteinische Rat um 1460, in: Dat se bliven, 1960, S. 65-100.

HGbll.: Hansische Geschichtsblätter, 1871 ff.

H o f f m a n n , Gottfried Ernst: Das Ripener Privileg vom 5. März 1460 und die „Tapfere Verbesserung" vom 4. April 1460, in: Dat se bliven, 1960, S. 21-25.

H o f m e i s t e r , Adolph: Zur Geschichte der Landesuniversität, BGR 4, 1907, S. 75-114.

H u b a t s c h , Walter: Spätblüte und Zerfall des Ostseeraumes, in: Historia Mundi, Bd. 6, 1958.

J e s s e n , Chr.: Kiel als Mitglied der Hanse, ZSHG 12, 1882, S. 133-161.

K j e r s g a a r d , Erik u. Johann H v i d t f e l d t : De første Oldenborgere, Danmarks Historie, Bd. 5, Kopenhagen 1963.

K o p p m a n n , Karl: Geschichte der *Stadt Rostock*, Th. 1, 1887.

K o p p m a n n , Karl: Übersicht über die *Rostockische Historiographie*, BGR 1, 1895, S. 1-8.

K o p p m a n n , Karl: Zur Geschichte der *Universität Rostock*, HGbll. 1893, S. 25-40.

K o p p m a n n , Karl: Zur Geschichte der mecklenburgischen *Klipphäfen* (1345-1628), HGbll. 1886, S. 103-160.

K o s e r , Reinhold: Die Politik der Kurfürsten Friedrich II. und Albrecht von Brandenburg, Hohenzollern-Jahrbuch 13, 1909, S. 101-124.

K r a b b e , Otto: Die Universität Rostock im 15. und 16. Jahrhundert, 1854.

K r a u s e , Karl Ernst Hermann: Die *Chronistik Rostocks*, HGbll. 1886, S. 163-192.

L a n g e , Rudolf: Zur Geschichtsschreibung des *Albert Krantz*, HGbll. 1886, S. 63-102.

L a n g e , Rudolf: *Hans Runge* und die inneren Kämpfe in Rostock zur Zeit der Domfehde, HGbll. 1890, S. 101-132.

L a n g e , Rudolf: Rostocker *Verfassungskämpfe* bis zur Mitte des 15. Jahrhunderts, Progr. Gymn. u. Realgymn. Rostock, 1888.

L i s c h , Georg Christian Friedrich: *Landtag* v. J. 1488, MJbb. 10, 1845, S. 191-193.

L i s c h , Georg Christian Friedrich: Über des Herzogs *Magnus II.* von Mecklenburg Lebensende, MJbb. 39, 1874, S. 49-58.

L ü b b i n g , Hermann: Oldenburgische Landesgeschichte, 1953.

M a y e r , Theodor: Die Ausbildung der Grundlagen des modernen Staates im hohen Mittelalter, in: Herrschaft und Staat im Mittelalter, 1960.

MJbb.: Jahrbücher des Vereins für meckl. Geschichte und Altertumskunde, 1836 ff.

N e u m a n n , Gerhard: Hinrich Castorp, ein Lübecker Bürgermeister aus der zweiten Hälfte des 15. Jahrhunderts, 1952.

N i i t e m a a , Vilho: Das *Strandrecht* in Nordeuropa im Mittelalter, Helsinki 1955, (Annales Acad. Scient. Fenn. Ser. B, T. 94).

N i i t e m a a , Vilho: *Der Kaiser und die Nordische Union* bis zu den Burgunderkriegen, Helsinki 1960, (Annales Acad. Scient. Fenn. Ser. B, Tom. 116).

N i r r n h e i m , Hans: *Hinrich Murmester*, 1908, (Hans. Pfingstblätter 4).

N o r d m a n , Vilho Adolf: Die Wandalia des Albert Krantz. Eine Untersuchung. Helsinki 1934, (Annales Acad. Scient. Fenn. Ser. B, T. 29, 3).

O l e c h n o w i t z , Karl Friedrich: Die Universität Rostock und die Hanse, WZ Rostock 13, 1964, S. 239-249.

O n c k e n , Hermann: Graf Gerd von Oldenburg, Jahrb. f. d. Gesch. des Hztms. Oldenburg 2, 1893, S. 16-84.

P a u l s , Volquart: Hamburgs Territorialpolitik in der Vergangenheit, 1922.

P e t r i , Franz: Nordwestdeutschland in der Politik der Burgunderherzöge, Westfälische Forschungen 7, 1954, S. 80-100.

P r i e b a t s c h , Felix: Die Hohenzollern und die Städte der Mark im 15. Jahrhundert, 1892.

R e i n c k e , Heinrich: *Hamburg* — Ein kurzer Abriß der Stadtgeschichte von den Anfängen bis zur Gegenwart, 1925.

R e i n c k e , Heinrich: *Hamburgische Territorialpolitik*, ZHG 38, 1939, S. 28-116.

R e i n c k e , Heinrich: *Albert Krantz* als Geschichtsforscher und Geschichtsschreiber, in: Festschrift Werner von Melle, 1933, S. 111-147.

R e i n c k e , Heinrich: *Hamburg am Vorabend der Reformation* — Aus dem Nachlaß herausgegeben und ergänzt von Erich von Lehe, 1966.

R e i n e c k e , Wilhelm: Geschichte der Stadt Lüneburg, Bd. 1, 1933.

R i s c h e , Alfred: Geschichte Mecklenburgs vom Tode Heinrich Borwins I. bis zum Anfang des 16. Jahrhunderts, 1901.

R ö d e r , Ferdinand: Albert Krantz als Syndicus von Lübeck und Hamburg, Phil. Diss. Marburg 1910.

R ö r i g , Fritz: *Geschichte Lübecks* im Mittelalter, in: Geschichte der Freien und Hansestadt Lübeck, 1926, S. 28-56.

R ö r i g , Fritz: Vom *Werden und Wesen* der Hanse, 1940.

R ö r i g , Fritz: *Die Stadt* in der deutschen Geschichte, in: Wirtschaftskräfte im Mittelalter, 1959, S. 658-680.

v. d. R o p p , Goswin Frhr.: Die *Hanse und* die deutschen *Stände,* vornehmlich im 15. Jahrhundert, HGbll. 1886, S. 33-48.

v. d. R o p p , Goswin Frhr.: Die *Hanse und* der *Reichskrieg* gegen Burgund, HGbll. 1898, S. 43-55.

R ü t h n i n g , Gustav: *Oldenburgische Geschichte,* Bd. 1, 1911.

S c h ä f e r , Ernst: Zur Geschichtsschreibung des Albert Krantz, Habil.-Schrift Rostock 1898.

S c h a r f f , Alexander: Die *Wahl von Ripen* und das Vorbild des Nordens: in: Dat se bliven, 1960, S. 45-64.

S c h a r f f , Alexander: *Ripen 1460* und das Erbe unserer Geschichte, in: 500 Jahre Vertrag von Ripen, 1960, S. 15-31.

S c h a r f f , Alexander: *Schleswig-Holstein und Dänemark* im Zeitalter des Stände-staates, ZSHG 79, 1955, S. 153-184.

S c h i l d h a u e r , Johannes: Untersuchungen zur *Sozialstruktur wendischer Hanse-städte,* WZ Greifswald 1956/57, S. 81 ff.

S c h i l d h a u e r , Johannes: Soziale, politische und religiöse *Auseinandersetzungen* in den Hansestädten Stralsund, Rostock und Wismar im ersten Drittel des 16. Jahrhunderts, 1959.

S c h i l d h a u e r , Johannes: Die *Sozialstruktur der Hansestadt Rostock* von 1378-1569, in: Hansische Studien, 1961, S. 341-353.

S c h m a l t z , Karl: Kirchengeschichte Mecklenburgs, Bd. 1, 1935.

S c h m i d t , Heinrich: Die deutschen Städtechroniken als Spiegel des bürgerlichen Selbstverständnisses im Spätmittelalter, 1958.

S c h n i t z l e r , Elisabeth: *Das geistige und religiöse Leben* Rostocks am Ausgang des Mittelalters, 1940.

S c h n i t z l e r , Elisabeth: Die *Stiftungsbulle* der Universität Rostock, WZ Rostock, 1953/54, S. 226-236.

S c h n i t z l e r , Elisabeth: Die *Inauguration* der Universität Rostock im Jahre 1419, WZ Rostock, 1955/56, S. 49-71.

S c h n i t z l e r , Elisabeth: *Die Gründung der Universität Rostock,* WZ Rostock, 1957/58, S. 149-165.

S c h n i t z l e r , Elisabeth: Zur hansischen *Universitätsgeschichte,* in: Hansische Studien, 1961, S. 354-387.

S c h r ö d e r , G.: Nachrichten über die Stadt Neustadt in Holstein im Mittelalter, ZSHG 29, 1899, S. 87-199.

S c h u l t z e , Johannes: Die Mark *Brandenburg,* Bd. 3: Die Mark unter der Herr-schaft der Hohenzollern (1415-1535), 1963.

S c h u l z e , Ehrhard: Das Herzogtum *Sachsen-Lauenburg* und die lübische Terri-torialpolitik, 1957.

S c h u m a c h e r , Hans: Die Beziehungen der deutschen Hanse zu Dänemark 1460-1513, Phil. Diss. Hamburg 1923 (Masch.).

S t e i n m a n n , Paul: *Finanz-,* Verwaltungs-, Wirtschafts- und Regierungs*politik* der mecklenburgischen Herzöge im Übergange vom Mittelalter zur Neuzeit, MJbb. 86, 1922, S. 91-132.

S t e i n m a n n , Paul: Die Geschichte der mecklenburgischen *Landessteuern* und der Landstände bis zu der Neuordnung des Jahres 1555, MJbb. 88, 1924, S. 1-58.

S t o o b , Heinz: *Dithmarschen* und die Hanse, HGbll. 73, 1955, S. 117-145.

S t o o b , Heinz: *Hansehaupt* und Bauernstaat. Dithmarschen und Lübeck im Mittelalter, ZVLG 38, 1958, S. 5-24.

S t o o b , Heinz: *Geschichte Dithmarschens* im Regentenzeitalter, 1959.

S t r e c k e r , Karl u. Christa C o r d s h a g e n : Mecklenburg, in: Geschichte der deutschen Länder, Bd. 1, 1964.

T e c h e n , Friedrich: Das *Strandrecht* an der mecklenburgischen Küste, HGbll. 1906, S. 271-308.

T e c h e n , Friedrich: Geschichte der *Stadt Wismar,* 1929.

T e c h e n , Friedrich: Über *Marktzwang und Hafenrecht* in Mecklenburg, HGbll. 1908, S. 95-150.

V i t e n s e , Otto: Geschichte von Mecklenburg, 1920.

V o g e l , Walther: Kurze Geschichte der deutschen Hanse, 1915 (Hans. Pfingstblätter 11).

W a i t z , Georg: Schleswig-Holsteins *Geschichte,* Bd. 2, 1852.

W a i t z , Georg: Streitigkeiten und Verhandlungen Lübecks mit *König Johann* (Hans) von Dänemark, ZVLG 1, 1860, S. 129-172.

W e h r m a n n , Carl: *Lübeck* als Haupt der Hanse, HGbll. 1892, S. 81-122.

W e h r m a n n , Carl: Die *Verpfändung Kiels* an Lübeck im Jahre 1469, ZVLG 2, 1867.

W e i ß b a c h , Johannes: Staat und Kirche in Mecklenburg in den letzten Jahrzehnten vor der Reformation, MJbb. 75, 1910, S. 29-130.

W e s t p h a l , Hermann: Die Verhältnisse der wendischen Städte unter einander, zu den Landesherren, zur Hansa, Phil. Diss. Greifswald 1911.

W i e g a n d , Rosemarie: Zur sozialökonomischen Struktur Rostocks im 14. und 15. Jahrhundert, in: Hansische Studien, 1961, S. 409-421.

W i s k e m a n n , Erwin: Hamburg und die Welthandelspolitik, von den Anfängen bis zur Gegenwart, 1929.

W i t t e , Hans: Mecklenburgische Geschichte, Bd. 1, 1909.

WZ: Wissenschaftliche Zeitschrift der Universität *Rostock* bzw. *Greifswald.* Gesellschafts- und sprachwiss. Reihe.

ZHG: Zeitschrift des Vereins für Hamburgische Geschichte, 1841 ff.

ZVLG: Zeitschrift des Vereins für Lübeckische Geschichte und Altertumskunde, 1855 ff.

ZSHG: Zeitschrift der Gesellschaft für Schleswig-Holsteinische Geschichte, 1870 ff.

ABKÜRZUNGEN

B.	Bischof	Kgn.	Königin
Btm.	Bistum	Kgr.	Königreich
Bm.	Bürgermeister	Kf.	Kurfürst
Dk.	Dänemark	Landsch.	Landschaft
dt.	deutsch	Lüb.	Lübecker, lübisch
Eb.	Erzbischof	Mag.	Magister
Gf.	Graf	Mgr.	Markgraf
Gfsch.	Grafschaft	Mk.lüb.	Mark lübisch
Hz.	Herzog	Mk.sund.	Mark sundisch
Hze.	Herzöge	Mk.dän.	Mark dänisch
hzgl.	herzoglich	Meckl.	Mecklenburg, mecklenburgisch
Hzn.	Herzogin	Prov.	Provinz
Hztm.	Herzogtum	Rh.G.	Rheinischer Gulden
K.	König	Rsn.	Ratssendeboten
kgl.	königlich	Verhandl.	Verhandlungen

NAMEN- UND ORTSREGISTER